ROTTERDAM HOOLIGAN

ROTTERDAM HOOLIGAN

HET WARE VERHAAL VAN DE HARDE KERN

Leven *met* en sterven *voor* Feyenoord

Yoeri Kievits

1e druk november 2012
2e druk november 2012
3e druk november 2012
4e druk december 2012

Auteur: Yoeri Kievits

Copyright ©2012: Yoeri Kievits / Just Publishers B.V.

Niets uit deze uitgave mag worden verveelvoudigd en/of openbaar gemaakt, door middel van druk, fotokopie, microfilm, digitale bestanden of op welke andere wijze ook, zonder voorafgaande schriftelijke toestemming van Just Publishers BV.

No part of this book maybe reproduced in any form, by print, photoprint, microfilm, digital files or any other means, without written permission from Just Publishers BV.

Omslagfoto: Brandon Baan

Opmaak: Erik Richèl, Winsum

ISBN 97890 8975 2260

NUR: 402

WWW.JUSTPUBLISHERS.NL

INHOUD

Woord vooraf ... 7
Bloody sunday ... 11
Mijn verhaal ... 17
Een gekke wereld ... 41
The nineties, where it all began ... 51
    Macht ... 51
    Oprichting Rotterdam Jongeren Kern ... 52
    Kwajongens ... 53
    1999 – Vervelen op koopzondag ... 54
    Een vuilnisbak in Alkmaar ... 56
    Rotterdamse jongeren terroriseren Salou ... 59
    RJK en FIIIR ... 63
    HJK ... 64
Battlezone Nederland ... 69
    1999 – Een halve poging ... 69
    Den Bosch uit ... 70
    Palmbom ... 74
    Bredase sprookjes en Rotterdamse feiten ... 76
    2000 – Fuck the combi! ... 78
Kampioensrellen ... 83
    Slagveld Rotterdam ... 83
Kriskras door Europa ... 91
    Kort vooraf ... 91
    2002 – UEFA-Supercup ... 92
    Maar weer een keertje Basel ... 97
    Vive la France! ... 100
    The Dordrecht Connection ... 106
De mannen van het Eiland ... 111
    Kort vooraf ... 111
    Fuck you Spurs ... 113
    Een cadeautje uit Glasgow ... 117
    De Newcastle-trip ... 119
    Safety zone ? ... 122
    Hearts of Midlothian ... 123
    Pompey 657 crew on the run! ... 125
    Vuisten, messen en een watermeloen ... 129
In memoriam ... 137
    Kort vooraf ... 137
    Danny Tomson ... 137

Udo van Aken	**140**
Mitch Kalb	**147**
Co	**151**
Op stap met Sport Club Feyenoord	**155**
Kort vooraf	**155**
Wat een teringeind	**156**
1999 – Studio Sport	**157**
Een middagje NAC	**159**
2003 – Best gek!	**161**
Retourtje Grijpskerk	**163**
2003 – Kirkrich	**165**
Bekerfinales, altijd leuk	**175**
020 – PSV	**175**
PSV – Twente	**179**
Bekerfinale PSV – FC Twente	**183**
Een gewelddadig tintje	**187**
Republik Maluku Selatan	**187**
Geen rechts, geen links	**189**
Oefenen in Klein Marokko	**193**
McDonald's-Mariniers	**194**
Onderling	**195**
Internationale samenwerkingsverbanden	**201**
Verschillende (dwars)verbanden	**201**
2006 – Het einde van de broederschap	**206**
Nederland – Duitsland, op clubniveau en nationaal	**211**
Kort vooraf	**211**
Jetzt geht's los!	**212**
Leverkusen burning	**215**
Overgangsperiode	**219**
Tijden veranderen	**219**
Een pittige pitstop	**220**
Nieuwe gezichten	**221**
De Rotterdamse Leeuw	**224**
Een maffe kok	**229**
Verzetje Valkenburg	**230**
Het Hoogvlietse Poolcafé	**235**
Kort vooraf	**235**
Pernis	**235**
Spijkenisse	**239**
Antillianen door de jaren heen	**241**
Tot slot	**249**
Woord van dank	**255**

WOORD VOORAF

Ontmoet Yoeri Kievits. Nog geen dertig, samenwonend, liefhebbend vader, intelligent en energiek ondernemer. Rotterdammer, in hart en nieren. En dus ook... Feyenoord-aanhanger. Tot in het extreme.

Yoeri Kievits is een vooraanstaand lid van een van 's werelds meest gevreesde groepen hooligans, die van Feyenoord. Hun onderlinge verbondenheid overstijgt, volgens henzelf, alles en iedereen. Ze creëren hun eigen enclave met codes. Als hij met zijn kameraden van de harde kern op stap gaat, voelt Yoeri zich als een soort strijder in een middeleeuws leger. Iemand die er andere normen en waarden op na houdt, zijn leven in de waagschaal legt en een totale doodsverachting lijkt te hebben. Leven met *zijn* Feyenoord en *zijn* stad, Rotterdam, houdt voor Yoeri en zijn makkers in: in het uiterste geval bereid zijn om alles ervoor op te geven.

Voetbalrellen passen in een oude traditie: vechten en vernielen als volksvermaak. Ook anno nu willen mensen 'uit hun dak gaan', hun leven maximaal beleven. Maar bij de hooligans leidt hun *way of life* tot grensoverschrijdend gedrag. Onbezonnen, ongeremd en ontregelend. Al in de jaren negentig stelde de Britse socioloog Paul Willis vast: 'Er steekt vreugde in het vechten, in het veroorzaken van een knokpartij, in intimidatie'.

Het is voor buitenstaanders een gesloten, onbegrijpelijke en totaal andere wereld waarin de hooligans leven. Politici, justitie, 'gewone' burgers en wetenschappers kijken al vele jaren verbijsterd naar de veldslagen en het geweld van de harde kernen van de supportersgroepen. Een oplossing om de gewelddadige groepen aan te pakken lijkt niet te vinden.

Mag een uitgever een platform bieden voor deze gewelddadige supportersgroepen? Ja, want ze bestaan al tientallen jaren en zijn niet meer weg te denken uit de wereld van vandaag de dag. Geen aandacht geven doet de harde kernen echt niet verdwijnen. Dit boek is bedoeld om meer inzicht te geven in motieven, gevoelens, acties, beweegredenen en verbanden binnen de gemeenschap van hoolies. En dat gebeurt vanuit een tot op heden niet eerder weergegeven invalshoek: van binnenuit.

Rotterdam Hooligan verbaast, roept afschuw en afkeuring op, plus onbegrip, maar ook af en toe ontroering. Wat de lezer ook van dit ongepolijste en rauwe boek van Yoeri Kievits vindt, het biedt in ieder geval een opzienbarende inkijk in een belevingswereld die voor het gros van de mensen heel, heel ver weg is.

De uitgever

BELANGRIJKE MEDEDELING FOTOMATERIAAL

Hoewel de kwaliteit van de in dit boek opgenomen foto's sterk wisselt, heeft de uitgever gemeend, vanwege de authenticiteit, deze foto's, vaak genomen met papieren camera's en prehistorische mobieltjes en andere wegwerpapparatuur, toch op te moeten nemen.

De demonstranten op weg naar het Maasgebouw (zie: Een gekke wereld, pag. 41).

Het begin van vele bewogen dagen.

Anarchie op straat (zie: Kampioensrellen, pag. 83).

BLOODY SUNDAY

Als ik terugkijk lijkt het een droom. Maar dan een die verwordt tot een nachtmerrie ...

Wanneer ik het bruine café binnenkom is de warme ruimte al tot de nok toe gevuld met mannen. Ze onderbreken hun gesprekken en kijken naar me. Ik kijk om me heen en zie mijn vrienden. Ze proberen via handgebaren contact met me te maken. Ik schud handen, krijg schouderklopjes. Ik herken de klanken van 'Sunday Bloody Sunday' van U2. Ik kan een glimlach niet onderdrukken. Wat een toepasselijke muziek voor een dag als vandaag.

Iedereen in het overvolle café weet dat het er vandaag op aankomt. De geforceerde lachjes en het onrustige gedrag verraden de grote spanning die er heerst. Ook ik voel de geladenheid van dit moment. Voor het eerst in vijftien jaar treffen we opnieuw een van onze gezworen tegenstanders. Onze gezamenlijke historie gaat decennia terug en bij elk treffen hoort zwaar geweld.

Ik weet dat we er klaar voor zijn, dat zijn we eigenlijk altijd. Ons motto: leven *met* en sterven *voor* Feyenoord. Dat gaat ver, maar het is wel zo. En iedereen weet: dat zal vandaag onherroepelijk weer eens duidelijk worden.

Ik kijk op de klok. Het is tijd om te gaan. Samen met enkele andere jongens geef ik het sein. De groep stroomt naar buiten, de straat op. Buiten staan nog veel meer mannen te wachten. Ik zie dat we vandaag een topgroep hebben. Meer dan tweehonderd man, trouwe strijdmakkers uit alle gelederen. Het zijn voor mij vertrouwde gezichten.

Ieder voor zich weet: voor deze jongens sterf ik, en zij sterven voor mij. Als een onverschrokken legermacht rukken we op richting ons doel. Ik loop vooraan in de groep.

Links en rechts van ons razen volgepakte ME-bussen langs. Huilende sirenes zwepen onze groep verder op. We zijn met zeer velen en we weten dat niemand, werkelijk niemand, ons kan stoppen. Wat geeft het een waanzinnige kick als je samen met een paar honderd man oprukt!

We hebben ons goed voorbereid, ons huiswerk gedaan. We kennen het stratenplan van de stad. Nog een paar honderd meter en we treffen onze tegenstanders op een plein. Onze voorste groep zet de looppas in. Achter ons klinkt luid gejoel. Terwijl ik in de voorhoede loop weet ik dat alle mannen ons zonder aarzelen volgen. Het gejoel gaat over in wild geschreeuw.

Een grote groep bereden politie galoppeert ons voorbij. De paarden voelen de spanning, ze briesen en snuiven. Hun hoeven kletteren op de straatstenen. Het geluid klinkt als tromgeroffel vlak voor een middeleeuwse veldslag. We weten dat we er bijna zijn, de spanning loopt verder op. Ik voel mijn hele lichaam trillen.

Terwijl ik links en rechts van me de vastberaden en gespannen gezichten van mijn vrienden zie, denk ik aan mijn vriendin en aan ons zoontje. Even vraag ik me af waar ik aan ben begonnen. Want ik voel, ik weet dat deze dag anders is dan alle voorgaande dagen. Grimmiger, meer beladen, en waarschijnlijk ook veel gewelddadiger. Hoe zullen mijn vrienden en ik het slagveld verlaten? Als winnaars of als verliezers? Ik zie om mij heen messen, knuppels en stroomstootwapens tevoorschijn komen. Wij zijn goed bewapend. Maar dat zijn onze tegenstanders ook… en vast niet minder.

Dan verdrijft de opstuwende adrenaline mijn gedachten. Ik ben nu onderdeel van een geheel en ik voel alleen nog maar de enorme drang om onze eer te verdedigen. Op wat voor manier dan ook. In de verte staan de ME-bussen met hun sirenes en draaiende zwaailichten. Als vanzelf beginnen we harder te lopen. De eerste zweetdruppels staan op mijn voorhoofd. Ik begin te rennen en weet dat alle mannen achter me beginnen te rennen. We weten: onze tegenstander heeft ons aan horen komen en rent met dezelfde snelheid op ons af. Nog vijftig meter tot de hoek van de straat, nog dertig, nog tien...

Dan is er een keiharde botsing. Beide groepen knallen wild brullend op elkaar. Een geweldsorgie van honderden mannen. Tijd om na te denken heb ik niet, alles gaat puur op gevoel, op dierlijk instinct om te overleven. In flitsen om me heen zie ik mijn vrienden vechten. Een kort moment kijk ik mijn eerste tegenstander recht in de ogen, een jongen met een sjaal voor zijn gezicht. Ik grijp hem vast. Dan sla ik hem zo hard als ik kan, zo snel als ik kan. Met de volle vuist. Ook ik moet incasseren. Over en weer volgen klappen. De smaak van het warme bloed in mijn mond maakt iets dierlijks in me los. De jongen met de sjaal deinst terug. Hijgend grijp ik een nieuwe tegenstander vast.

Hoewel sommige jongens het zwaar te verduren hebben, zie ik dat we beetje bij beetje de overhand lijken te krijgen. Een paar tegenstanders zoeken een goed heenkomen. Dat veroorzaakt even later een kettingreactie. Tientallen vluchtende mannen duiken en vallen in paniek over elkaar heen. Uit onze groep klinken overwinningskreten. De tegenpartij trekt zich terug in een zijstraat. Daar probeert men te hergroeperen. We voelen dat onze overwinning nabij is.

Schreeuwend en joelend zetten we de achtervolging in. In nauwe zijstraten en stegen volgen nieuwe, kleinere confrontaties met kleine groepjes tegenstanders. Op een gegeven moment raak ik samen met een vriend geïsoleerd rechts van de groep. Zeker vijf man trappen en slaan op ons in. Ik val achterover op de stenen. Plotseling hoor ik: 'Yoeri, KIJK UIT!' Mijn belagers wijken terug en ik zie een beer van een vent op me afkomen. In zijn vuisten heeft hij een fietsketting.

Ik probeer overeind te krabbelen om achteruit weg te komen. Mijn ogen zijn strak gericht op zijn van links naar rechts zwaaiende ketting. Opeens is er een enorme flits. Ik voel geen pijn, maar zak wel in elkaar. Alles om mij heen lijkt in slow motion te gebeuren. Alsof ik droom, zie ik mensen over mij heen stappen. Het geschreeuw en gejoel klinken mijlenver weg. Mijn zicht is slecht door het bloed dat langs en in mijn ogen stroomt. Ik voel me wee en misselijk en kan niet meer overeind komen. In een waas zie ik dat twee van mijn vrienden zich over mij buigen. In een kort, helder moment zie ik tranen in hun ogen. Ik weet dat er iets niet goed met me is en begin paniekerig te snikken; mijn lichaam is in shock. Mijn omgeving en de gezichten worden steeds waziger. Ik voel me wegzakken – en dan gaat alles op zwart.

Licht! Heel fel wit licht. Er schijnt een lamp recht in mijn gezicht. Ik voel een onaangenaam gevoel in mijn neus: een slangetje. Blijkbaar krijg ik zuurstof toegediend. Dan realiseer ik mij langzaam dat ik op een brancard lig. In het ziekenhuis. Het voelt vreemd, klinisch afstandelijk. Wel is er pijn, een enorme druk op mijn hoofd. Ik begin scherper te zien. Ik probeer te focussen, om me heen te kijken, op zoek naar een bekend gezicht, in ieder geval iets van houvast. Artsen lopen druk om mijn bed, gehaast discussiërend, bijna paniekerig. Ik kan hun woorden nog niet verstaan. En door het raam voor de operatiekamer zie ik het behuilde gezicht van mijn vriendin. Ze heeft ons zoontje in haar armen.

Ondanks extreme pijn en de shock waarin ik verkeer komt er een gevoel van wanhoop in me, de wurgende angst dat ik hen nooit meer zal zien. Ik begin te huilen en probeer overeind te komen om hen te troosten. Maar dan word ik hard achterovergedrukt. Iemand doet een mondkapje op mijn gezicht. Opnieuw zakt een zwart gordijn...

Onze beginjaren: stappen in Delft.

Feyenoord trekt door de straten van Portsmouth. Rechts kijkt een Engelse hoolie knarsetandend toe (zie: Pompey 657 crew on the run! pag. 125).

1999, Jong en baldadig (zie: Vervelen op koopzondag, pag. 54).

De beginjaren van FIIIR: op de boulevard van Nice met verse tattoos op de onderarm (zie: 2002 – UEFA-Supercup, pag. 92).

MIJN VERHAAL

Inleiding

Al sinds mijn vroege jeugd support ik met hart en ziel mijn club Feyenoord. Rond mijn dertiende maakte ik kennis met de gewelddadige kant van de Feyenoordaanhang. De jongens van de harde kern sloten mij in hun hart. En ik hen in het mijne.
Het leven dat ik leidde tekende mij in positieve en negatieve zin. Ik heb vrienden voor het leven gemaakt, de dood in de ogen gekeken, enorme risico's genomen. Een ongewoon, gevaarlijk leven. Maar al met al heb ik nergens spijt van en zou ik het zo weer overdoen. Het is mijn leven. Ik hou van het geweld, de groep, mijn vrienden en van Feyenoord. Dit zal zo zijn tot ik tussen zes planken lig.

In de basis is mijn verhaal in dit boek hoe het allemaal was, is en altijd zal blijven. Dit boek is een samenvatting van mijn ervaringen door de jaren heen. In *Rotterdam Hooligan* probeer ik de lezer inzicht te geven in de wereld van ons, de harde kern van Feyenoord. Inzicht te geven in waarom we zijn zoals we zijn, doen wat we doen. Ik heb niet de intentie mensen te overtuigen van wat goed of wat slecht is. Dat weten we zelf donders goed. Wij hebben een keuze gemaakt. Een afweging die ons leven bepaalt.

Hoewel mijn verhaal grotendeels waargebeurd is zit er ook een aantal fictieve elementen in. Ik heb voor die aanpak gekozen om meerdere redenen: bescherming van de privacy van sommigen, het voorkomen van strafrechtelijke vervolging, niet te uitvoerig uitweiden over privézaken, noem maar op.

Hoe we onszelf zien? Met trots noemen wij ons de SCF & FIIIR, de tweede en derde generatie hooligans: Holland's finest.

'There is no better way to die, than to die in the midst of a battle, fighting to the very end ... like a man.'
Enson Inoue (Japans-Amerikaans kickbokskampioen)

Hand in hand kameraden

Feyenoord wordt ons, bijna letterlijk, met de paplepel ingegeven. Vaak is het bij de wieg geen 'Slaap kindje slaap' maar 'Hand in hand kameraden' dat wordt gezongen. Alle normen en waarden die ons worden bijgebracht zijn getoetst aan die van Feyenoord. Mijn stelregel is: je geeft mensen hetzelfde respect dat je van hen ontvangt.

Onze voorgangers van de eerste en de tweede generatie hebben een reputatie opgebouwd. De hoolies van Feyenoord worden gevreesd en gerespecteerd in heel Europa. Het is aan ons en aan de nieuwe lichting de taak en die geduchte reputatie vast te houden.

Bij ons word je niet direct ingeschaald op je vechtkwaliteiten. Lef en moed, daar draait het om. Nooit wegrennen. Altijd, maar dan ook altijd moet je de naam Feyenoord hooghouden. Dat geldt in binnen- en buitenland.

Als je die reputatie binnen de hooligangroepen hoog wilt houden loop je het risico klappen te krijgen. Maar klappen krijgen hoort erbij en als je daar niet tegen kunt heb je bij ons niets te zoeken. Ook ik ben regelmatig, soms door meerdere tegenstanders tegelijk, finaal in elkaar geslagen en lens geschopt. Zo brak ik mijn neus, mijn kaak, verschillende ribben en de botten in mijn handen. Ook had ik meerdere keren een zware hersenschudding, liep ik diverse steekwonden op en verbrijzelde ik mijn enkel. Als klap op de vuurpijl kreeg ik een hersenbloeding. En dat allemaal voor mijn dertigste!

Of ik na dit alles anders ben gaan denken? Nee, eigenlijk niet. De dagen erna, als je in het ziekenhuis je huilende ouders ontvangt, dan ben je zwak en ga je twijfelen aan alles. Maar als er in nauwelijks vijf dagen tijd meer dan tweehonderd medesupporters langskomen, zodat het ziekenhuispersoneel met de handen in het haar staat, dan krijg je weer moed. Dan weet je waar je het voor doet. Voor het knokken, voor de kick, en boven alles: voor je vrienden en de club.

Ik ga later mijn zoon ook leren van zich af te bijten. Maar ik zal hem er ook op wijzen dat hij dat altijd met respect moet doen. Hij is nu nog een peuter, maar als hij wat ouder is dan laat ik hem graag judoën, thaiboksen of een andere vechtsport beoefenen. Het is de bedoeling dat hij zichzelf kan verdedigen en zich de kaas niet van het brood laat eten.

Verder zal ik hem het tegenovergestelde leren van wat zijn vader heeft uitgespookt. Ik ben natuurlijk niet gek en weet precies dat wat ik in de liefde voor mijn club doe of heb gedaan niet altijd goed is of was. Toch heb ik bewust mijn keuzes gemaakt. Je voelt pas dat je leeft wanneer je je eigen grenzen verlegt. Met een groep vrienden of alleen. Wetend dat je een grotere groep of een meerdere in vechtkwaliteiten zult treffen, dat zorgt voor de kick. Zo voel ik dat nu eenmaal. Alles geven en vechten als een leeuw – dat is leven in zijn meest extreme vorm.

Vriendschappen

De vriendschappen die bij ons hooligans ontstaan zijn van een andere aard dan 'normale' vriendschappen. Natuurlijk bestaan er vriendschappen voor het leven buiten ons om, maar ik denk dat wij elkaar leren kennen op een andere manier. Beter, dieper.

Als je met nog maar één vriend *outnumbered* in een steeg staat en je moet alles geven om samen overeind te blijven en al je moed tonen, dan schept dat een geweldige band. Je weet dat je vanaf dat moment altijd op die jongen kunt rekenen. Niet alleen wanneer je geen slaapplek hebt, als je verdriet hebt of als je met een lege accu langs de weg staat, maar ook als je diegene nodig hebt op een moment dat je leven in gevaar is. Die vriend zal je ten koste van elke verwonding – of nog extremer – trouw blijven. Zij aan zij of rug aan rug. Dat zijn vriendschappen van een hoger niveau, als je het mij vraagt.

Goed of slecht?

Wanneer is iemand nu eigenlijk goed of slecht? Een voorbeeld: stel dat je op straat ziet dat iemand wordt lastiggevallen, bijvoorbeeld een vrouw of een oudere man. Of een meerderheid tegen een individu. Het zijn die scènes die je regelmatig in tv-series voorbij ziet komen. Dan volgt de vraag of jij iets zou doen. Zou jij tussenbeide komen?

Mijn antwoord is zonder enige aarzeling: ik grijp in. Dat heb ik van huis uit meegekregen. Helaas heb ik zelf vaak genoeg gezien dat mensen er maar wat bij stonden te kijken; dat doet het merendeel van de bevolking. Het zijn die mensen die elke dag braaf naar hun werk gaan, thuiskomen en eten wat moeder de vrouw ze voorzet. 's Avonds kijken ze televisie. En dan in het weekend joggen met een oude schoolvriend en op zondag met zijn allen naar de kerk. Brave burgers dus eigenlijk. En dat zijn nu juist de mensen die altijd naar ons hoolies wijzen. Zij denken de wijsheid in pacht te hebben en ze hebben overal een mening over. Maar als het erop aankomt staan ze langs de zijlijn en doen ze niks.

Ik heb het uiteraard nu niet over iedereen, maar wel over het merendeel van de mensen. Er komen niet voor niets constant reclameblokken voorbij over dit onderwerp. Mensen wordt verteld hoe te reageren. Er is een ideaalbeeld van een gezin, hoe je te gedragen. En in de maatschappij betekent dat: kiezen voor jezelf. Bemoei je er maar niet mee. Helaas is dat de praktijk. Zoveel mensen die helemaal niet reageren bij onrecht, snel doorlopen, wegkijken en kiezen voor hun eigen veiligheid, hun eigen hachje.

Zijn dit dan de goede mensen en zijn wij hoolies de slechteriken? Natuurlijk gaan wij over de schreef in ons handelen. Maar naast de rellen en andere ongein zijn er ook andere kanten. Wij hebben hartstocht, passie, loyaliteit aan de groep en elkaar, noem maar op. Bij ons geldt het onvoorwaardelijk steunen van een club en elkaar. In goede en in slechte tijden.

Zo steunden we massaal onze overleden voetbalheld Coen Moulijn, een icoon binnen en ook buiten de club. De dag van zijn begrafenis werd mede geregisseerd door jongens van de harde kern. Met een erehaag gaven wij Coen de laatste eer. Het werd een waardig afscheid van een groot man. Een jaar later was er een herdenking, waarbij duizenden fans en honderden hooligans verbroederd om het standbeeld van Coen Moulijn stonden.

Solidariteit

In onze groep vind je een breed scala aan persoonlijkheden en karakters. Echt een dwarsdoorsnede uit de maatschappij: bouwvakkers, havenarbeiders, kantoorpikkies, vrachtwagenchauffeurs, werklozen, geslaagde zakenlui en criminelen. Je vindt bij ons jongens die, toen ze opgroeiden, nooit wat te kort zijn gekomen. Ze groeiden op in een gezin, met een liefhebbende vader en moeder en alles wat daarbij hoort. Maar bij ons vind je ook jongens die nooit een eerlijke kans hebben gehad. Ze komen in veel gevallen uit gebroken gezinnen. Alcoholisme en drugsgebruik lagen daar vaak aan ten grondslag. Dat zijn de jongens die nog voor hun puberteit al met 1-0 achterstonden.

Binnen onze groep vind je bij de mensen met de zwaarste reputaties de zachtste karakters. Ook wij hebben empathie, inlevingsvermogen en harten van goud, al is dat niet te zien voor de buitenwereld. Voor de 'goede mensen' dan. Maar wat weten zij ervan? Bij ons is er een enorme solidariteit: als er iemand wegvalt wordt voor de achtergebleven gezinsleden gezorgd. Als de boodschappen niet betaald kunnen worden regelen we een geldinzameling. Een plek om te slapen of een paar nieuwe voortanden – het gebeurt allemaal. Wij zijn *La Familia* en zorgen voor elkaar. Maar door de overgrote meerderheid van de maatschappij worden wij hoolies afgeschilderd als beesten.

Iedere hoolie spreekt er schande van als er weer eens valse berichtgeving over ons naar buiten wordt gebracht. De kleinste incidenten worden in de media breed uitgemeten. De echte problemen in dit land zijn plots niet meer belangrijk als de harde kern van Feyenoord weer eens voorbij komt. Maar wij weten van elkaar hoe we in elkaar steken. Iedereen die anders denkt en die mening met ons wil delen is vrij om ons op te zoeken. Wij zullen altijd de discussie open en eerlijk aangaan. Maar 'normale' mensen zullen dat niet doen. Die wijzen alleen vanaf de zijlijn.

Mijn familie

Ikzelf prijs me gelukkig. Ik heb de beste opvoeding gehad die een kind zich kan wensen. Als nakomertje met twee oudere broers ben ik niks tekort gekomen, hoewel wij het bepaald niet breed hadden. Leon, mijn oudste broer, is het tegenovergestelde van mijn broer

Remon. Leon is de meest verantwoordelijke van ons drieën en heeft een zacht en rustig karakter. Hij zorgt een beetje voor ons allemaal en vooral voor mijn moeder en vader. Over Remon vertel ik later meer. Mijn moeder is drie jaar geleden gehandicapt geraakt. Na een gescheurde aorta en verschillende beroertes heeft ze gevochten voor haar leven. Tot twee keer toe in een paar weken hebben wij afscheid moeten nemen. Telkens was er een minimale kans dat ze het zou redden. Toen mijn moeder in coma lag, zat ik elke dag naast haar bed, biddend dat ze zou blijven leven. Ik vroeg: 'Mama, blijf alstublieft. Ik ga je een kind schenken samen met je schoondochter. Blijf leven voor hem of haar.' Ik denk, eerlijk waar, dat mijn moeder mij in haar onderbewuste heeft gehoord. Ze herstelde, maar ze is nooit meer helemaal de oude geworden. Als ik die lieve, soms gebroken vrouw zie opfleuren als ik mijn zoontje bij haar breng bloeit mijn hart op. Dat ze dit nog mag meemaken!

Mijn vader heeft vanaf zijn 66e alles op moeten geven om te zorgen voor mijn zieke moeder. Zijn werk, zijn zangkoor en zijn geliefde Feyenoord. Al neemt Feyenoord nog steeds een belangrijke plaats in zijn hart in, zijn ware liefde is toch mijn moeder. Mijn respect voor mijn vader is groter dan het heelal. Een echte man, die zichzelf opoffert voor de intense liefde voor zijn vrouw, voor mijn moeder. Mijn ouders zijn mijn grote voorbeelden. Perfecte ouders voor hun zoon, een perfecte opa en oma voor hun kleinzoon – perfecte mensen.

Hoewel ik dus uit een goed gezin kom en een fijne opvoeding heb gehad, was er toch soms een andere kant. Mijn vader heeft een hart van goud. Maar hij kan absoluut niet tegen onrecht of tegen mensen die hem piepelen. Dit resulteerde soms in flinke knokpartijen op straat of in het verkeer. Toen ik de leeftijd van een jaar of dertien had bereikt bleef ik niet meer verbouwereerd staan toekijken. Ik sprong erin en kwam mijn vader meerdere malen te hulp. Een langlopende vete met de buren resulteerde in drie flinke knokpartijen met bloedneuzen en blauwe ogen. Ook nadat mijn vader op een keer werd afgesneden in het verkeer kwam het tot een confrontatie. Op 63-jarige leeftijd vloog hij een jonge Turk aan. Dit soort dingen maken niet iedere vader en zoon mee.

Ik denk dat dit, naast onze vader-en-zoonband, een vriendschapsband op een hoger niveau schiep. Mijn vader en ik stonden zij aan zij en rug en rug als het moest. Naast alle manieren en normen was er dus ook deze kant van de opvoeding. Geen onrecht pikken, en vooral je eergevoel beschermen – ook als je wordt afgesneden in het verkeer. Dat heeft wel een bepaalde basis in onze relatie gelegd.

Opgroeien

Ik ben zelf altijd een lief kind geweest, zo hoorde ik van mijn moeder. Op de basisschool was ik altijd nadrukkelijk aanwezig. Vooral met grapjes en positief gedrag. Maar hoe jong ik toen ook was, toch kwam ik regelmatig in een vechtpartijtje terecht op het schoolplein. Zo herinner ik me Raoul, mijn beste vriend op de basisschool. Hij was geen stoere jongen of een vechtersbaas. Daardoor werd Raoul zo nu en dan het slachtoffer van pesterijen door jongens uit de hogere klassen. Hij had niet de spirit om voor zichzelf op te komen. Hoewel ik zelf nooit vechtpartijen uitlokte, kwam ik toch steevast voor Raoul op. Dankzij mijn op dat moment al intensieve judotrainingen had ik weinig te vrezen. De jongens die ik met een klap of een schop niet de baas was vlogen met *o soto gari* of een andere judoworp over mijn schouders. Op de grond volgde vaak een houdgreep of een verwurging. Uiteindelijk keken andere jongens wel uit om ruzie te maken, zowel met Raoul als met mij.

Op de middelbare school verzamelde ik mijn eigen groepje jongens om me heen. Ik sportte fanatiek en had geen enkele behoefte aan contacten met de doorgesnoven gabbers die sjekkies stonden te roken in het fietsenhok. Ik hoefde daar beslist niet bij te horen.

Mijn eigen ding

Ik deed mijn eigen ding. Ik was een goede vriend en aardige jongen voor mensen die mij met respect behandelden. Degenen die dat niet deden toonde ik mijn andere kant, mijn tweede persoon. Die kwam nooit zomaar kijken, maar die lag wel altijd op de loer. Wat dat betreft is het waar wat men zegt over mijn sterrenbeeld. Dat is Tweelingen, en dus twee gezichten.

Hoewel ik het niet opzocht kwam het geweld toch af en toe langs. Want ik had wel een kort lontje en daardoor ging het regelmatig mis…

Ik weet nog dat op een dag een paar oudere Antilliaanse jongens onze aula binnenliepen. Ik moet in de tweede gezeten hebben en was een jaar of dertien. Die jongens hadden niks te zoeken op onze school. Ze kwamen om stoer te doen en te kijken wat voor vrouwelijk schoon onze school rijk was.

Toen ik naar mijn les wilde en dit groepje moest passeren, volgde oogcontact. Mijn vader had me geleerd dat je nooit moet wegkijken. Dat is immers een teken van zwakte. Nadrukkelijk oogcontact maken is een dierlijke manier van dominantie afdwingen. Ik kreeg woorden met een bekende Antilliaan uit Hoogvliet. Na met de hoofden tegen elkaar te zijn gaan staan, zoals dat op die leeftijd ging als je het tegen iemand opnam, kreeg ik de eerste duw. Ik greep hem bij zijn lange dreadlocks en gaf hem enorm snel meerdere rechtse stoten. Binnen twintig seconden lag de Antilliaan op de grond. Ik werd door een paar leraren van hem af getrokken. Toen ik later de aula weer binnenkwam voelde ik dat er een nieuw respect voor mij was. Ik had deze bekende jongen te kijk gezet, voor honderden leerlingen. En vooral voor de leuke meisjes voor wie hij in feite kwam.

Ik kan me herinneren dat mijn maat Menno uit Pernis ruzie kreeg met een oudere Pool. Het ging weer 's om een meisje. Deze jongen zat niet bij ons op school en volgde waarschijnlijk helemaal geen onderwijs meer, gezien zijn leeftijd. Hij stond Menno na schooltijd op te wachten om 's even af te rekenen met zijn rivaal. Menno was het type 'wereldgozer', maar een vechter was hij niet. Hij zag het niet zitten om naar buiten te gaan. Aangezien de Pool samen was met nog wat oudere jongens, zou dit een zware dobber worden.

Ik besloot iets te doen wat ik nog nooit had gedaan: ik belde mijn broer, die in de buurt werkte, en vroeg hem om hulp. Hij moest lachen en zei me dat ik mijn eigen boontjes moest doppen. Zijn advies: er vol in vliegen en als er klappen volgen, *so be it*.

Ik luisterde naar dit advies en besloot de confrontatie dan maar alleen aan te gaan. Ik liep naar het schoolhek en vertelde de Pool dat als hij problemen wilde met Menno, hij eerst langs mij moest. Hij lachte smalend en kwam op mij af. Zonder aarzelen gaf ik hem razendsnel een rechtse. De eerste klap is immers een daalder waard. En dat bleek: hij stond zichtbaar te draaien, waardoor ik hem meerdere klappen kon geven. Oudere meiden en jongens stonden met verbazing te kijken hoe snel ik dit voor elkaar kreeg. En ik moet eerlijk zeggen: ik was zelf ook verbaasd. Ik had veel meer spirit dan de Pool. Daarbij had ik geleerd nooit iemand te onderschatten. Dat kan je eigen ondergang betekenen. Je kunt denken: wat een ielig mannetje, maar dat ielige mannetje kan heel goed een thaibokskampioen in de lichte klasse zijn, of de zwarte band judo bezitten. Mijn broer heb ik tot op de dag van vandaag nooit meer om hulp gevraagd, ik heb verder altijd 'mijn eigen boontjes' gedopt.

Memorabele tijden

Na deze confrontatie met de Pool raakte ik op school steeds vaker betrokken bij gevechten. Het waren memorabele tijden. Ik maakte wel vijftien van dit soort incidenten mee. En ik vond het toen al heerlijk. In de derde klas bleef ik voor de tweede keer zitten en ik moest de school verlaten. Hierna heb ik nog een mislukte poging gedaan op een sportopleiding. Hoewel ik op sportief gebied altijd top was in de klas, verzuimde ik op andere vakken. Het standaardpraatje van de leraren was: Yoeri is erg slim, maar kan zich niet concentreren. Dat klopte. Ik gaf me voor de volle honderd procent bij vakken die me interesseerden, zoals biologie, geschiedenis en lichamelijke oefening. Verder gooide ik er met de pet naar.

Gelukkig wist ik een papiertje te halen op de Havenvakschool. Daardoor kon ik in de Rotterdamse haven gaan werken. Ik vond het fantastisch. Net als iedere ras-Rotterdammer. Werken is onze trots. In de haven is het werk fysiek zwaar en er werken rauwe, sterke kerels. Al jong maakte ik kennis met de ruigste figuren. Ook trof ik er vele jongens van de harde kern van Feyenoord. Jong, oud en nog wat ouder.

Maar de zware nachtdiensten en het altijd maar weer 'moeten' bleken uiteindelijk voor mij niks. Ik was toen nog te wild; regelmatig kwam ik met een blauw oog of een verbandje her en der op mijn werk. Ook de wilde nachten in het weekend eisten hun tol. Ik merkte bovendien dat ik het liefst onafhankelijk ben. Ik wil geen zeurende baas boven me. Blindelings bevelen opvolgen lag me niet zo en altijd kwam ik wel met een eigenwijze wedervraag. Waarom ik een zware zak moest sjouwen terwijl een paar meter verderop een kruiwagen stond. Zoiets. En geloof me, daar houden bazen niet van. Ik leerde dat ik vrijheden moet hebben om mijn dingen te kunnen doen. En daarom ben ik zelfstandig ondernemer geworden.

Naast mijn eigen bedrijf in de steigerbouw zit ik ook in de directie van een evenementenbureau. Ik heb nu enkele (dance)feesten op mijn naam staan en probeer zo wat neer te zetten. Dat is soms wel eens pittig. Vaak moet ik vanaf de steiger mijn evenementen regelen en vanaf de evenementen de steigers. Mijn steigerbouwcollega en compagnon plus FIIIR-strijdmakker Blauw kent mijn ambities en is daar gelukkig erg flexibel in. Als ik weg moet kan ik weg en als ik even een paar minuten langer aan de telefoon hang is dat ook geen probleem. Dat zelfstandige bestaan is wat ik nodig heb om mijn doelen te verwezenlijken. Zoiets zou mij in een vaste baan nooit zijn gelukt.

One of the guys

Al vanaf mijn vijftiende heb ik op de een of andere manier invloed. In een groep kom ik op de een of andere manier vaak bovendrijven als frontman. Door mijn acties, mijn organisatievaardigheden, maar ook door mijn consequente optreden. Maar mensen moeten je ook wat gunnen. Zonder een beetje hulp of een opstapje is het verdomde moeilijk om er te komen.

Die kwaliteiten die ik op mijn vijftiende had en steeds verder heb ontwikkeld, ook binnen onze groep van de harde kern, gebruik ik nu ook op een andere manier. Ik merk dat ik mijn overtuigingskracht goed kan gebruiken. Dat geldt ook voor mijn creativiteit. Ik zet deze talenten in het dagelijks leven in bij het binnenhalen van sponsors en het bedenken van nieuwe concepten en manieren om mijn boterham te verdienen. In mijn actieve hooliganperiode stippelde ik routes uit, onderhield contact met de tegenstanders en regelde de manschappen en vervoer. Toch noem ik mezelf geen leider. Ik was wel een frontman, een *topboy, one of the guys*. Dit zal ik telkens opnieuw worden, op het gebied van evenementen, schrijven of een andere tak die mijn interesse heeft.

Voor de een is dit arrogantie, voor de ander zelfverzekerdheid. Voor mij dus het tweede. Ik ben blij dat sommigen mij af en toe tot de orde hebben geroepen en hebben gezegd dat ik gas terug moest nemen. Ik wilde vaak te snel. Het komt je niet aanwaaien en een beetje succes vereist verdomd veel doorzettingsvermogen. Hoewel ik adviezen van tijd tot tijd aannam heb ik mijn eigen doelen en visies nooit losgelaten. Laat ze maar lullen, dacht ik soms. Ik trek mijn eigen plan. Uiteindelijk moet je op je eigen instincten afgaan. Je moet naar je hart luisteren!

Waarom ik bepaalde keuzes heb gemaakt is niet zo makkelijk te verklaren. Een onstilbare honger naar iets spannends, iets grensverleggends. Ik weet vanbinnen wel dat ik wat ga bereiken. Die gedachte hou ik vast en herhaal ik zo vaak mogelijk tegen mezelf. Hou die positiviteit vast en je zult het uiteindelijk naar je toe trekken, dat is mijn levensmotto. Ik ben me vanuit een donkere wereld nu ook in het zonnetje aan het ontwikkelen. Het wordt toch elke avond weer donker en zo kan ik altijd mezelf blijven.

Veel jongens in mijn groep vinden het fascinerend dat ik vol blijf houden. Ik heb echt al duizend-en-een dingen opgezet en uitgeprobeerd. Drankservice, met een kraam bij De Kuip staan en kleding importeren vanuit Thailand. Allemaal uitgelopen op niks. Blijven proberen. De duizend-en-tweede keer lukt het me wel. Als je opgeeft, leg je je neer bij je leven en hoe het dan is. Heb jij daar vrede mee? Prima, alle respect! Ik heb dat nog steeds niet en ben wat dat aangaat een rusteloze ziel.

Ontsporen

Mijn middelste broer is een verhaal apart. Hij komt regelmatig in dit boek voor. Ik had op jonge leeftijd niet verschrikkelijk veel met Remon, tot mijn dertiende ging ik meer met mijn oudste broer Leon om. Samen met Leon ging ik voetballen, computeren en naar de bioscoop. Remon ging in die tijd al flink stappen. Discotheek Parkzicht was het toen helemaal, in de *nineties*, en hij was daar dan ook elke week te vinden. Op zaterdagavond met de hele groep naar Parkzicht en op zondag naar de wedstrijden van Feyenoord. Ze haalden in een keer door: van stapavond naar voetbaldag. Je kunt je voorstellen in wat voor staat de Feyenoord-kern in die jaren rondliep.

Toen ik zo'n jaar of zes was kwam Remon regelmatig op de vroege zondagmorgen binnenlopen. Rechtstreeks uit Parkzicht. Ik was dan net uit bed en zat met mijn moeder te ontbijten. Er waren regelmatig grote ruzies tussen mijn ouders en Remon. Opgeslokt door het Feyenoord-milieu en alles wat daaromheen hing, begon hij flink te ontsporen. Toen ik zelf bijna veertien jaar was begon ik steeds meer raakvlakken te krijgen met Remon.

Ik was op die leeftijd al heel gedisciplineerd in sport. Als fanatiek judoka won ik wekelijks toernooien door heel het land. Ook was ik een getalenteerd voetbalkeeper. Na meerdere keren gescout te zijn door onder andere Feyenoord besloot ik op mijn veertiende naar Excelsior te gaan. Genoeg potentie dus. Bij de B1-jeugd van Excelsior kreeg iedereen een seizoenskaart voor het eerste elftal. Bij een wedstrijd tegen AZ stond ik in mijn trainingspak van B1 stenen te gooien naar de AZ-fans. Dus op die jonge leeftijd kreeg ik een meute AZ-mannen achter mij aan, voor het oog van honderden Excelsior-aanhangers. Niet echt de bedoeling van de jeugdopleiding van Excelsior, zo bleek al snel ...

Hierna ging het bergafwaarts. Hoewel ik nog wel in de landelijke jeugdcompetities meedraaide bij verschillende clubs was de motivatie weg. Mijn temperament sloeg vaak ook over naar het veld, wat mij op een paar lange schorsingen kwam te staan. Ik ging inmiddels steeds meer om met Remon en zijn vrienden van de SCF, wat staat voor Sport Club Feyenoord, de tweede generatie harde kern. En ik vond het prachtig. Ik had alle boeken gelezen over Feyenoord-hooligans. De namen uit die boeken waren nu ineens mijn strijdmakkers. Zodoende raakte ik in het uitgaansleven en bij Feyenoord steeds meer verzeild in geweld. Daarnaast werkten wij, de jongere fanatieke supporters, hard aan onze eigen groep, de nieuwe lichting die de SCF op zou volgen. In de tussentijd snoepte ik zo veel mogelijk mee van de tripjes en avondjes met mijn broer en zijn vrienden. Ook nam ik steeds meer eigen vrienden mee en zo ontstonden er nieuwe verbonden tussen jong en oud. Door de jaren heen zou de groep samensmelten tot een vaste groep harde kern.

Door mijn gewelddadige inslag klom ik snel op en stond ik in de picture. Door soms net een stapje verder te gaan staken ik en enkele anderen uit boven de rest. Gek, gekker, gekst, zoals er in andere Feyenoord-boeken wel eens beschreven is. En dan moet je de kwalificatie 'gek' zien als eretitel. Toen ik op mijn achttiende al op mezelf ging wonen ging het hard. Ik had de portiekwoning van mijn broer overgenomen op Rotterdam-Charlois. Daar vonden wekelijks wilde feestjes plaats.

Het begon vaak op donderdag en soms werd er dagen doorgehaald en zaten we op zondagavond nog met een biertje naar *Studio Sport* te kijken. Ik heb veel jongens kapot zien gaan in de loop der jaren. Voor hen vormden deze jaren de inleiding tot een ontspoord drugsbestaan. Huis, gezin en eergevoel, alles zijn ze kwijtgeraakt. Enkelen zagen het niet meer zitten en stapten uit het leven. Anderen joegen zichzelf onder invloed de dood in bij verschrikkelijke ongelukken of ze vielen zelfs ten prooi aan moordenaars.

Ik heb het inmiddels allemaal onder controle. Heb nu een koophuis, prachtige vrouw en geweldige zoon. Mijn biertje en blowtje heb ik nog wel nodig. Dat geeft mij rust die ik tot nu toe nergens anders heb kunnen vinden. Het gebruiken doe ik niet meer zo als vroeger, al zijn er eens in de zoveel tijd uitzonderingen. Ik ben geen monnik natuurlijk.

Liefde

Mijn vriendin heb ik zeven jaar geleden ontmoet. Zij geeft mij dagelijks kracht en zonder haar zou ik me geen raad weten. De eerste jaren was ik wild en onbezonnen. Lang leve de lol, met veel stappen en gek doen. En heel veel geld opmaken. Geld dat we voorheen niet hadden. Ik heb echt alles met haar meegemaakt. Het diepste dal, met torenhoge schulden. En het fijne stabiele leven dat we nu leiden. Ze heeft wel wat te verduren gehad met mij. Een vriend die met de regelmaat van de klok gewond was of vastzat. Toch is ze me altijd trouw gebleven en heeft ze me nooit afgeremd in wat voor mij mijn leven was. En nog steeds is. Zij het dan in andere mate. Ik ga niet meer op pad met de jongste jongens. Ik heb veel dingen lopen op zakelijk vlak en kan mijn vrouw en kind financieel en emotioneel niet laten zitten. Net zoals ik hen nodig heb, hebben zij mij nodig. Nog sta ik er als het moet. Dat is het verbond dat je sluit, vind ik. *Por la vida.* Voor het leven.

Half Thai, half Nederlands is ze. Een prachtige verschijning. Nog steeds kan ik stapelverliefd op haar zijn als ik naar haar kijk. Als deze sterke mooie vrouw naast mij loopt voel ik me keer op keer weer een gelukkig man. Ik denk dat je pas echt kunt zeggen dat je een goede relatie hebt als je elkaar door dik en dun kent. Zij is blij dat ik het tegenwoordig wat rustiger aan doe. Ik word afgeremd als ik weer eens geïrriteerd de wagen wil uitstappen of als ik vind dat iemand te veel belangstelling voor haar toont. Helemaal afremmen kan ze me niet, daar ben ik te temperamentvol voor. Maar ze zou me, zo denk ik, ook niet helemaal willen afremmen. Ze neemt me zoals ik ben.

Sinds twee jaar is onze liefde bekroond met een prachtige zoon. Hij heeft me nog meer veranderd. Tegenwoordig weet ik waar ik het voor doe. Geen nodeloze risico's meer. Het is wel eens moeilijk een balans te vinden tussen het Feyenoord-leven en het gezinsleven. Het beste is om die twee maar zo veel mogelijk te combineren, wat trouwens bij mij ook niet anders kan.

Vasthouden aan je geloof, je idealen. Je maten niet laten stikken. Dat zijn ook perfecte eigenschappen om je kind te leren, al hebben wij het door de jaren heen op een aparte manier tot uiting gebracht. Mijn zoon moet de wereld zelf verkennen. Ik kan hem hoogstens een hele dikke handleiding meegeven die ik in de loop der jaren heb verzameld. Want zelfs op mijn jonge leeftijd kan ik, eerlijk waar, zeggen dat ik bijna alles heb gezien of meegemaakt. De uitdagingen die nu nog komen ga ik gedoseerd en over een tijdsbestek van de komende veertig jaar tegemoet. Rustig aan. Genieten van het leven. De *kicks*, maar ook de *chills*, of zoiets. In de tussentijd is het druk daar op die eerste plaats, met mijn eeuwige liefde Feyenoord, mijn prachtige vriendin en mijn allerliefste zoon.

De regels aan de laars gelapt

In mijn hele 'loopbaan' binnen de harde kern heb ik circa acht jaar stadionverbod voor mijn kiezen gekregen. Allemaal vanwege verschillende dingen: na een vechtpartij en het in bezit hebben van een mes bij de wedstrijd tegen Chelsea thuis en openlijk geweld en het in bezit hebben van een zelf gefabriceerde bom bij de uitwedstrijd tegen Roda plus nog wat kleinere vergrijpen was ik jaren niet meer welkom bij mijn geliefde club. Het viel me heel zwaar om na een gezellig biertje op onze verzamelplek afscheid te moeten nemen van de jongens die wel door de poort naar binnen konden.

Ik moet wel zeggen dat ik één keer de regels aan mijn laars heb gelapt. Voor 400 euro kon ik een kaartje bemachtigen voor de UEFA-cupfinale tegen Dortmund in 2002. Die wedstrijd kon ik in geen geval missen, dus riskeerde ik 1000 euro boete en een jaar extra verbod. Maar niks aan de hand, het ging goed. En eind dit jaar mag ik eindelijk weer naar binnen. Mijn zoontje is dan twee jaar oud en ik hoef goddank niet tegen hem te zeggen dat papa niet naar het voetbal mag. Over een jaartje neem ik hem af en toe mee. Jong geleerd is oud gedaan. Feyenoord zal immers ook bij hem een rol in zijn leven gaan spelen. Een beetje sfeer proeven kan dus geen kwaad. Uiteraard geen risicowedstrijden, want dan wil papa de handen vrij hebben, haha ...

De Voetbalwet* en de krijgers

Vroeger, heel vroeger, toen we nog in grotten leefden, waren alle mannen krijgers. Door de eeuwen heen tot op de dag van vandaag, is er oorlog. In de hele wereldgeschiedenis is er nog maar 250 jaar vrede geweest. Het met behulp van geweld ontstane Romeinse rijk, de middeleeuwse veldslagen, de tachtigjarige oorlog, de Eerste en Tweede Wereldoorlog, en nu Afghanistan, Irak. Kortom, er zijn te veel oorlogen om op te noemen. Mannen hebben altijd gevochten. Dat is genetisch bepaald. Dat schrikt de mens af, maar boeit tegelijkertijd. Ook de 'normale' burger fantaseert wel eens dat hij zijn irritante buurman en pestende collega een pak rammel geeft. Hij zal dat echter nooit doen, hoewel het vechten nog steeds ergens in zijn genen zit. Wij, de harde kern, zijn de laatsten der Mohikanen. Krijgers.

---

*Voetbalwet: De Wet Maatregelen Bestrijding Voetbalvandalisme en Ernstige Overlast (Wet MBVEO) werd op 1 september 2010 van kracht. De wet staat ook bekend onder de alternatieve naam Voetbalwet. Het betreft een *'wijziging van de Gemeentewet, het Wetboek van Strafvordering en het Wetboek van Strafrecht ter regeling van de bevoegdheid van de burgemeester en de bevoegdheid van de officier van justitie tot het treffen van maatregelen ter bestrijding van voetbalvandalisme, ernstige overlast of ernstig belastend gedrag jegens personen of goederen'.* Kortom, deze wet geeft de overheid de vrije hand om, wanneer zij dit nodig acht, in te grijpen bij supportersgeweld.

Niet voor een land of een lading goud, maar voor de *rush* en voor je eer. De moderne krijger zogezegd. De mannen die vooraan staan als het moet. Bij het voetbal maar ook ergens anders.

In 2011 bij de demonstraties op het Tahirplein in Egypte stond de harde kern van Port Said vooraan. De Egyptische tegenhangers van de Europese hooligans zetten hun leven maandenlang op het spel. De in die tijd gespeelde wedstrijd tegen een door het Egyptische leger gesteunde club liep uit op een slachtpartij waarbij 68 mensen de dood vonden. Een brute wraakactie voor de demonstraties. Een ander voorbeeld: bij het in de jaren zeventig omvergeworpen bewind van president Videla van Argentinië stonden supporters van de harde kern van onder andere Boca Juniors op de voorgrond. Dit is wat ik bedoel met krijgers. De allerlaatste in hun soort, vrees ik.

Ikzelf kan me eind jaren negentig nog goed herinneren. Toen had je nog redelijke vrijheden. Bewaking met camera's kwam nog nauwelijks voor. De schaarse plekken waar de apparaten wel hingen leverden slechts onduidelijke beelden op. Ook was er nog geen Voetbalwet of wetten die daarop leken en die uiteindelijk hebben geleid tot de uiteindelijke Voetbalwet, waardoor er strengere maatregelen genomen kunnen worden bij voetbalgeweld. Daarover later meer.

Zo rond 2003 begon het gaandeweg allemaal heftiger te worden. In die tijd werd ik regelmatig opgepakt en kwam ik op een lijst te staan met de meest overlast gevende supporters van Feyenoord. Elke twee weken kreeg ik rechercheurs aan de deur. Deze vroegen mij dan of ze binnen konden komen. Dat weigerde ik altijd. Ze deelden me dan aan de deur mee dat ze mij nauwlettend in de gaten hielden en dat ik me geen enkele misstap kon permitteren. Pure intimidatie en pesterij dus. Die aanpak volgde de politie ook bij mijn vrienden. Bij sommige jongens ging het zo ver dat hun baas werd ingelicht of dat de rechercheurs op het werk verschenen. Op die manier probeerde de politie ons te ontmoedigen.

Ook werden er in de loop der jaren verschillende pogingen gedaan om te infiltreren. Vanuit de toenmalige CID (Criminele Inlichtingen Dienst) en de huidige AIVD (Algemene Inlichtingen Veiligheids Dienst) werden vaak zwakke broeders uit onze groep benaderd. Ik kan niet met zekerheid zeggen dat hun pogingen nooit zijn gelukt. Het was zo nu en dan namelijk wel erg opvallend dat de kit precies wist waar we aankwamen, verzamelden en waar we onze acties hadden. Ook werden er soms preventieve arrestaties verricht. De oorzaak daarvan kon dus infiltratie zijn, of zelfs afluisterpraktijken. En dat laatste is nog steeds aan de orde van de dag: in Nederland wordt erg veel getapt. Vaak zonder toestemming van de rechter. Dit mag dan natuurlijk nooit gebruikt worden in rechtszaken, maar de politie gebruikte het preventief. Horen, zien en zwijgen. Zij, de rechercheurs, hoeven ons uiteraard niet uit te leggen hoe ze aan hun informatie komen. Onze advocaten worden zoet gehouden met anonieme bronnen en de rechters en publieke opinie vinden het allang best als wij achter slot en grendel gaan. Al mag dat dan op een Noord-Koreaanse manier zijn bereikt.

Nu de Voetbalwet er is, worden er extreme uitspraken gedaan door de rechter. Alsof dat allemaal nog niet genoeg is, proberen ze voetbalhooligans elk plezier te ontnemen. Die moeten constant in de gaten worden gehouden en gevolgd. Er mogen geen evenementen meer worden bezocht. Als je pech hebt mag je tot je tachtigste jaar geen voetbalstadion meer betreden. Ze willen hooligans het liefst uit de maatschappij verbannen.

Ik kan me hier enorm kwaad om maken. Uiteraard snap ik dat je straf verdient als je de wet overtreedt. Wij voetbalhooligans zullen dat te allen tijde accepteren. Maar de haatzaaierij van tegenwoordig gaat echt te ver. Waarom zou je iemand die een ruit ingooit en knokt in een isoleercel zetten? Waarom moet deze groep harder aangepakt en opgejaagd worden dan pedofielen, inbrekers, zedendelinquenten en tasjesrovers? Of neem moordenaars. Die krijgen ook weer een tweede kans, zonder isolement of andere voetbalwetaanpak of regels. Waarom pakken ze voetbalhooligans harder aan? Het antwoord is: omdat het makkelijk scoren is. Vooral rond verkiezingstijd zijn de harde uitspraken over de hoolies schering en inslag. Het blijft een heet hangijzer. Iedereen walgt ervan maar wil er in de tussentijd alles van weten. Tv-programma's over hooligans scoren hoog in de kijkcijfers. Het is een fascinerende wereld voor buitenstaanders.

Het is tegenwoordig verdomde moeilijk geworden. Na al die jaren hebben de autoriteiten het een klein beetje in de hand. Maar ondergronds zal het altijd doorgaan. En een afspraak van tien tegen tien of twintig tegen twintig is makkelijker te maken dan een afspraak met honderden mensen. In de eerste divisie zijn die confrontaties tussen kleine groepen al een tijd aan de gang en in de eredivisie komt het eveneens steeds vaker voor. Ook in Engeland, waar al jaren een Voetbalwet van kracht is, gaat het door. In kleinere aantallen en met minder regelmaat, dat wel. Maar daarom niet minder heftig. Als twee groepen elkaar echt willen treffen gebeurt dat toch wel. Vroeg of laat. De aanpak van de overheid en de straffen die er tegenwoordig staan op voetbalgeweld hebben geleid tot redelijke rust.

Mild zal de publieke opinie niet zijn, ben ik bang. Dit komt met name door het feit dat de media dingen verdraaien en over een klein, nietszeggend incidentje een sappig journalistiek verhaal schrijven. Daardoor lijkt alles erger geworden. Het is de tijd waarin we leven. Alles wordt killer, harder en steeds minder Nederlands. Iedereen vind het best. Kijk maar naar de stemmen die een partij als de PVV krijgt, die buiten een hard allochtonenbeleid ook militairen op straat wil. Meer cameratoezicht en nog meer maatregelen die de privacy aantasten. En de burger vindt het best. Totdat we helemaal geen privacy meer hebben en zelfs baby's DNA moeten afstaan. We hebben het allemaal zelf laten gebeuren. *Adjust and go on playing the game.* Aanpassen en het spel meespelen, of je wilt of niet ....

In dit boek komen tal van verhalen aan bod, bizarre gebeurtenissen die een grote rol hebben gespeeld in mijn leven, maar ook in het bestaan van Feyenoord. Maar ik wil graag voor het goede begrip beginnen met een nog heel recente periode die zowel enorm hectisch was, als ingrijpend in het voortbestaan van onze club.

Met een doek van ca. 100 meter worden Coen Moulijn en alle andere overleden Feynenoorders herdacht. Alle namen worden op het doek geschreven.

De demonstratie trekt het voorplein op.

De ongeregeldheden beginnen bij het Maasgebouw, 2011.

EEN GEKKE WERELD

Het seizoen 2010/2011 is een ramp voor Feyenoord. Onder trainer Mario Been volgt nederlaag na nederlaag. Als dieptepunt staan we dertiende op de ranglijst, een complete vernedering voor een grootse club als Feyenoord. Dit is nog nooit eerder vertoond. Mensen hebben er verdriet van en de weken en maanden zijn in dit seizoen zwaar. Veel norse en chagrijnige vaders, zoons en opa's aan het avondeten. Toch blijven wij als supporters allemaal onze club steunen. Door dik en dun. Tussen de 40.000 en 50.000 man steunen hun club wekelijks, ondanks de nederlagen. Onvoorwaardelijke liefde, onvoorwaardelijke steun. Dat is Feyenoord.

Toch begint het gaandeweg te rommelen binnen de supportersgroepen. Het wanbeleid van de directie begint zijn tol te eisen. Wekelijks verzamelt zich na de wedstrijd een ontevreden en morrende meute buiten de poorten. Deze groep, bestaande uit voornamelijk 'fanatics' (doorgaans geweldloze, maar fanatieke stromingen binnen het legioen), is het spuugzat. De directie begint steeds zenuwachtiger te worden en voelt de spanningen oplopen.

Wij, de gevestigde orde, worden na enige tijd dan ook benaderd door de VvF, oftewel de Vrienden van Feyenoord. Deze groep geslaagde ondernemers onder leiding van de succesvolle ondernemer Pim Blokland, die Feyenoord een warm hart toedraagt, moet 40 miljoen bij elkaar sprokkelen om de club te redden. Vertegenwoordigers van alle partijen besluiten om de tafel te gaan om de crisis te bezweren. De Varkenoord-groep, genoemd naar het trainingscomplex van Feyenoord, wordt opgericht. Deze groep bestaat uit frontmannen afkomstig uit het supporterslegioen (leden van de fanatieke, geweldloze stromingen, maar ook vertegenwoordigers van de harde kern van SCF en de FIIIR) en welgestelde lieden van de VvF plus enkele leden van de directie, onder wie directeur Eric Gudde. Ikzelf vertegenwoordig onze groep van de FIIIR. We nemen plaats in de vergaderruimte op Varkenoord. Hier is ook Mark Koevermans aanwezig, oud-proftennisser en commercieel manager van Feyenoord. Trainer Mario Been en ook multimiljonair en suikeroom Pim Blokland zijn aanwezig. Een bont gezelschap. Ik moet zeggen dat het een aparte gewaarwording is. Altijd zijn wij veroordeeld en verguisd door de directie. En nu het slecht gaat met onze club en het legioen begint te morren heeft men ons ineens hard nodig. Wij weten precies hoe de vork in de steel zit en proberen ook ons voordeel hieruit te halen. Zij hebben ons nodig en wij kunnen dat hier en daar goed gebruiken.

Onze club stond met een schuld van 40 miljoen met één been in de afgrond. Door de ongeregeldheden na de slechte prestaties werden bovendien potentiële en huidige sponsors afgeschrikt. En juist die waren nodig om onze club in leven te houden. Financieel gezien dan. Want uiteindelijk wordt de ziel van de club bepaald door het legioen. Bestuursleden zijn slechts passanten die komen en gaan. Zij doen vaak wat politiek en ook financieel voor henzelf het best uitkomt, niet voor de club.

Na enkele vergaderingen van de Varkenoordgroep komen we tot afspraken. Wij, de harde kern, gaan de veiligheid rond De Kuip waarborgen en de voor potentiële sponsors zo belangrijke rust handhaven.

In de maanden daarna nemen ordediensten van groepjes van tien tot vijftien man na de wedstrijden tactische posities in rond het stadion. Tot een paar keer toe hebben deze kleine groepjes aanzienlijk grotere groepen ontevreden aanhangers tegen kunnen houden. Vaak met de grootste moeite. Maar de reputatie van deze jongens van de harde kern was gelukkig voldoende om de morrende menigte

Een gekke wereld   43

tot rust te manen. Wij hadden als harde kern een sterke positie. Ons lukte wat honderden ME'ers niet lukte: de orde bewaren en duizenden supporters in toom houden.

De jongens van de harde kern werden nu ook toegelaten tot de kleedkamer van de selectie. Hier werd de spelers verbaal op onze manier duidelijk gemaakt dat er werd geëist dat ze presteerden, inzet toonden en ervoor gingen, 100 procent, Feyenoord-stijl. Niet lullen, maar poetsen. Want er was geen mentaliteit. Dit team bestond grotendeels uit verwende straatjochies met drie mobiele telefoons en een grote mp3-speler op hun hoofd. Zij hadden het volgens ons totaal niet: het Feyenoord-gevoel.

Het bestuur was door en door rot en in het belang van Feyenoord moesten er mensen uit. We hadden een lijstje opgesteld met mensen die niet functioneerden en volgens ons de club ook kapot maakten. Onder anderen was dat Leo 'ik ben weer thuis' Beenhakker. Fossiel pur sang en niet geschikt voor de moderne voetbalwereld en -mentaliteit. Ook financieel directeur Onno Jacobs moest het veld ruimen. Deze man had hard meegeholpen aan het ontstaan van de financiële misère. Het vertrek van deze mannen hebben wij als Legioen ook daadwerkelijk voor elkaar gekregen.

Maar een aantal andere afspraken, waaronder het vertrek van nog enkele wanbestuurders, werd in de loop der tijd vanuit het bestuur niet nagekomen. Ook was er de afspraak met het bestuur dat wanneer wij vanuit het Legioen een actie op touw zetten en een miljoen bij elkaar collecteerden, wij een plaats zouden krijgen in de Raad van Commissarissen. Wij zouden dan kunnen meebeslissen en meebesturen.

Dat miljoen van het Legioen kwam er inderdaad. Maar Eric Gudde, Pim Blokland en consorten wilden opeens niets van de gemaakte afspraak weten. 'We hebben dat miljoentje niet nodig,' waren hun letterlijke woorden. Ongelooflijk frustrerend. Feyenoord zat in pure nood en was bijna bankroet. Zij wilden ons blijkbaar dus alleen maar gebruiken om de menigte rustig te houden, nu Feyenoord aan de rand van de afgrond stond. Mede dankzij diezelfde directie. Maar volgens ons hadden ze elke cent keihard nodig en een miljoen euro was dan natuurlijk van harte welkom.

Feit is dat het bestuur nooit had verwacht dat wij als legioen een miljoen bij elkaar zouden krijgen. Zij wilden, als het erop aankwam, helemaal niks met ons te maken hebben. Wij waren te fel, hadden te veel hartstocht. En vooral: ze waren bang dat wij te machtig zouden worden. Maar men vergat: de club is van ons en uiteindelijk krijgen wij altijd gelijk, hoe dan ook. Maar we hadden beter moeten weten: uiteindelijk waren het, op zijn Rotterdams gezegd, gewoon een stel naainekken.

Na een onbeantwoord ultimatum werden de banden verbroken. Ondanks het wanpresterende eerste elftal was het inderdaad al een tijd rustig rond De Kuip. Dit kwam natuurlijk dankzij onze ordediensten. Maar de arrogante leden van het bestuur dachten er anders over. Het was nu rustig en zo zou het wel blijven, dachten de heren. Men dacht onze ordediensten daarom niet meer nodig te hebben.

Binnen de harde kern werd daarom besloten dat de hoge heren zelf maar 's moesten voelen wat wij waard waren: onze ordedienst staakte haar werk. Bij de zaterdagavondwedstrijd Feyenoord – De Graafschap op 22 januari 2011 werd voor het eerst afstand genomen van het bestuur. Het resultaat was een massale aanval van honderden normale en fanatieke aanhangers – en dus geen harde kern, zoals overal werd gesuggereerd. Die avond trachtten vele honderden ontevreden supporters het Maasgebouw binnen te komen, de zetel van het bestuur. Talloze ruiten sneuvelden. Dit werd zo heftig dat speciale politie-eenheden gedwongen waren hun pistolen te trekken om de bewoners van het Maasgebouw in veiligheid te brengen.

De televisiebeelden van de ongeregeldheden gingen de hele wereld over. Voor de zoveelste keer werd er schande gesproken van de harde kern van Feyenoord. En dat terwijl wij er niets mee te maken hadden en ons alleen maar passief opstelden. Deze gebeurtenis is de boeken ingegaan als de 'Maasgebouwrellen'.

Het bestuur deed de dagen daarop, samen met het stadhuis, mee aan een regelrechte hetze tegen de harde kern. Een schande. Nu gebruikte de directie dit incident om de harde kern in een kwaad daglicht te zetten. En dat terwijl de harde kern het geweld juist had afgezworen om ervoor te zorgen dat onze club er financieel en sportief bovenop kwam. Niemand was gebaat bij nog meer onrust, dus lieten wij ons ook van een andere kant zien. Maar met deze mensen van het bestuur bleek het niet mogelijk betrouwbare afspraken te maken.

Leuk detail is dat ik tijdens de vergaderingen met de Varkenoordgroep in gesprek raakte met commercieel manager Marc Koevermans. Dat gesprek ging over de jaarlijkse Open Dag van Feyenoord. Het bestuur zocht nog een gegadigde voor de organisatie. Het jaar ervoor was de Open Dag namelijk een regelrecht fiasco geweest. De laatste jaren kwamen er sowieso steeds minder mensen naar de Open Dag, die vroeger juist enorm goed werd bezocht. Een mooi voorbeeld van achterlijk en bizar bestuur was dat in 2010 voor de organisatie nota bene een Amsterdams bureau werd ingeschakeld! Een bureau met de verkeerde afkomst en dus geen enkel besef van het Feyenoord-gevoel. Ontevreden bezoekers waren het logische resultaat.

Dit jaar moest de directie daarom in zee gaan met een bureau met *wel* het juiste gevoel. Ik was met mijn evenementenbureau dan ook een interessante kandidaat voor Koevermans. Tenminste, dat dacht ik. Ik had immers al eerder een opdracht van Feyenoord ontvangen: ik mocht bij een thuiswedstrijd twintig meiden laten flyeren en mensen proberen over te halen mee te doen met een sfeeractie. Na afspraken te hebben gemaakt regelde ik het promotieteam, en met succes. Ik kreeg positieve feedback en de factuur werd netjes voldaan. Voor de Open Dag draaide ik een plan in elkaar en ik mocht een presentatie houden. Iedereen was er weg van. Een echte Open Dag vol met Feyenoord-legendes en echte clubconcepten. Dit zou allemaal goed komen; dat soort uitspraken werd er gedaan. Achteraf gezien werd ik echter constant aan het lijntje gehouden. Het was al met al natuurlijk een gevoelig zaakje. Ik met mijn jaren stadionverbod die een Open Dag zou gaan organiseren. Het liep uiteindelijk dus op niets uit.

Voor de bestuursleden was zakendoen met ex-hooligans op zich natuurlijk spelen met vuur. Niet vanuit ons, want een afspraak staat voor goud bij ons, maar meer vanwege de publieke opinie. Dat verdomde publiek! De 'goede mensen', zoals ik ze al hiervoor beschreef. En de pers uiteraard. Zo nam de Rotterdamse pers de berichten van de manager Media & Communicatie van De Kuip, Raymond Salomon, letterlijk over. Met hulp van zijn oud-collega's van het *AD* werden berichten altijd in het voordeel van de Feyenoord-directie neergezet. En wij, de harde kern, werden afgeschilderd als de mensen die de club kapot zouden maken.

Achter de schermen gaat het er in Rotterdam dus allemaal niet zo netjes aan toe. Ook hier heb je vormen van corruptie, belangenverstrengeling en vriendjespolitiek in hoge functies. Al is het geen Rusland of China, ook wij van de harde kern werden min of meer monddood gemaakt. Vanuit onze goede wil hebben wij menigmaal een gesprek aangevraagd met burgervader Ahmed Aboutaleb. Maar die wil absoluut niet rond de tafel zitten met het in zijn beleving 'grote tuig'. De burgemeester neemt steevast de adviezen van de directie en auditteams rond De Kuip over. Geen progressie maar repressie, is de aanpak. Voor deze man die na de strandrellen bij

Hoek van Holland bakken vol – terechte – kritiek over zich heen kreeg, waar overigens de harde kern van Feyenoord (op een enkele uitzondering na) niet bij was betrokken, maar die wel helemaal op 'onze' naam werden gezet. Aboutaleb, die als PvdA'er een tolerant beleid zou moeten aanhangen, kiest echter voor een keiharde aanpak van de hooligans. En dat terwijl tal van andere overlastgevende groepen nog steeds met zijden handschoenen worden aangepakt.

Zo wordt ook de Feyenoord-eenheid van de politie, sinds Aboutalebs aantreden, genegeerd door de burgemeester en wethouders. Deze eenheid heeft een speciale band met ons opgebouwd. Deze politiemannen hebben al vele jaren met ons te maken en kennen ons door en door. Op jonge leeftijd stonden ze onze ouders te woord bij arrestaties. Ook waarschuwden ze ons op het moment dat we te ver gingen. Zij wilden ons altijd helpen en bijstaan. Maar als de wet werd overtreden waren hun handen gebonden en moesten ze ons inrekenen. Deze mannen vervulden een soort sociale rol waarbij ze ons zo veel mogelijk op het rechte pad probeerden te houden. Ze stonden altijd open voor een gesprek met jongens die vragen hadden of hun verhaal kwijt wilden. Jongens die het moeilijk hadden in het leven en bij wie er vaak logische oorzaken waren voor hun gedrag. Zodra we elkaar zagen werden er handen geschud en was er sprake van acceptatie. Er was een brug tussen hen en ons. Jarenlang investeren in contacten door de Feyenoord-eenheid had gezorgd voor deze brug. En het was goed dat dit wederzijds respect was. Ik durf veilig te stellen dat door de aanpak van de Feyenoord-eenheid enorm veel geweld en escalaties zijn voorkomen.

Je kunt beter in gesprek blijven en normaal met elkaar omgaan dan de aanpak aanhouden die de Aboutaleb-eenheden van de 'gewone' politie hanteren. Die praten niet, die meppen alleen. Het kan daarbij zo ver gaan dat ME'ers supporters blijven provoceren totdat er gereageerd wordt en ze actie kunnen ondernemen. Het lijkt soms wel of de twee stromingen binnen de politie onafhankelijk opereren. De menselijke aanpak aan de ene kant en de beestachtige aan de andere kant. En neem maar van mij aan: als je mensen als beesten behandelt zullen zij zich ook zo gedragen.

Al ging de Open Dag in 2011 dus voor mij niet door, het gaat me tegenwoordig op alle vlakken voor de wind (even afkloppen). Mijn enige doel is om echt succesvol worden en mijn naam te vestigen. Deze keer op een positieve manier.

Dit boek is eigenlijk een bijzaak. De vechtpartijen, de ruzies, de begrafenissen, de geboortes, de bruiloften, de gewonden, de doden, de talloze malen slappe lach, de lieve gebaren van mijn vrienden, de dikke tranen, de stapavonden, de overwinningen, de nederlagen, de bekers en schalen, de UEFA-cup, de dertiende plek op de ranglijst en de intense vriendschappen voor het leven, dat is waar het om draaide. En wat mij heeft gemaakt tot de persoon die ik nu ben. Sterk van karakter, voor niemand bang en met een goed hart. Al zeg ik het zelf.

Voor de lezer: lees en oordeel zelf maar.

De politie in het nauw tijdens de Maasgebouwrellen.

De aanval op café 't Hoekske (zie: Een middagje NAC, pag. 159).

Ongeregeldheden in Eindhoven (zie: Best gek! pag. 161).

THE NINETIES, WHERE IT AL BEGAN

Macht

Een leger vol met hoolies, een bende vol soldaten.
Met honderden tegelijk bezetten wij de straten.
Politie en justitie, met handen in het haar.
Deze jonge mannen zijn een serieus gevaar.
Gevreesd alom, een onverslaanbaar front.
Die altijd als winnaar van het slagveld komt.
Al jaren de baas, van Holland en daarbuiten.
Straten die branden, gesneuvelde ruiten.
Slachtoffers vallen, aan beide kanten.
Tranen die rollen, en vuisten die planten.
Boeren die rennen, Joden die vechten.
Agenten die rammen, dokters die hechten.
Een cel vanbinnen, is waar we bezinnen.
Een stap daarbuiten, opnieuw beginnen.
Met het linke spel, dat we zo vaak spelen.
Het geluk en ellende, dat we allen delen.
Toch zijn we trots op wat we zijn.
En krijgt echt niemand deze jongens klein.

Oprichting Rotterdam Jongeren Kern

Het is eind jaren negentig. De laatste maanden broeit er wat in de Rotterdamse voetbalscene. Na meer dan tien succesjaren van de SCF heeft zich weer een nieuwe groep hooligans aangediend. Deze jonge jongens zijn tussen de veertien en achttien jaar. In de vakken van stadion Woudestein (Excelsior) heeft zich een groep van zo'n 150 piepjonge hooligans gemeld voor de wedstrijd Excelsior – PSV. In de typische eind-jaren-negentig-stijl van trui met capuchon, spijkerbroek, maxies (Nike Air Max-sportschoenen) en vaak een pet zijn we duidelijk te onderscheiden van de rest van het publiek. De groep bestaat uit verschillende onafhankelijke vriendengroepjes uit allerlei plaatsen en regio's rond Rotterdam. Er zijn jongens uit Zuid, Hoogvliet, Delft, Capelle, Lekkerkerk, Crooswijk, Hellevoetsluis, Oud-Beijerland, Gouda en Spijkenisse.

Vandaag is de dag dat al die onafhankelijke groepjes een nieuwe groep Rotterdamse hooligans zullen vormen.

De hele wedstrijd wordt er vuurwerk richting de grensrechter, politie en PSV-fans gegooid. De PSV-fans zijn met een schamele honderd man gekomen, van wie een klein deel harde kern. We vatten het plan op het PSV-vak aan te vallen. Dit was immers stadion Woudestein en hier was duidelijk meer mogelijk dan bij onze eigen Kuip. Daarbij had de politie in de rustige periode na het dodelijke incident met supportersgroepen bij Beverwijk niet meer gerekend op de aantallen die er nu waren.

We stormen op de hekken af die de PSV-aanhangers beschermen. Hierbij wordt een kreet ingezet die al snel door de gehele groep wordt overgenomen. Naast de vaste 'Rotterdam Hooligan'-kreet wordt er nu luidkeels 'Rotterdam Jongeren Kern' gescandeerd. De politie staat werkelijk met de handen in het haar en zelfs de politiewagens worden finaal gesloopt. Na een goede vijf minuten chaos verspreidt de groep zich door de straten van Kralingen. Hier en daar worden mensen ingerekend. Dat we nooit helemaal tot de PSV'ers konden doordringen deert ons niet. Dit is de geboorte van de Rotterdam Jongeren Kern, die de tien jaar daarna nog veel van zich zal laten horen. Zij zijn de ware opvolgers van de SCF.

Als een lopend vuurtje gaat deze confrontatie door Rotterdam. De RJK wordt de eerste echte jongerenkern van Nederland. De dag daarna wordt de nieuwe groep jongeren ook door de landelijke pers opgemerkt. De kranten staan er vol van. Hoe het komt dat ik dit alles nog zo goed weet? Een geboorte vergeet je nooit meer toch?

Na deze gebeurtenis is er een connectie tussen de jongens, een groepsgevoel dat aan het ontstaan is. Telefoonnummers en adressen worden genoteerd en er wordt afgesproken de krachten te bundelen en voortaan als een nieuwe groep op te trekken. In die beginjaren is het wekelijks raak. In de weekenden sowieso, maar ook doordeweeks in de kroeg, of bij wedstrijden van Sparta of Excelsior.

Kwajongens

Rond de tijd dat wij als RJK opkwamen waren wij enorm gedreven. Elke week moest er wat gepland worden. Bij gebrek aan een voetbalwedstrijd werd er wel wat anders bedacht. Zwaar onder de paddo's met een groep naar de Efteling, stappen in verschillende steden of je gewoon klem zuipen bij iemand thuis. Ook op doordeweekse dagen konden wij onze rust niet vinden en moesten er dingen gepland worden. Bijvoorbeeld graffiti spuiten bij de verschillende stadions.

Op een koude doordeweekse avond vertrekken mijn maten Roland en Boom, nog wat jongens en ikzelf uit Zuid met twee wagens. Het plan is om verschillende stadions in Nederland onder te kalken met

Rotterdamse leuzen. Dit past echt bij onze leeftijd. Stoned en dronken beginnen we aan de tocht. We besluiten vanavond de provincie Noord-Brabant aan te doen. Eerst gaan we langs het stadion van NAC in Breda. Dat is flink zoeken, want in die tijd is er nog geen TomTom. De dichtgeplakte ogen van onze apestonede chauffeur Boom helpen ook niet erg mee bij het vinden van het NAC-stadion. Eenmaal aangekomen stappen we uit en wordt de graffiti verdeeld. De gekste leuzen worden neergekalkt. En uiteraard 'RJK', Rotterdam Jongeren Kern. Ook verschillende teksten gerelateerd aan nare ziektes en seksuele voorkeuren worden op de muren gespoten. Dat is gewoon humor en in die tijd hoort het ook een beetje bij het voetbalwereldje. Na veel lachen en gallen en ook de stadions van PSV, Den Bosch en Willem II nog te hebben aangedaan vertrekken we richting huis.

Mooie tijden waren het, waarin alles nog nieuw en spannend was. Zelfs na een puberale graffitiavond kwam je met een heerlijk voldaan gevoel thuis. Al deden we maar iets rondom het voetbalvandalisme waar we ons mee bezig konden houden. Jong, wild en onbezonnen. Dat waren wel de mooiste jaren uit mijn carrière, als ik echt eerlijk ben. *The good old days*.

1999 – Vervelen op koopzondag

De laatste maanden hebben we er een gewoonte van gemaakt om tijdens thuiswedstrijden te verzamelen in café 't Fust, op het Stadhuisplein. Zo ook vandaag. Er zijn zo'n zestig jongens aanwezig voor de wedstrijd thuis tegen PSV. Het is koopzondag en erg druk in de stad. Terwijl het nog geen 12.00 uur is vloeit het bier al rijkelijk. Sommigen zijn zo fris als een hoentje, anderen komen rechtstreeks uit het nachtleven. Wederom voeren de afdelingen Zuid, Delft, Hoogvliet, Crooswijk en Capelle vandaag de boventoon.

Rond 13.00 uur wordt er koers gezet richting De Kuip. Onderweg naar Station Blaak wordt er gegald en geziekt. Nitraatbommen worden afgestoken alsof het Nieuwjaar is. Rolluiken gaan bij het zien van onze groep naar beneden en dagjesmensen zoeken een veilig heenkomen. Ik vind het een waanzinnig gevoel. We zijn met zo'n grote groep dat niemand ons wat kan maken. Iedereen heeft inmiddels het RJK-gevoel ervaren, en ook dit gallen op de zondagmiddag is een begrip aan het worden.

Op Station Blaak zorgen wij voor het nodige vermaak. Een colablikje wordt omgedoopt tot bal en er wordt poortertje gespeeld. Dit gaat niet geheel zachtzinnig, dus liggen her en der mensen te kermen van de pijn. Hilarisch vinden wij het. We trekken ons niets aan van het geërgerde winkelpubliek dat ons gadeslaat. Ook in de metro is het een bende. Verlichting wordt vakkundig ontmanteld en de tl-buizen vliegen naar buiten. Met messen wordt het meubilair toegetakeld en de hele wagon is al snel vergeven van een ranzige urinelucht.

In de trein is ook de afdeling Delft aanwezig. Deze prettig gestoorde jongens hebben altijd wat in petto. Potige Kraus en de onschuldige ogende, maar o zo gekke Rooie Holster. Kleine Sminkie. Lange Daan en Adeltje. De goedlachse Rooie met een verwoestende rechtse. Ook aanwezig is tophooly Raver. En natuurlijk moet ik mijn FIIIR-maten Lars, Pim en Eric niet vergeten.

Het is Delftse Schele die de aandacht trekt. Hij staat altijd stijf van de drugs en is finaal gestoord. Schele is onze mascotte geworden, met zijn onverzorgde uiterlijk, bril en twee ogen die elk een andere kant op staan. We zijn gek op Schele omdat ie naast een mafkees ook een wereldgozer is die zijn maten nooit of te nimmer in de steek laat op het slagveld. In de trein toont hij een zelf gefabriceerde fragmentatiebom. Deze bom is een potje met kruit en spijkers, en is bedoeld voor het PSV-vak, zo verkondigt hij luidruchtig in de wagon. We zullen zien.

Bij Station De Kuip lopen we als een groep het voorplein op. Dan komt er vanuit het niets een arrestatieploeg in burger tevoorschijn. Schele wordt gegrepen en binnen enkele seconden vakkundig afgevoerd. Iedereen staat met zijn bek vol tanden. Hoe kan dit? Later beseffen we dat Schele de bom nog op zak heeft en dat zijn grote mond in de trein hem waarschijnlijk funest geworden is. In de trein zaten ook andere, 'normale' fans, die het niet was ontgaan wat deze dwaas in gedachten had. En inderdaad: dagen later horen we dat Schele is gearresteerd voor het in bezit hebben van een 'bom met de intentie die te gebruiken'. Dat laatste heeft hij nooit toegegeven. Uiteindelijk heeft hij toch een paar maanden moeten zitten. Ik denk dat de PSV-fans geluk hebben gehad die bewuste dag en dat ze een oplettende burger enorm dankbaar mogen zijn.

Een vuilnisbak in Alkmaar

In die begintijd kenden wij nog niet alle gevaren die het leven als harde kern met zich meebracht. Uiteindelijk waren we nog maar ventjes. We waren weliswaar Feyenoord, maar hadden nog niet de slagkracht van de twintigers en dertigers van de SCF. Bij ons tripje naar Alkmaar in 1999 bleek dat voor het eerst. We waren in de minderheid en troffen een 020-groep die al jaren ervaring achter de rug had. Al met al liep het redelijk af, maar dat had zomaar anders gekund. Terug naar die bewuste dag…

De hele week hebben we uitgekeken naar de wedstrijd tegen AZ. Met Beverwijk nog vers in het geheugen is de kans op lokale 'Joden' groot in de Noord-Hollandse stad. We vertrekken met zo'n 25 RJK-leden, van wie de helft een kaart heeft, en reizen met de trein. Een andere groep jongeren van rond de 30 man reist met de bus. Zij hebben allemaal een kaart. Bepakt met tassen bier en de nodige roesmiddelen beginnen we vanaf Rotterdam CS aan de anderhalf uur durende reis.

Er zijn vandaag jongens uit Rotterdam-Zuid, Spijkenisse, Delft en Hoogvliet. Bekende gezichten zoals Sasha, Kleine, Hamid, Baksteen, Lars en Pim maken vandaag onder anderen deel uit van het gezelschap. De treinreis is een dolle boel. Iedereen is al snel dronken en het reizende publiek is getuige van bizarre taferelen. Op een gegeven moment moet ik naar de wc. Tot mijn grote walging tref ik het gehele toilet besmeurd met stront aan. Echt baldadig pubergedrag dus. Maar ja, we zijn in die tijd ook niet ouder dan zestien of zeventien jaar.

De afspraak is dat we bij het binnenrijden van de trein op Alkmaar CS worden opgewacht door een groepje bekenden van Hamid. Deze lange, Marokkaanse jongen met lang zwart haar tot zijn onderrug is een aparte vertoning. Overal valt hij op, vooral als er flink geraust wordt. Hij is moeilijk te missen, want hij lijkt op de jonge Ruud Gullit. Overigens is dat lange zwarte haar van Hamid in mijn herinnering later op de viering van het kampioenschap gekortwiekt door mijn broer Remon en Jim. Met een bot zakmes sneden deze heren het haar van onze Hamid eraf. Hij verloor daarmee toch een deel van zijn charme, maar gelukkig niet zijn temperament.

Wanneer we het station uitlopen zien we op afstand inderdaad het groepje staan waar onze Hamid mee had afgesproken. Deze vier grote, oudere kerels met SCF-pet maken zeker indruk op ons. Het zijn bolle Ron en zijn maten. De SCF-pet die hij opheeft en zijn grote postuur geven een verkeerde indruk. Ron is niet meer dan een Feyenoord-fan in hart en nieren. Een doodsimpele ziel en een hele aardige vent. Wel wil hij mee teren, net als velen, op het imago van de SCF. Hij had dan ook besloten een SCF-pet aan te schaffen en eens even indruk te maken op de ventjes die wij toen waren.

We gaan direct richting stadion. Daar zijn meer Feyenoord-hooligans en is de meeste kans op rotzooi, denken we. Omdat maar de helft van ons toegangskaarten heeft blijven we met de andere helft plakken op het voorplein. Het traditionele doorgeven van de kaartjes heeft, dankzij de aanwezige ME, weinig kans van slagen. Na een tijdje rondlopen en ons vervelen rond de Alkmaarderhout worden wij plots benaderd door twee personen: een grote blonde jongen en kleinere, gedrongen Molukker met aan zijn zijde een grote hond, die je liever op flinke afstand zag. De mannen laten hun onderarm zien met daarop een grote jodenster getatoeëerd. Dit zijn duidelijk jongens met ervaring en ze zijn dan ook niet bang voor ons groepje jonkies. De ME komt echter direct in actie. Er wordt een charge uitgevoerd. We worden verwijderd van het terrein rond het stadion. De twee Neuzen, zoals we de aanhangers van Ajax ook wel 'liefkozend' noemen, zijn we inmiddels kwijt.

We lopen in een bebost gebied wanneer er op honderden meters afstand een grote groep te horen is. Er komen jongens aanrennen met de boodschap dat er zeker tachtig 'Joden' klaarstaan, gewapend en al. Dit is geen tijd voor domme moed. We zijn met slechts vijftien jonkies en 'etalage-hooligan' Ron. Tijd om een veilig heenkomen te zoeken dus. Van de ME krijgen wij weinig begrip. WEGWEZEN!... is de boodschap.

Iedereen heeft zich inmiddels verscholen op allerlei plekken. Ikzelf lig bij een rijtjeshuis in de tuin. Verscholen achter een vuilnisbak hoop ik op het beste. Na een tijdje, als de wedstrijd eenmaal bezig is, komt iedereen weer tevoorschijn. De groep 020 is kennelijk vertrokken naar het station.

Op weg naar het CS van Alkmaar kom ik later mijn broer Remon en een groepje van zijn vrienden tegen. Mijn broer vertelt dat hij samen met een vriend heeft gevochten met twee 'Joden'. Tot mijn verbazing beschrijft hij de blanke jongen en de Molukker met hond. Er zijn flinke klappen gevallen en ook mijn broer noemt deze jongens 'gekke neuzen'.

Op de terugreis praten wij wat na. We hebben duidelijk een *reality check* gehad en staan weer met beide benen op de grond. Dit is toch een ander verhaal dan Willem II, NEC of Roda. In een situatie als deze hebben wij duidelijk nog de ervaring en kracht van de SCF nodig. Daarnaast waren wij echt in de minderheid. Het fabeltje van 'wij rennen nooit' ging niet op, dat werd toen wel duidelijk. En zelfs de besten onder ons lagen wel eens achter een vuilnisbak.

Rotterdamse jongeren terroriseren Salou

In de zomer van 1999 ga ik voor het eerst zonder mijn ouders op vakantie. Met de afdeling RJK Hoogvliet, Zuid en Spijkenisse maken we een trip naar Salou. Ons reisgezelschap bestaat uit Sasha, Kleine en Zwarte Roel uit Spijkenisse, Boom, Randy, Roland, Baksteen, Yoep de Chinees, Albino Ab, Cheret en ikzelf uit Hoogvliet, Bres en Peppie uit Zuid en later wordt het gezelschap nog aangevuld door Balenhaak Ben, eveneens uit Hoogvliet. Velen van deze jongens zouden overigens afhaken na deze, wat bleek zeer gewelddadige, zomer in Salou.

Na een busreis van Rotterdam naar Maastricht komen we aan bij het stadion van MVV in Maastricht. Baldadig wordt het stadion van MVV verkend, waarbij wat 'blotebillenfoto's' worden geschoten. Daarna stappen we op de bus richting Spanje. Zestien uur zal de reis duren. In de bus zitten alleen jongeren die na een jaar hard werken of school de remmen flink los willen gooien. Onderweg wordt er gedronken en gelachen. We zijn jong, het is een waar avontuur voor ons. Andere leden van de nieuwe RJK-groep maken de reis op andere manieren: sommigen met de auto, anderen met het vliegtuig. Alles bij elkaar zijn we met een goede veertig man in Spanje. De afdelingen Zuid en Hoogvliet zijn goed vertegenwoordigd. Zuid met de toen nog piepjonge Blauw en Cabo, vrienden die nog vele doldwaze avonturen met elkaar zouden beleven in de jaren erna. Hamid, Peppie, Landmijn, Hoekie, Belg en nog vele anderen waren er, jongens die jaren hebben meegedraaid en inmiddels hun sporen hebben verdiend. Ook Delft is vertegenwoordigd met Lars, Pim en Eric, eveneens trouwe soldaten.

Lloret del Mar is op dat moment in de zomer *the place to be* voor Feyenoord-hooligans. Twee weken per jaar is de populaire Spaanse badplaats in handen van de SCF. Andere voetbalsupporters worden er niet getolereerd. De plaatselijke uitsmijters zijn of te bang of zitten in de broekzak van SCF. Door de jaren heen zijn er nog steeds enkele *diehards*, veertigers en vijftigers, die de nostalgische traditie in ere houden. Ben zelf ook een keer geweest. Het was een groot waas met alles erop en eraan. Veel lol, drinken en heel veel vechten.

Maar wij wilden dit keer iets anders proberen: Salou. Dit was de tegenhanger van Lloret del Mar: vele jaren al trok de groep harde kern Neuzen naar Salou. Dat was hun territorium; het stierf er van de Amsterdammers. Wij vonden het maar al te spannend. Over de grens konden wij onze gang gaan. Buiten het blikveld van de ons o zo bekende Feyenoord-agenten. De dikke dossiers over ons Feyenoord-hooligans lagen veilig in Holland.

We slapen met zeven Hoogvlieters in een appartement. Ik lig zelf met mijn matras in de woonkamer. Het is er oud en vies, de stroomdraden steken uit de muren en de badkamer is goor. Kortom: precies zoals het hoort bij een jongerenreis naar de Costa Brava. We komen toch alleen voor de wijven, de drank en het knokken.

We gaan iedere avond stappen en drinken. We drinken alles door elkaar. Indrinken met wodka-jus, sangria op een terrasje, bier en kopstootjes in de discotheken. Menige avond zit ik tegen de alcoholvergiftiging aan. Sommige jongens gaan wel over die streep en gaan gestrekt. Het is precies wat je in de talloze tv-programma's ziet: ordinair zuipen, knokken en feesten.

Op een avond gaan we naar bar-dancing De Malle Molen. Na wat opstootjes breekt binnen de pleuris uit. Ik weet er in mijn dronken roes niet veel meer van, enkel dat ik geen lucht meer kreeg nadat ik met een klein houten knuppeltje precies op mijn strot was geraakt door een uitsmijter. Hyperventilerend werd ik naar mijn hotelkamer gebracht. Terwijl ik snakte naar adem werd er een ambulance gebeld. Daar wilde ik niets van weten en toen de broeders waren gearriveerd vocht ik als een dronken zeehond, happend naar lucht. Na ter plekke zuurstof te hebben gekregen van de verplegers maande ik mezelf tot rust. Toen kreeg ik een enorme pijn in mijn hand. Mijn rechter ringvinger en pink stonden niet zoals ze hoorden te staan.

De volgende dag gaat het niet best met me. Met een enorme kater, dikke strot en pijnlijke hand moet ik een dokter opzoeken. Een paar vrienden vergezellen mij. Nadat er foto's zijn genomen blijkt dat mijn hand gebroken is. Ik moet hem tijdens de avond daarvoor bij een misplaatste klap hebben gebroken.

Met een kilo gips en een metalen plaat om mijn vingers gestrekt te houden verlaat ik een tijdje later de kliniek. Daar zat ik dan. Ik kon de vrouwen die vakantie duidelijk beter laten voor wat ze waren. Een dag voor mijn vertrek had ik op Rotterdam Zuid ook al ruzie gehad met enkele Marokkanen en ik had een flinke klap gehad. Mijn lip was gehecht, ik zag eruit als een wrak. Nadat de vrouwen in Salou dus al afgeknapt waren op mijn onhandige arm heeft mijn onverzorgde gehechte lip de rest van het klusje geklaard. Wat een ellende. Ik besloot er het beste van te maken en mezelf maar gewoon vol te gieten.

Veel 'Joden' hebben we niet gezien, welgeteld drie echte boys vergezeld door twee blonde dames. We liepen met een man of acht toen wij hen passeerden. Hooligans hebben een bepaald instinct. Op wat voor plek dan ook, rond het voetbal of daarbuiten, voel je tegenstanders. Aan elkaars houding, kleding en oogcontact. Zo ook in dit geval. Na een jodenster op de onderarm van een van de jongens te hebben geconstateerd was het een zekere zaak. We pakten de gehate vijanden keihard aan. De twee blonde dames schoten hun vrienden te hulp. Maar ook deze vrouwen werden niet ontzien.

Tja, als je jezelf als een vent wilt gedragen, moet je ook de consequenties aanvaarden.

In de discotheken ging het elke avond goed los. Ook op de boulevard en in de winkelstraten van Salou was het raak. Mijn gipsarm kwam zo hier en daar nog van pas ook. Uit pure baldadigheid besloten wij de ene avond kralenkettingen te gaan roven en te kijken wie er in de ochtend de meeste had. Een andere avond spraken we af dat roze blouses voor mannen de trofeeën zouden zijn. Totaal zinloos, maar ach, je bent jong en je wilt wat.

Na een week waren we de schrik van Salou. Iedereen had gehoord van een grote groep Rotterdamse jongeren die Salou onveilig zou maken. Het was ook echt zo.

De Nederlandse pers had er inmiddels ook lucht van gekregen. De kranten stonden vol met koppen als 'Rotterdamse jeugd terroriseert Salou'. Ik had dagelijks contact met mijn broer Remon, die van alles op de hoogte gehouden wilde worden. Hij was op onze manier apetrots op zijn jonge broertje, dat nu in zijn voetsporen trad.

Op een avond na vele vechtpartijen had Roland zich bij enkele jongens uit Zuid verschanst. Op hun kamer hielden zij zich stil. De *guardia civil* was gretig op zoek naar de onruststokers. Ze doorzochten de gangen en de jongens knepen 'm enorm. Toen er een luid gebonk op de deur van het appartement van de jongens klonk bedacht Roland zich geen moment. Hij rende naar het balkon, keek een keer naar beneden en sprong. Bij zijn val van zeker negen meter brak Roland zijn pols en kneusde de andere behoorlijk. De agenten waren na ondervraging weer vertrokken, dus was deze blessure het niet echt waard geweest voor Roland.

Ikzelf was al kreupel en bont en blauw. En Roland had een arm in het gips en de andere in het verband. Je had ons moeten zien staan in het zwembad met drie armen in de lucht, hilarisch. Achteraf dan.

Een van onze toenmalige jongens, Taxi Willem, was na een vechtpartij gearresteerd door de *guardia civil*. Hij was twee dagen vastgehouden in een gore cel. Hij werd vrijgelaten op voorwaarde dat hij het land niet zou verlaten. Hij was met het vliegtuig gekomen, dus dat was een probleem. Uiteindelijk is hij met de auto naar huis gebracht door drie jongens uit Purmerend. Deze jongens leerden wij op een aparte manier kennen. Onze Randy was, zoals wel vaker, op strooptocht en belandde op het plein voor hotel Delfin Park. Hier stuitte hij op drie jongens. Deze Purmerenders waren absoluut niet bang uitgevallen en waren niet onder de indruk van de toen zeer jonge Randy en de vork die hij in zijn handen had. Toen wij ons bij Randy voegden startte een dialoog. Uiteindelijk hebben we samen een biertje gedronken en zijn we nog enkele malen met elkaar opgetrokken, ondanks hun akelige 020-achtige accent. De Purmerenders waren uiteraard ook voor Feyenoord. We waren ze erg dankbaar toen zij aanboden Taxi Willem naar huis te brengen.

Van de dames is voor ons allen in die vakantie weinig terechtgekomen. Dat gaf niet. Onze trip was een geweldige manier om de banden te versterken. We gingen als een blok het millennium in. Ook leerden wij wat het was om vol aan de bak te moeten. Harde, gewelddadige vechtpartijen tegen jongens en mannen van alle leeftijden, rangen en standen. We waren jong en gretig. We wilden voor niemand onderdoen. Wij waren de gekste. Wij waren Feyenoord.

RJK en FIIIR

Zoals hiervoor al verteld gingen wij in die beginjaren als RJK door het leven. Rond 2000 vonden wij dat dit moest veranderen, want *time flies*. RJK stond voor Rotterdam Jongeren Kern en we konden tenslotte niet tot ons vijftigste als 'jongerenkern' door het leven gaan. Op een avond in 2000 had ik mijn Delftse maat Lars aan de lijn. We zaten te brainstormen over de nieuwe naam. Aangezien wij de derde generatie harde kern waren vonden wij dat mooi om te gebruiken. Een logische stap zou zijn geweest om ook SCF te gebruiken. Maar ondanks het respect dat wij hadden voor onze voorgangers wilden wij onze eigen naam vestigen. Onze eigen reputatie opbouwen, op eigen kracht. Lars en ik kwamen op het idee om een Romeinse drie te gebruiken. Met de letters F en R ervoor en erachter. Dit kwam dus neer op FIIIR: de derde generatie Feyenoord – Rotterdam.

Enkele weken later lieten Cabo, Blauw, ik en nog een paar jongens een tattoo met FIIIR zetten. Hierna kreeg onze groep steeds meer vorm en structuur. Ik hield me in die tijd wekelijks bezig met de organisatie. Het contact met de tegenstander, routes, verzamelplekken, vervoer, enzovoort. De groep van de tegenpartij probeerde ook zelf altijd te kijken wat er mogelijk was. Doel was de politie te omzeilen, om zo elkaar te treffen. Dit waren altijd linke afspraken, want je wist nooit precies de waarheid over de aantallen van de tegenstander en over de plekken waar wij naartoe werden geloodst.

HJK

Ongeveer een jaar na de geboorte van de Rotterdam Jongeren Kern 1998 werd de Haagse afdeling van de jonge garde opgericht. De naam HJK, Haagse Jongeren Kern, werd aangenomen. Hier zaten goede jongens als Bram, Moussie, Harry en de Chinezen tussen. Na verscheidene confrontaties in het uitgaansleven begon de rivaliteit steeds sterker te worden. Niet dat we nou zo'n hekel aan elkaar hadden, maar de Haagse jongeren waren nou eenmaal onze enige rivaal van dezelfde leeftijd op dat moment. Telefonisch spraken we elkaar regelmatig. We kwamen overeen om voor eens en altijd uit te vechten wie nummer 1 was.

De Hagenezen wilden een eerlijke afspraak op neutrale grond. Wij stelden voor om elkaar in Delft te ontmoeten. De Hagenezen zagen dat echter niet zitten, aangezien wij een Delftse afdeling hebben. Tien Delftenaren die dan op hun thuisbasis zouden opereren vonden de Hagenezen een brug te ver. Zij kwamen met het idee om de confrontatie in Madestein te laten plaatsvinden. Dit Haagse park lag wel weer praktisch in hun achtertuin, maar we namen het serieus in overweging. Met onze grote groep van meer dan honderd man durfden velen het aan. Ook ik, gretige hoolie die ik toen was, had er zin in.

Na overleg werden ook de risico's duidelijk. Het was voor de Hagenezen makkelijk om veel jongens uit de Haagse buurten op te trommelen. Deze ras-Hagenezen zouden de confrontatie uiteraard zien als een aanval op Den Haag zelf. Dan hadden zij dus toch een te groot voordeel. Uiteindelijk werd besloten niet in te gaan op de locatie die was voorgesteld.

Na enige tijd verwaterde de rivaliteit en ontstonden er zelfs een oppervlakkige, maar goede verstandhouding. De steden liggen nog geen half uur van elkaar, dus kom je elkaar wel eens tegen. De Hagenezen en wij zijn eigenlijk de enigen die elkaar echt tolereren bij de spaarzame keren dat wij wedstrijden van het Nederlands elftal bezoeken. En dat gold ook wel voor de Groningers, die een leuke groep hadden waar wij eigenlijk nooit een hekel aan hebben gehad. Ook nu zijn de oppervlakkige contacten er nog, verenigd door onze gezamenlijke haat tegen de hoofdstad, die bij hen bijna net zo groot is als bij ons. Bijna dan, hè.

Uiteindelijk werd de FIIIR inderdaad de gevreesde groep die wij in de beginjaren voor ogen hadden. Tot 2008/2009 was de FIIIR de gevestigde orde in Nederland, hand in hand met de SCF. Ook nu nog uiteraard. Maar de tijden zijn veranderd. Justitie krijgt het steeds beter in de hand en maakt ons het leven onmogelijk, en daardoor ook onze levenswijze. We zijn nog steeds een smeulende vulkaan die uiteindelijk toch weer een keer uitbarst. Alleen is dat nu minder vaak dan in de beginjaren, toen we jong en losgeslagen waren, en overal schijt aan hadden. In de volgende verhalen valt te lezen hoe het er in die beginjaren aan toeging.

Station Haarlem, onderweg naar de ferry bij IJmuiden voor de trip naar Newcastle (zie: De Newcastle-trip, pag. 119).

Het ergste is voorbij. De groepen van Feyenoord en PSV scheiden zich.

De politie haalt uit (voor beide foto's zie: Best gek! pag. 161).

BATTLEZONE NEDERLAND

1999 – Een halve poging

Het is zaterdagavond en Feyenoord treedt vandaag aan tegen Vitesse uit Arnhem. In die tijd stelt de groep uit Arnhem weinig voor. Ik heb Vitesse altijd een beetje een irritante, nagemaakte club gevonden. Een soort puist op je reet die niet weg wil gaan. Geef me dan die NEC'ers maar. Die gaan nog enigszins. De mannen van Vitesse hadden dan ook niet meer dan vier volle bussen, waarvan maar één bus met echte fanatiekelingen.

Na op onze vaste plek DHZ* wat te hebben gedronken vertrekken we naar het stadion. In deze periode zit onze groep verdeeld over de vakken EE, J, JJ, W en een groep op R, S en T. Ikzelf zit op EE met Roland, Baksteen, Boom en Cheret. We worden al een tijd vergezeld door de Delftse afdeling van Pim, Lars en Eric. Met nog wat aanvulling links en rechts zitten wij met zo'n 25 man tegen het uitvak aan. Dat kan soms spannend zijn aangezien je enkel van elkaar wordt gescheiden door een glazen wand. Je staat dus oog in oog met jongens van Twente, Utrecht en de 'Joden'. Meer dan wat gegooi, gespuug en gescheld wordt het vaak niet. De wand is enkele centimeters dik en bijna niet te breken. In ons puberale gedrag laten wij regelmatig onze reet zien en bedienen we ons van andere onzedelijke praktijken. Ik moet er nu wel om lachen als ik eraan terugdenk. Kinderachtig leuk, zullen we maar zeggen.

---

*Door Houvast Zegevieren, amateurclub Rotterdam Zuid op steenworp afstand van De Kuip. Tevens ook verzamelplek voor fanatieke Feyenoordfans.

Van de wedstrijd tegen Vitesse zelf weet ik niet zo heel veel meer. Dat zal ook hebben gelegen aan het feit dat er op zaterdag wat meer wordt ingedronken dan op zondagwedstrijden. Na de wedstrijd hebben we afgesproken op een bepaald punt. We komen op het plan om vanuit de wijk Sportdorp een aanval te forceren. Na informatie te hebben ingewonnen weten we dat we de derde bus van Vitesse moeten hebben.

Met zo'n vijftig man lopen we zo stil mogelijk door de donkere straatjes in Sportdorp. Aan het einde van de weg vanaf De Kuip staan aan de rechterkant enkele portiekwoningen. Deze staan op een punt waar de Vitesse-bussen de verhoogde snelweg op kunnen rijden. Na ons in drie groepjes van ongeveer vijftien man verzameld te hebben in de verschillende portieken wachten we onze kans af. Het is nog best een aardig tochtje vanuit de portieken het steile grasheuveltje op. We hebben her en der wat stenen geraapt en houden deze in de aanslag. Dan komt het telefoontje dat de Vitesse-bussen in aantocht zijn. Een luide kreet luidt de aanval in. Met zijn allen rennen we de heuvel op. Onze timing is niet erg goed: tegen de tijd dat de eersten boven zijn kunnen ze nog net de derde bus zien. Deze rijdt hard door uiteraard. In mijn herinnering is er een ruit van de vierde bus gesneuveld. Ik denk dat het gros van de Vitessefans niets door heeft gehad van de aanval.

Ach ja, we hadden het geprobeerd. Dit viel een beetje tegen, wat dus vooral lag aan de timing. De mogelijkheden waren er. Het ging erom dat de poging werd gedaan, al was het maar een halve.

Den Bosch uit

Het is vandaag vrijdag en dus een heerlijke dag voor een uitwedstrijd, met een heel weekend voor de boeg. We reizen af naar Brabant voor de pot tegen FC Den Bosch. Om 18.00 uur is er afgesproken bij Ahoy. Nadat ik klaar ben met werken scheur ik naar huis, spring onder de douche en laat me oppikken door Boom. Ook in de wagen zitten Roland, Randy en Baksteen. Met de snelle Vectra vertrekken we richting Ahoy. Eenmaal aangekomen treffen wij een groep van ongeveer tachtig man. Er zijn goede jongens aanwezig vandaag. Jongeren uit onder andere Crooswijk, Spijkenisse, Zuid en Gouda. Ook zijn er zo'n twintig jongens van SCF op onze oproep afgekomen. Omdat er gebrek is aan voldoende wagens besluiten we busjes te huren. Door met z'n allen te lappen vallen de kosten mee. Even later arriveren de drie taxibusjes en kan de reis beginnen.

Bij aankomst in Den Bosch hebben we geen tijd meer om de stad in te trekken. De Bosschenaren hadden vroeger een redelijke reputatie, maar hun jaren in de eerste divisie hebben hen geen goed gedaan. Op een leuke verassing rekenen wij vandaag dan ook niet. Na de busjes geparkeerd te hebben zetten wij als groep koers naar het stadion. Onderweg worden we nog vergezeld door de afdeling Den Bosch van onze groep. Deze jongens zijn op hun thuisbasis en dus op volle sterkte. Met de aansluiting van nog wat jongens hier en daar lopen we toch met zo'n 120 man.

Wanneer we bij het stadion aankomen staat er een groep van ongeveer 25 Bosschenaren. De jongens maken zich klaar bij het aanschouwen van onze groep. Maar ondanks de stokken die ze bij zich hebben is dit een koud kunstje voor ons. Bij het opjagen van de Bosschenaren wordt de ME gealarmeerd. Met paarden en busjes worden wij de wijken rondom het stadion in gedreven. Uiteindelijk belanden we met de hele groep in en voor een snackbar. Als duidelijk wordt dat deze door de kit wordt omsingeld ontdoet iedereen zich snel van slag- en steekwapens.

In groepjes van vijf worden wij gefouilleerd, geboeid en ingeladen in de klaarstaande busjes. Ik weet nog dat ik pas als een van de laatsten aan de beurt ben. Een ME'er komt naar buiten met een grote doos. De doos zit vol messen en slagwapens. Dit was natuurlijk eigenlijk absurd voor jongens die zogenaamd voor het voetbal komen.

Op het bureau van Den Bosch worden we uitgeladen. We worden nog eens grondig gecontroleerd en op onze onderbroek na helemaal gestript. Op de binnenplaats, waar wij staan, is het een dolle boel. Paays, een Molukse hooligan van het eerste uur, is helemaal door het dolle heen. Daar staat hij dan met bijna alleen maar ventjes van tussen de 16 en 22 jaar. Hij kent ons dan nog niet en laat zijn SCF-tattoo zien. Hij schreeuwt: 'Kom maar!' Hij wil met ons op de vuist, denkt dat wij Bosschenaren zijn. Dit is even wennen voor hem, na 20 jaar met zijn eigen jongens lief en leed te hebben gedeeld. Ik praat hier nog steeds over de beginfase van de RJK. Later zijn wij samen verdergegaan en zijn er mooie vriendschappen ontstaan tussen de oudjes en de jonkies.

Nadat op het bureau van iedereen een foto is gemaakt en gegevens zijn genoteerd, worden we een voor een vrijgelaten. De eerste is rond 22.00 uur vrij. De laatste pas rond 03.00 uur 's nachts. Ondanks het gebrek aan tegenstand in Den Bosch is dit voor ons, als jongeren, weer een nieuwe ervaring. De eerste echte massa-arrestatie. Het hoort bij het groepsproces. Elke week wordt onze band hechter. Samen vechten, samen zitten. Samen lachen, samen huilen.

Helaas zijn we later nooit meer samen naar Den Bosch gegaan, vanwege de wanprestaties van deze club. Zou wel weer een keer leuk zijn trouwens, Den Bosch uit.

Palmbom

Het is weer vrijdag. Feyenoord speelt in het verre Limburg tegen Roda. Iedereen reist op eigen gelegenheid naar het zuiden. Vanuit

Hoogvliet besluiten Baksteen en ik ook te gaan. We zullen het vandaag moeten doen met een vijftien jaar oude Golf en daar hopen we maar het beste van. Op Rotterdam CS pikken we Tukker en Seven op. Hoe Tukker aan zijn bijnaam komt zou ik niet meer weten. Over de bijnaam Seven hoef je niet lang na denken. Als je deze jongen de hand schudt is dat meteen duidelijk: een vuurwerkongeluk heeft hem drie vingers gekost. Baksteen en ik kennen elkaar al een tijd, maar de vriendschap met Tukker en Seven is in die tijd nog pril. Toch hebben we onderweg de grootste lol. Zuipend en snuivend scheuren we in de oude wagen van stad naar stad. Onderweg wordt verschillende keren gestopt om drank in te slaan. Daarbij maak ik ook een palmbiertje soldaat, op dat moment niet wetende dat dit mij duur zal komen te staan.

Eenmaal aangekomen in Kerkrade zoeken we een parkeerplaats in de buurt van het stadion. Het is inmiddels al rond 19.00 uur en we hebben geen tijd meer om in de stad een biertje te drinken. Bij het betreden van het Feyenoord-vak zie ik een groep van ongeveer honderd man harde kern staan. Deze onderscheidt zich door de casual kleding, en het baldadige gedrag natuurlijk.

Hoewel ik de uitslag niet meer weet, staat de slechte wedstrijd mij nog wel bij. Aan het einde wordt bij de nadelige stand op dat moment, in combinatie met het gebrek aan bier, de sfeer grimmig. Stoeltjes worden gesloopt en richting het veld gegooid.

Iedereen stormt na afloop van de wedstrijd naar buiten en gaat op zoek naar Roda-aanhangers. De ME is snel paraat en voert charges uit rondom het stadion. De Feyenoord-groep probeert uit te breken, maar stuit op een muur van ME'ers. Ook rijden er overal busjes rond waar ineens een paar agenten in burger uit springen, een arrestatie verrichten en weer wegscheuren. Dit leidt tot een paniekerige sfeer en mensen rennen alle kanten op.

Ik slaag erin met Baksteen, Seven en Tukker bij onze wagen te belanden. Snel rijden we weg. We zijn echter nog niet geheel gerust over onze mede-hooligans en besluiten in de buurt te blijven. Bij het passeren van het Roda-stadion zien we op zo'n honderd meter een groep van Roda staan. Het lijkt wel of ze het ruiken, want direct worden er stenen en flessen richting onze wagen gegooid.

Na op veilige afstand de auto langs de kant te hebben gezet, bekijken we de schade. Die is minimaal. Maar we zijn laaiend en bedenken een plan. In de wagen zoeken we naar munitie en andere wapens. Seven is nog in het bezit van een nitraatbom. Met in mijn handen een flesje Palm bedenk ik een plan. Met een kapotgescheurd AH-tasje bind ik de nitraatbom op het flesje. Dus daar sta ik met een amateuristische bom in mijn hand. Het feit dat die amateuristisch was, doet niks af aan het feit dat-ie mensen ernstig kon verwonden.

We stappen weer in de wagen en rijden langzaam richting de plek waar we bekogeld waren. De aansteker in de aanslag en het portier half open. Plots worden we van voren geblokkeerd. Van achteren wordt letterlijk op ons ingereden en we vliegen van de stoelen. Dit is geen Roda. Dit zijn agenten. Er stormen zes man op onze wagen af. Deze duidelijk harde jongens maken geen grappen. We worden aan onze haren de wagen uit gesleurd en op onze knieën gedwongen. Ikzelf krijg direct een bus traangas een paar centimeter van mijn gezicht. Op die jonge leeftijd vind ik dat best heftig en ik werk dan ook maar mee. We worden geboeid en afgevoerd naar het bureau in Kerkrade.

Daar zitten we dan met vier man. Een beetje mijn schuld vind ik, en ik voel me daar niet lekker bij. Ik ben tenslotte degene die de 'palmbom' heeft gefabriceerd.

Na een nacht in de cel word ik de volgende ochtend verhoord. Ik ben dan wel minderjarig, maar de heren vinden het delict dusdanig ernstig dat ze mij willen houden totdat de onderste steen boven is. Die hele eerste dag ontken ik alles en houd ik mij van de domme. Dit geldt ook voor mijn lotgenoten, al wil de recherche mij anders doen geloven. 'Die jongen met zeven vingers heeft gezegd dat jij het was.' Dat soort welbekende ondervragingsmethodes kan ons niet op het verkeerde been zetten.

Die nacht lig ik wakker van het feit dat ik Tukker, Seven en Baksteen misschien wel een hoop problemen heb bezorgd door mijn mond stijf dicht te houden. Ik neem de beslissing het boetekleed aan te trekken. Bij het verhoor de dag erop vertel ik dat ik de bom in een opwelling in elkaar had geknutseld. En dat ik daarna het plan had hem in een weiland tot ontploffing te brengen. Dit onzinverhaal wordt hoofdschuddend ingetikt op de computer waarachter de rechercheur zit.

Later die dag kreeg ik mijn ouders op bezoek. Deze lieve mensen hadden uren in de trein gezeten om mij een schone onderbroek te brengen. Die kreeg ik echter pas na vijf dagen hechtenis. Want in Kerkrade waren ze uiteraard niet blij met vier Feyenoord-fans die, gewapend met messen en bommen, hun rustige stadje kwamen verstoren. Uiteindelijk hebben we een dagvaarding gekregen en werden we heengezonden. Seven en Tukker gingen met de trein terug. Buiten het bureau stond mijn vader Baksteen en mij met de auto op te wachten. Onderweg trakteerde hij ons, na dagenlang gevangenisvoer, op een heerlijk maal. Na Baksteen thuis te hebben afgezet, begon hij aan zijn vaderlijke toespraak. Erg teleurgesteld was hij in me. Hij vroeg of ik mij voortaan kon gedragen. Ik ben bang dat ik die belofte inmiddels meer dan eens heb gebroken. Mijn vader heeft dat allang geaccepteerd en heeft met de hobby van zijn zoons leren leven.

Ik hou veel van mijn ouders. Toch heb ik in die beginjaren enorm veel moeten liegen. De gekste verhalen heb ik opgehangen om toch maar naar Feyenoord te kunnen. Geregeld vloog ik 's avonds laat of 's nachts ineens de deur uit omdat 'een maat in de problemen zat'. Daarbij kwam ook nog eens het feit dat ik vaker in aanraking kwam met drugs. Mijn gedrag veranderde daardoor, waardoor de thuissituatie steeds moeilijker werd. Voor mijn ouders was dat natuurlijk niet altijd makkelijk, zeker in het begin niet. Later wende het. Denk ik.

Bredase spookjes en Rotterdamse feiten

Het is donderdagavond en Feyenoord speelt vandaag niet. Ons kleine broertje Excelsior speelt ter ere van de KNVB-beker in De Kuip tegen NAC. De kans bestaat dat NAC'ers met eigen vervoer richting Zuid komen. Aangezien het stadion zich binnen de eigen wijk bevindt is de afdeling Zuid aanwezig. De andere afdelingen hebben hun mobiel paraat en kunnen binnen een half uur aanwezig zijn.

Als de wedstrijd begint duikt er tot onze verbazing een groep van NAC op van ongeveer zestig man. Deze neemt plaats op de tribunes, tussen de Excelsior-aanhangers. Op de tribune waar de NAC'ers zich bevinden zitten ook enkele RJK-leden, op zo'n vijftig meter van de NAC-groep af. Het groepje van zo'n tien man RJK is in gezelschap van een stuk of dertig fanatieke Feyenoord-aanhangers, in totaal dus veertig man. Deze Vak S-jongens kunnen zich niet tot de harde kern rekenen, maar het zijn hondstrouwe fans die Feyenoord overal achterna reizen en buiten het fysieke geweld vrolijk meedoen met de kwetsende spreekkoren en het secundaire voetbalvandalisme.

De NAC-groep steunt hun club met liederen en veel kabaal. De Vak S-jongens reageren hierop met het zingen van Feyenoord-liederen en het vertonen van uitdagend gedrag. Dit kan nooit lang goed gaan. De ME maakt zich zichtbaar zorgen: ze zijn niet berekend op dit onverwachte treffen. De NAC-groep zet na het uitdagende gedrag van Vak S inderdaad de aanval in. Nu wordt het voor de ongeveer dertig Feyenoord-jongens toch wel ineens serieus. Op belachelijke wijze gaan ze op de loop en laten hierbij de tien RJK-leden aan hun lot over. De jonkies proberen wat ze kunnen tegen de oudere en veel grotere NAC-groep. Tevergeefs. Ook onze jongens moeten op de loop.

De rel binnen De Kuip gaat als een lopend vuurtje en iedereen wordt binnen enkele minuten gemobiliseerd. Leden van de SCF en RJK verzamelen zich op Zuid. Ik vertrek met Boom, Roland, Randy en Baksteen uit Hoogvliet. We treffen een flinke knokploeg op Zuid en binnen een half uur staan zo'n tachtig man paraat. In Sportdorp wordt de colonne NAC-wagens ontdekt. Bij vele auto's worden de banden lek gestoken en vernielingen aangericht. De ME heeft dit snel door en jaagt op de Feyenoord-hooligans. Urenlang is het onrustig op Zuid en richting De Kuip is er geen doorkomen aan.

Laaiend zijn wij op de Feyenoord-fans die de benen namen. In de daaropvolgende weken zijn er dan ook enkele afrekeningen geweest vanwege deze afgang. Met de SCF, een volledige groep RJK of een mix van die twee was dit nooit gebeurd. Toch vonden wij het pijnlijk en hielden er een nare nasmaak aan over. Wraak richting NAC heeft meerdere malen plaatsgevonden, maar de echte afstraffing voor de NAC'ers was toch wel 't Hoekske. Daar werd een groep van 150 NAC-hooligans compleet vernederd in hun eigen stad (zie: Een middagje NAC).

Het is erg zielig dat verschillende NAC'ers anno nu nog steeds met het Excelsior-verhaal aankomen. Het is waarschijnlijk moeilijk in de spiegel te kijken als je ingeslapen, oud en afgedaan bent.

2000 – Fuck de combi*!

Ik heb een wilde nacht achter de rug en lig brak bij Randy op zijn kamer naar het plafond te staren. Vandaag is de dag van Willem II – Feyenoord en er zal door meerdere groepen fans uit heel Nederland gedemonstreerd worden tegen de zogenaamde 'combiregeling', waarbij toegangskaarten worden gekoppeld aan namen en vervoer.

We vertrekken rond 10.00 uur 's ochtends uit Hoogvliet. Met twee wagens rijden we naar de afgesproken plek, waar de rest van de RJK ook zal komen. Om 11.00 uur is iedereen paraat en beginnen we aan wat voor ons een zeer bewogen dag zal blijken. Er zijn zo'n zestig jongens op de oproep afgekomen. Hoogvliet, Spijkenisse, Charlois, Crooswijk, Vreewijk, Delft en andere Zuidse groepjes leveren doorgaans de meeste mensen. Ook mannen uit de kleinere gemeenten zijn aanwezig, zoals Kirby uit Lekkerkerk en Rooie Ron uit Oud-Beijerland, allebei goede gasten.

Bij aankomst in Tilburg is de sfeer al lekker grimmig, zoals wij dat zeggen. Overal zijn de platte pet en de ME nadrukkelijk aanwezig. Zelfs het waterkanon is vandaag afgestoft en uit de kazerne gereden. Dit belooft veel leuks, plus het feit dat er allerlei andere groepen op kunnen komen dagen.

En dat gebeurt dus ook na een tijdje. Een groep van Den Haag komt aanlopen met een man of zestig. Wij worden op dat moment

---

*De combiregeling is een vrijheidsbeperkende maatregel waarbij supporters van de bezoekende club verplicht een toegangskaartje inclusief vervoersbewijs moeten aanschaffen. Dat vervoersbewijs is meestal een trein (supporterstrein), bus of auto. Er wordt dan gesproken van een treincombi, een buscombi, of een autocombi. De lokale autoriteiten hebben een beslissende stem in de combiregeling. Organisatorisch is het voor gemeenten gemakkelijker wanneer er een combiregeling wordt gehanteerd.

naast onze 60 jongeren ook nog vergezeld door zo'n 150 andere Rotterdam-hooligans van verschillende generaties. Tussen Feyenoord en Den Haag is, denk ik, altijd een soort van verdraagzaamheid geweest. In beide steden kom je dezelfde karaktertrekjes tegen. Al voelen wij ons altijd net wat gekker natuurlijk, maar de Hagenezen zullen wel hetzelfde zeggen. De eerste ontmoeting verloopt dus redelijk gemoedelijk. Maar we zijn stiekem ook uit op een confrontatie met de ME. Al is het maar om onze onvrede te uiten over dit wanbeleid van de combiregeling.

De sfeer wordt met de minuut grimmiger. Vooral de duidelijk aanwezige ME en het waterkanon hebben een onvervalst olie-op-het-vuur-effect. Ook heeft zich inmiddels een groep van Vitesse gemeld, die overigens weinig indruk maakt. Er zit wel een goeie mafkees tussen, een Marokkaanse jongen met Nickelson-jas. Vloekend en tierend naar de kit en dansend op wagens geeft hij zijn achterban nog enig aanzien.

De eerste charges beginnen en de mengelmoes van hooligans heeft het, net als de ME, soms zwaar te verduren. Ineens komt er een groep van zo'n twintig PSV'ers aan. Zij hadden gedacht zich even aan te kunnen sluiten, maar voor Kale Frits en zijn kornuiten is dit de perfecte kans om te laten zien wie het gekste is. Door de bende fans die de PSV'ers belagen zijn ze gedwongen om richting een klaarstaande linie ME te vluchten. Die maakt meteen korte metten met de mannen. Wat een prachtig gezicht.

Ondertussen wordt het waterkanon ingezet. Dit maakt iedereen nog veel gekker en het gaat overal goed los. Ons oog valt op een gegeven moment op een café met zo'n 50 man Willem II binnen. Door een topgroep van Feyenoord wordt de aanval ingezet. Schreeuwend – de bekende spreekkoren en oergeluiden – marcheert de groep richting het café, ongeveer 200 meter verder. Dit alles blijkt voor de King Side zo angstaanjagend dat de kroeg in no time leeg is en de Willem II'ers een veilig heenkomen zoeken. Wederom een beeld om nooit te vergeten, maar toch niet helemaal bevredigend naar onze mening.

Alle groepen zijn inmiddels verspreid en Feyenoord loopt met een van haar groepen door de straten van Tilburg. Heerlijk om die verbouwereerde koppen van de mensen te zien als ze de meest absurde en shockerende dingen krijgen toegeschreeuwd. Op een gegeven moment komen we langs een shoarmatent. Ik heb nog nooit iemand zo hard in zijn klootzak geschopt zien worden als die bijdehante eigenaar die er 'dreigend' voor staat.

De ME begint het inmiddels aardig zat te worden en besluit de groep in te sluiten. Ik en mijn cluppie uit Hoogvliet hebben net als enkele anderen de dans weten te ontspringen. Maar voor zo'n 120 man is dat niet het geval. Deze jongens worden overgebracht naar een militaire kazerne in de buurt.

Ik ben nog niet onderweg naar huis of het bericht op de radio is er al. 'Massale arrestaties in Tilburg... zware rellen... Feyenoord, Den Haag enz.' Hoe spijtig het ook is voor de opgepakte jongens, wij rijden na een weekend zonder slaap toch met een heerlijk voldaan gevoel naar huis. En ik denk dat mijn kameraden er, ondanks de cel waar ze in zitten, op dat moment hetzelfde over denken. Kortom, een dag zoals het hoort in het leven van een hooligan.

Het opruien van de ME, Tilburg 1998. (Yoeri Kievits in het midden, achter de auto, in dikke witte jas) (zie: 2000 – Fuck the combi! pag. 78).

De groep komt in beweging (zie: Een middagje NAC, pag. 159).

Een echt Feyenoordsfeertje.

Een vuurzee voor de Kuip.

KAMPIOENSRELLEN

Slagveld Rotterdam

Na een geweldig seizoen is Feyenoord voor het eerst in vele jaren weer kampioen. Op een warme zomerdag treedt onze club voor de laatste wedstrijd van het seizoen aan tegen NAC Breda. Feyenoord hoort deze wedstrijd gewoon te winnen, zoals dat een kampioen betaamt. Maar ook aan een gelijkspel hebben we genoeg.

De NAC'ers, waar wij niet warm of koud van worden, en hun harde kern spelen vandaag geen rol. Zij hebben nog nooit het lef gehad om bij een wedstrijd tegen Feyenoord naar Rotterdam te komen. Vandaag wordt een feest zonder wanklank als het aan ons ligt. Het loopt helaas anders. De hoge drankprijzen en mijn lage budget in die tijd leiden bij mij en nog wat anderen tot een plan. Een dag voor de wedstrijd huren wij op Rotterdam CS wat kluisjes en stoppen die vol met flessen sterkedrank. Na de wedstrijd zullen we die oppikken en dan kunnen we bepakt en bezakt de stad in.

Het feest begint voor ons al vroeg en tegen de tijd dat we in De Kuip zitten zijn we al flink bedwelmd. Uiteindelijk wordt het een draak van een wedstrijd, waar na een achterstand gelijk wordt gespeeld. Ach ja, de kampioenstitel hebben we en dat is wat telt. Feyenoord-fans worden wel eens masochisten genoemd. Eens in de tien jaar is er een prijs en dat is vaker de troostprijs van de KNVB-beker dan het kampioenschap waarbij wij onze aartsrivaal 020 achter ons laten. Aangezien we niet jaarlijks de titel hebben zijn we dankbaar. Jarenlang was het net niet of helemaal niet. Toch steunen wij onze club door dik en dun – en dat is het unieke aan een club als

Feyenoord. In voor- en tegenspoed, een soort slecht huwelijk waarbij we het elk jaar maar weer proberen, ondanks de ergernissen.

Na de wedstrijd treft de harde kern elkaar op het voorplein, nadat de leden van alle vakken van De Kuip naar buiten stromen. We stappen met nog duizenden andere fans op de metrotreinen die ons naar het centrum brengen, waar de huldiging traditioneel op de Coolsingel zal plaatsvinden. Op CS pakken we zoals gepland de flessen sterkedrank uit de kluisjes en daarna gaan we richting Coolsingel. We zoeken een plekje uit met een mooi uitzicht op het bordes waar de spelers hun opwachting zullen maken. De fles wodka die ik in bezit heb maak ik al snel soldaat en in een mum van tijd verkeer ik in een euforische dronken roes.

Meer dan 100.000 man vullen de Coolsingel en zover je kunt kijken kleurt het rood-wit-zwart van Feyenoord. De spelers betreden het balkon en de menigte juicht. Mensen huilen van geluk en wildvreemden vallen elkaar in de armen. Dit is Feyenoord in zijn puurste vorm, verbroedering alom. Leeftijd, ras en afkomst tellen niet vandaag. Onze Ulrich van Gobbel pakt de microfoon en roept uit volle borst: 'EN WIE NIET SPRINGT, DIE IS EEN JOOD...EN WIE NIET SPRINGT DIE IS EEN JOOD!' Ulli zou daar later veel gezeur mee krijgen. Hij is een echte Feyenoorder en een jongen van de straat. Een man naar ons hart en iemand die het Feyenoord-gevoel ten volle voelt en tot uiting brengt.

Nadat de spelers zich terugtrekken blijven er tienduizenden mensen plakken in het centrum om verder te feesten. Wij staan met een goede driehonderd man nog steeds op de Coolsingel. De drank begint nu echt te tellen en her en der breken kleine vechtpartijtjes uit. Ik ren met nog een paar man richting de fontein op de Coolsingel om een frisse duik te nemen. Daar aangekomen pak ik in mijn dronken bui een meid bij haar middel om haar de fontein in te gooien. Deze dame is daar niet van gediend en begint wild om zich heen te slaan. Ze raakt mij uiteindelijk vol op mijn neus, waarna deze hevig begint te bloeden. Met mijn dronken kop en mijn gezicht onder het bloed trekken de jongens en ik weer richting de rest van onze groep.

Na nog een flinke vechtpartij met wat andere jongens bemoeit de politie met de platte pet zich ermee. Deze krijgt direct de horde wilde fans over zich heen en ontvangt rake klappen. Op een gegeven moment isoleren wij drie agenten en drijven hen naar achteren. Uiteindelijk zien ze zich genoodzaakt hun pistool te trekken. Hun paniek en de wanhoop zijn duidelijk zichtbaar.

Dan klinkt het scherpe geknal van pistolen: PATS, PATS, PATS!!! Het zijn waarschuwingsschoten, maar ze werken averechts. De groep blijft de politie belagen. De politie trekt zich verder terug en vanaf een meter of vijftien richten ze opnieuw de pistolen op de groep. Wederom klinken de knallen, deze keer gericht. De kogels suizen langs onze oren. Ik sta naast mijn maat Landmijn, die mij zijn spijkerbroek laat zien. Aan de voorkant van zijn broek ter hoogte van zijn kuit zit een kogelgat. Aan de achterkant van zijn broek zit ook een gat. Hij heeft dus vreselijk geluk gehad. De kogel heeft hem op een haar na gemist. Voor vier andere jongens loopt het slechter af: drie hardekernjongens worden geraakt in benen, schouders en armen. Ook een gelegenheidshoolie raakt gewond. We ontfermen ons over onze broeders die bloedend op de grond liggen. Kort daarna komen ambulances aanscheuren. Ze nemen de jongens mee naar het ziekenhuis.

De rellen slaan nu over naar het hele centrum. Op de Lijnbaan plunderen voornamelijk allochtone jongeren luxe winkels. Op het Stadhuisplein zijn er keiharde confrontaties met de ME. De ME'ers houden het nauwelijks en liggen her en der op de grond terwijl ze van alle kanten worden geschopt en geslagen. Op de hoogte van het Hofplein spuit de spuitwagen van de politie de rellende meute uiteen.

Met de ME'ers die een pak slaag krijgen heb ik geen cent medelijden. Ik doe eigenlijk vrolijk mee met het hele gebeuren. Meestal zijn wij het die, soms met maar ook vaak zonder reden, totaal lens worden geslagen met hun lange latten. Een lid van de Rotterdamse straatbende Rotterdam Rebels die zich ook in de rellen heeft gemengd slaat, getooid met Feyenoord-hoed en -shirt, in op een groep ME'ers. Met een vlaggenstok van 2,5 meter ramt hij meerdere ME'ers tegelijk naar de grond. In het Hilton Hotel zijn kogelgaten te zien in de ruiten die niet afkomstig zijn van de politie. Kortom, het is een veldslag zoals je die niet vaak ziet. Zij tegen ons. Het systeem tegen het volk. En wij winnen, met gemak. Ik denk dat dit buiten de drank, drugs en baldadigheid een woede-uiting is tegen het systeem. De regeltjes, het onredelijke handelen naar ons toe, het onderdrukken en domineren. Puur omdat ze het kunnen.

Waar wij wel fel op tegen zijn: de slooppartijen die plaatsvinden. Wij slopen ook wel eens, maar nooit in onze eigen stad. Nooit je eigen achtertuin vervuilen. We zijn trots op onze Rotterdamse metropool, met alle mooie nieuwe en oude gebouwen die ze rijk is. Voornamelijk zogenoemde Lijnbaanjongeren van allochtone afkomst maken zich schuldig aan de vernielingen. We zijn woest op de kit vanwege onze neergeschoten kameraden. En woest op deze nep-Rotterdammers die nu onze stad aan het slopen zijn. Met honderd man harde kern besluiten wij het recht in eigen hand te nemen en de boel eens even schoon te vegen. De politie heeft niks te vertellen. Er heerst anarchie op de straten. Overal waar wij mensen, groepjes en groepen treffen die onze stad slopen vallen wij aan. Verschrikkelijk hard worden ze aangepakt en na enkele uren liggen er heel wat mensen op brancards en bloedend op straat.

    Dan keert de rust langzaam maar zeker terug en ook ik heb het wel gezien. Met een extreem bewogen dag om over na te praten ga ik met mijn afdeling Hoogvliet huiswaarts.

CNN, de BBC, Duitse, Scandinavische, Franse zenders, enz. – alle tv-stations en kranten maakten groots melding van wat er gebeurd was in Rotterdam. Vooral de neergeschoten fans schokten de wereld. De publieke opinie veroordeelde logischerwijs de rellen, en vooral de slooppartijen. Slecht geïnformeerd als de pers doorgaans was kregen wij, de harde kern, de schuld van de miljoenenschade die in de stad was aangericht. Wij baalden hiervan. Uiteraard hadden wij ook alle wetten overtreden die er in het Nederlandse wetboek staan, maar we hadden niets gesloopt. We wilden dat de mensen wisten dat wij onze eigen stad eerden en niet sloopten. Maar aan de overheid en politie hadden wij schijt en onze acties richting hen mochten mensen veroordelen als ze dat wilden. Daar hadden we toch maling aan.

We kregen de kans ons woordje te doen op de Nederlandse televisie. In *Hart van Nederland* van SBS6 kregen we tien minuten de tijd. We legden ons verhaal uit en vertelden dat er een scheiding was tussen het slopen en het rellen, en de daders daarvan. De publieke opinie scheerde de twee toch wel over één kam, maar het ging om ons eigen gevoel en eigenwaarde. Vooral naar het legioen toe.

Romano alias John van Loen, Gijs en Gilou van onze groep waren neergeschoten. Gijs is misschien wel de bekendste hoolie van Feyenoord. Hij is inmiddels ongeveer vijftig jaar oud, maar is nog geen slag veranderd. Hij heeft schijt aan de wereld en aan iedereen die aan zijn Feyenoord komt. Een man naar mijn hart. Na hun herstel werden deze jongens tezamen met nog heel wat anderen tot maandenlange gevangenisstraffen veroordeeld. Ikzelf ontsprong de dans.

Die dag werd zichtbaar dat als het volk het wil, het volk de baas is. Alleen politie en ME waren niet genoeg om de duizenden relschoppers te stoppen. Deze dag is de historie ingegaan als de dag van de Kampioensrellen. Het behaalde kampioensschap werd volledig overschaduwd. Wel was duidelijk voor de overheid hoe makkelijk de boel kon ontvlammen. In de toekomst werden bij soortgelijke dagen dan ook forse maatregelen genomen om dit nooit meer plaats te laten vinden.

Alles was toen nog nieuw en spannend. Je maakte dingen voor de eerste keer mee. Je leerde wat het was om vrienden te hebben die alles voor je overhadden en andersom. We zijn nu bijna vijftien jaar verder. Ik moet eerlijk toegeven dat ik voorzichtiger ben geworden. Vooral in de zin dat ik niet zomaar meer meega in groepsverband. Mocht onze eer echter aangetast worden of mijn vrienden vragen om hulp, dan sta ik er altijd.

Ook nu lopen er nog jongens van de FIIIR mee met de huidige RJK. RJK-jongeren die zich profileren stromen nog steeds door naar de FIIIR. Niet meer in dezelfde hoeveelheden als vroeger, maar dat ligt ook aan het feit dat er minder voetbalrellen zijn. Er zal altijd een groep jongeren blijven bestaan die klaarstaan om hun steentje bij te dragen en zich willen bewijzen tegenover de gevestigde orde. Het is nu meer aan die jonge garde om in deze moeilijke tijden overeind te blijven, met nog steeds de gekste jongerenafdeling van Holland uiteraard. Hun leven wordt echter onmogelijk gemaakt door justitie. De straffen zijn buitenproportioneel en ongeoorloofde opsporingsmethoden zijn aan de orde van de dag. Met weemoed denk ik vaak terug aan eind jaren negentig. Toen geluk nog heel gewoon was, zoals we hier in Rotterdam zeggen. Daarna werd alles harder en complexer. Het leven, de groep. Meer verantwoordelijkheden, meer te verliezen. Toch zijn wij de harde kern en dat zullen we altijd blijven. De beginjaren hebben ons gevormd tot de volwassen oersterke groep die wij nu zijn. Rotterdam Hooligan, mijn leven lang.

De wapens worden getrokken.

De eerste schoten, deze keer als waarschuwing.

UEFA-Supercup, de vroege uurtjes in Nice.

UEFA-Supercup, een stevig ontbijtje na een zware nacht in Nice (zie: 2002 – UEFA-Supercup, pag. 92).

KRISKRAS DOOR EUROPA

Kort vooraf

Voor een fanatiek Feyenoord-aanhanger is het een mooie bijkomstigheid dat er veel tripjes en reisjes zijn. Sowieso speelt Feyenoord elke twee weken ergens in het land. Daarnaast is Feyenoord natuurlijk een topclub en tot enkele jaren geleden waren de jaarlijkse Europese tripjes voor de UEFA-Cup en de Champions League standaard. We hebben nu wat mindere jaren achter de rug, maar godzijdank krabbelen we langzaam maar zeker weer op. Wederom liggen er Europese tripjes in het verschiet.

Als je de landsgrenzen eenmaal achter je hebt gelaten wordt alles wat leuker, losser, gekker. De Nederlandse politie en justitiële organen weten alles over ons. Onze identiteit wordt gecheckt. We kunnen in eigen land vaak geen stad betreden of we staan al tegen de muur om te worden gefouilleerd. In Europees verband heerst daarentegen een bepaalde wetteloosheid. Tenminste, tot op zekere hoogte. Buiten Nederland onderbreek je ook de sleur van het dagelijkse leven. Werken, werken, werken, feesten, werken, Feyenoord, werken...

Dat het buiten Nederland losgaat is geen voorwaarde. Het gebeurt vaak, maar zeker niet altijd. Met een massale groep een stad overnemen betekent feesten, drinken en heel veel lachen. Als je dan terugkomt na een paar dagen ben je kapot. Maar tegelijkertijd is ook de geestelijke batterij weer een beetje opgeladen en ga je met frisse moed verder.

Voetballen in Europees verband, dat is toch wel een van de dingen waar we het voor doen. Hopelijk komen er dus weer mooie buitenlandse tripjes op het programma: Fenerbace (Istanbul), FC Kopenhagen (Denemarken), Panathinaikos (Griekenland) of Dynamo Kiev (Oekraïne). Griekenland en Denemarken zijn prachtige bestemmingen. Genoeg actie waarschijnlijk en landen waar je je redelijk vrij kunt bewegen. Ook in Turkije is actie gegarandeerd. Maar let op: je kunt daar niet helemaal jezelf zijn. Ondanks de verwestelijking van het land in de afgelopen jaren blijft het een moslimland met zijn beperkingen. En Kiev? Kiev is gewoon stervensduur. Maar wat maakt het uit? Zolang we Europa maar ingaan en even ontsnappen uit de dagelijkse sleur. Met of zonder actie...

2002 - UEFA-Supercup

Feyenoord heeft na het behalen van de UEFA-Cup recht op een gooi naar de titel van de Europese Supercup. Hierbij wordt aangetreden tegen Champions League-winnaar Real Madrid. Deze wedstrijd wordt gespeeld in het prinsdom Monaco aan de Middellandse Zeekust.

Wat een reis staat ons te wachten! Spelen tegen misschien wel de op een na mooiste club ter wereld. En ook nog is in een van de chicste steden in Europa. Prachtige jachten, filmsterren en villa's langs de azuurblauwe zee. Niet echt een plek voor het Rotterdamse voetbalvolk. En daarom extra leuk.

Op dinsdagavond rond tien uur zouden we vertrekken. De wedstrijd zou pas op donderdag plaatsvinden. We konden dus twee volle dagen plezier maken. Op de bewuste dinsdag staat iedereen in café Het Halfuurtje op Charlois. Het is kort na etenstijd. Niemand heeft het geduld tot tien uur te wachten. Vol verwachtig wordt gepraat over wat we gaan aantreffen aan de Cote d'Azur.

Wanneer het eindelijk tijd is om te vertrekken is iedereen finaal van de kaart. We hebben flink zitten zuipen. Daan, Gino, Orlando, Hoopie, Hamid, Blauw, Roland, Peppie en ik vormen het gezelschap.

En dat staat garant voor een hoop plezier en ellende tegelijk.

Als we ter hoogte van de Moerdijk rijden komen we tot de conclusie dat voor enkelen de voorraad harddrugs niet toereikend is. We besluiten Ponypack te bellen. Die aarzelt niet en rijdt met plezier nog even heen en weer om de manschappen goed uitgerust op pad te laten gaan. Als we na ongeveer zeven uur rijden Nancy bereiken is de toestand extreem onder de reizigers. Hoewel halverwege België het bier al op is gaat het scheppen voor sommigen vrolijk door. Daardoor rijden wij zo strak als een snaar Nice binnen. Niemand, behalve onze chauffeur Gino, kan dan nog een woord uitbrengen.

Het is inmiddels woensdagochtend en we stappen een middenklassehotel binnen. Hier huren we een paar kamers. Mijn kamergenoot is Molukse Gino S. Het is een eenvoudig hotel, maar we zitten aan de boulevard, met uitzicht op de prachtig blauwe zee. Overal zijn barretjes en strandtenten. We zijn blij. Londen, Leverkusen of Boedapest zijn leuk, maar deze extra geneugten maken dit reisje toch wel heel speciaal.

We trekken de stad in en gaan van kroeg naar kroeg. Duizenden Feyenoord-fans nemen bezit van Nice. Iedereen is in Nice neergestreken omdat het nog geen halfuur van Monaco vandaan is. Een ander punt is dat Monaco een echte jetsetstad is. En dat moet natuurlijk ook betaald worden. Overal waar we in deze stad lopen zien we bekenden. Het is een heerlijk ons-kent-ons-gevoel. Ook de Franse politie is deze keer erg relaxed en laat ons redelijk vrij.

Wanneer we na een hele dag drinken en feesten richting hotel lopen is de hele boulevard vergeven van pooiers, heroïnehoeren en groepjes Algerijnen. Deze prachtige straat wordt na zonsondergang blijkbaar overgenomen door de duistere kant van de mooie stad. Het duurt niet lang voordat we met onze negen man ruzie krijgen met een even grote groep Algerijnen. De riemen worden uit de broek getrokken en we vliegen op ze af. Deze tegenstand zijn de Algerijnse jongens niet gewend. Ze gaan al snel op de loop. Daarna wordt het een gezellige boel. En na hier en daar een valium slaapt iedereen tegen een uur of vier in.

Op donderdagochtend is iedereen weer redelijk fit. Er schijnt een heerlijk zonnetje en het is de dag van de wedstrijd. We eten wat, pakken onze koffers in en stappen in ons busje richting Monaco. Het is een prachtige route door het gebergte, met een schitterend uitzicht over de Middellandse Zee. Niet dat dit voor ons nu enige prioriteit heeft, maar het is toch een leuk gegeven tijdens een voetbalreisje.

We parkeren de bus en trekken Monaco in. Er geldt een alcoholverbod, waar wij uiteraard niet blij mee zijn. Toch weet ik met een groep van een man of veertig een café te vinden. De slimme ondernemer lapt het drankverbod aan zijn laars en schenkt bier alsof hij onder schot wordt gehouden. Het wordt een vermakelijke boel.

Rond zessen vertrekken wij te voet richting het stadion van AS Monaco. We lopen inmiddels met een aardige groep van rond de tweehonderd man. Ultra Sur, de hooligangroep van Real, is de hele dag nergens te bekennen.

Met tweehonderd gekken is het toch weer onze mascotte, Delftse Schele, die de show steelt. Vechtend, tierend en vloekend, in combinatie met het ontblote lijf en beschuimde mond, rent hij door de straten van Monaco. Het duurt dan ook niet lang voordat een arrestatie-eenheid Schele oppakt. De politiebus wordt direct bekogeld en belaagd door de meute. Verder maak ik zelf geen ongeregeldheden mee in Monaco.

De wedstrijd is een mooie ervaring, ondanks de nederlaag van, in mijn herinnering, 4-1. In het kleine stadion van Monaco maken de honderden Romeinse kaarsen van het Feyenoord-legioen een schitterende indruk. Na de wedstrijd blijft het rustig. Ons groepje vertrekt weer richting Nice. Hier betrekken wij een nieuw hotel. Die nacht is een grote dronken roes. Ik herinner me nog wel een enorme beestenbende op de kamer van Draaikikker Jos en Clyde.

De volgende ochtend wordt door ons alles wat los- en vastzit uit de hotelkamer gesloopt. De vele kussens moeten de lange reis naar Nederland wat aangenamer maken. De kandelaars zijn voor thuis, net als de handdoeken. We rijden de mooie badplaats uit. Als onze bus voor een stoplicht wacht staat naast ons een wagen met een wat ouder Frans stel. Opeens komt een motor met hoge snelheid aanrijden. Deze stopt tussen onze bus en de wagen met het Franse stel. De bijrijder op de motor doet een snelle greep in het openstaande raam van de Franse wagen en grijpt de handtas van de vrouw. Als ze begint te gillen trekt de motor met plankgas op. We springen uit de bus en gooien lege flessen naar de wegsnellende motor. Dit heeft geen enkel nut en we doen dit meer uit baldadigheid dan uit heldendom. Een achtervolging is zinloos. Al binnen enkele seconden is de motor niet meer dan een stip.

Onderweg naar huis is het opnieuw een beestenboel. Niet zozeer uit dronkenschap ditmaal, maar uit pure baldadigheid. De chauffeurs Daan en Gino worden finaal gek gemaakt. Kinderachtig schreeuwen we (tot vervelens toe) dierengeluiden in de oren van de Molukse chauffeurs. Ik vermoed dat die twee de reis als zwaarder ervaren dan de rest en ik.

Wanneer we in Rotterdam aankomen staat er, niet overdreven, zeker twee centimeter. bier, drank en drab in de bus. Daan zou dus een dag later een pittige taak krijgen om alles schoon te maken. Hij was de huurder van de bus. Als bijna iedereen is afgezet rijdt chauffeur Daan, met als passagiers Peppie en ik, over Charlois om ook ons thuis af te zetten.

Peppie was een goede vriend. Hij woonde, net als ik, op Charlois,

Rotterdam-Zuid. Sportief was hij absoluut niet, maar lenig wel. Hij werd 'het slangenmens' genoemd omdat hij door kieren en gaten kon kruipen. Hij was prettig gestoord, maar wel met een gewelddadig randje. Tegenwoordig profileert hij zich op een andere manier. Van een gek ontwikkelde hij zich tot een geslaagd zakenman in Londen en Barcelona en op Malta en in Dubai. Zo zie je maar. Nog steeds vliegt hij constant heen en weer om, vanuit wat voor stad dan ook, naar zijn mooie Rotterdam te komen, en de wedstrijden van Feyenoord te bekijken.

We rijden op de Wolhaersbocht wanneer er plots een wagen aankomt en stopt. BAM! We stappen uit om de schade te bekijken. Wij hebben niks, maar de man staat erop dat de schadepapieren worden ingevuld. Onbegrijpelijk in onze ogen, aangezien zijn wagen met plakband bij elkaar wordt gehouden. Kortom, een onverwachte afsluiter voor onze Daan. Even later stap ik uit en loop mijn portiek in. Ik heb moeite met de trappen na het vele drankgebruik van de afgelopen dagen. Ik ga naar binnen en plof neer. Ik heb nu al heimwee. Wat een fantastische dagen. Kon het maar langer duren.

Is het nog nodig om te zeggen dat deze reis, van al mijn Europese reizen, de mooiste was? Ik denk dat onze negenkoppige bemanning daar hetzelfde over denkt. Zo zie je maar dat geweld niet noodzakelijk voor ons is. Het hoort bij het totaalplaatje. Maar ik kan me geen trip herinneren waar ik zo gelachen heb. Ik kan dan ook niet wachten tot Feyenoord Monaco, of desnoods Nice zelf weer eens treft. En ik hoop dat we opnieuw deze wereldtrip kunnen maken.

We waren toen nog erg jong en hadden nog geen liggende gelden. Met een minimumloon was het bijna onmogelijk elke Europese uitwedstrijd van Feyenoord te bezoeken. Dan werd er ergens een warm bruin café opgezocht in de stad of op Zuid. Hier werd gebroederlijk samen de wedstrijd gekeken. Teleurgesteld hangend aan de bar. Of er waren vele gesneuvelde glazen en kapot meubilair bij een doelpunt van Feyenoord. De kroegeigenaren namen het voor lief. Dat kleine beetje schade was niets vergeleken bij de baropbrengst op zo'n avond.

Maar weer een keertje Basel

Feyenoord speelt voor de UEFA-Cup tegen Basel. In gezelschap van Landmijn en Mark de B. beginnen we aan de tocht. De piepkleine Fiësta van de lange Landmijn zou technisch niet zijn opgewassen tegen de lange reis naar Zwitserland. Hij kan gelukkig de wagen van zijn moeder lenen. Dat blijkt echter een nog kleinere Ford Ka. Landmijn en ik hebben al vanaf het begin van FIIIR een klik. Met zijn lengte van bijna twee meter is hij bij het knokken een lastige tegenstander. Ik heb al zo vaak die lange stelten van hem voorbij zien vliegen. Door de jaren heen hebben we enorm veel meegemaakt. Ik reken hem dan ook tot een van mijn beste vrienden.

Daar zit ik dan in die benauwde Ford Ka van Landmijn, op de kleine achterbank gepropt. Het wordt een hachelijk avontuur van acht lange uren. In het begin is de sfeer nog enigszins euforisch. Met het nodige drankgebruik gaan de uurtjes snel. Maar wanneer de drank opraakt wordt de sfeer bedrukter. We kunnen niet wachten tot we er zijn. Bij een benzinepomp in Duitsland wordt schuw een broodje gehaald. We moeten er echt weer even inkomen. Bij de Zwitserse grens sluiten we aan bij een rij wachtende auto's. Zwitserland is een apart land. De grens zit potdicht met hoge hekken. Er zijn veel douaniers en sommigen dragen zelfs een mitrailleur. Wanneer er nog twee wagens voor ons staan bij de controlepost komt Mark de B. opeens op het baldadige idee onze coke en een groot mes op het dashboard te leggen. Landmijn en ik kijken elkaar fronsend aan. Mark ziet er de lol wel van in en lacht om onze reactie. Maar als de wagen voor ons de grens over rijdt stopt Mark de zak en het mes toch snel weg.

Nu maar hopen dat we niet door een van de vele drugshonden worden gecontroleerd. Ik heb zelf niks illegaals bij me, maar toch bonst mijn hart. Onze wagen is immers wel vergeven van luchtjes en stofjes, en ik dus ook. Ook hebben we met zijn drieën ruimschoots van de coke geprofiteerd. Tsja, als het dan fout gaat is het een voor allen, allen voor een.

We worden inderdaad door de douane naar de kant gedirigeerd. Chauffeur Landmijn, die in een schemerfase van zijn normale voorkomen en zijn alter ego 'knipperlicht' zit, probeert zo normaal mogelijk over te komen. Een strenge Zwitserse douanier controleert onze paspoorten. Even later krijgen we onze documenten terug en krijgen we toegang tot Zwitserland. Dat is een enorme opluchting.

Vanaf de grens is het nog een uur naar Basel. Eenmaal aangekomen in de stad komen we al snel de vaste Feyenoord-'stillen' tegen. Een blik van herkenning is genoeg en zin in een praatje met 'onze rechercheurs' hebben wij nog niet. We vinden een hotel en checken in op een driepersoonskamer. Daarna gaan we de stad weer in. Blikken bier worden aangeschaft en we gaan van kroegje naar kroegje. Een paar uur later verkeren Landmijn en Mark de B. in een verregaande staat van ontbinding, zogezegd. Het zware drankgebruik en het gebrek aan eten en slaap breekt hen op. Ikzelf snap het ook niet meer allemaal. Als ik langs de straat sta om een taxi naar ons hotel te regelen, liggen Landmijn en De Bruin languit achter mij op een bankje. Met hun ogen halfopen en een bierblik van een halve liter in de hand worden ze gepasseerd door een groep kinderen en hun begeleiders. Deze kijken vol afgrijzen naar beide heren. Ik kom werkelijk niet meer bij. Heerlijk lekker aso doen op een plek waar niemand je kent en waar je toch nooit terugkomt.

Tegen de avond belanden we in een kroeg met nog ongeveer vijftig man. Geen bijzondere groep, maar het was dan ook de tweede Basel-trip in twee jaar.

Twee jaar eerder waren er tijdens de vriendschappelijke wedstrijd Basel – Feyenoord enorme rellen geweest. Werkelijk waar, de hele binnenstad is toen gesloopt. Overal werd geplunderd en de toch goede groep van Basel had niks te vertellen in de eigen stad. Deze actie was de gehele wereld over gegaan en had de goede naam van Feyenoord opnieuw door het slijk gehaald. Bij deze tweede trip waren veel jongens bang om alsnog gearresteerd te worden. Zij waren destijds misschien gefilmd of gefotografeerd en durfden het risico niet aan.

Met de groep drinken we wat en stappen we op de tram. Na een dronken en baldadig tripje van een klein half uurtje stopt de tram voor het stadion van FC Basel. We begeven ons onder de menigte. Sommige jongens hebben kaarten en andere halen die voor het stadion. Samen met zo'n twintig anderen heb ik kaarten voor het Baselvak. Na het bewuste vak te hebben gevonden komen wij erachter dat hier de gehele harde kern van Basel huist. Deze paar honderd hooligans en enkele duizenden fanatiekelingen maken een enorm kabaal. Landmijn en nog een jongen passeren als eerste de controle en pakken de trap naar het betreffende vak. Nadat ik met nog een groepje ook de controlepost ben gepasseerd gaan de alarmbellen rinkelen. Ik zie dat Landmijn en zijn metgezel uit het vak worden gehaald. Omringd door sportjongens van de Baselse ordedienst en Zwitserse agenten worden ook wij buiten de hekken gewerkt.

Buiten ontstaat een discussie met de Zwitserse agenten. Ze vragen ons of we gek zijn om juist dat vak op te gaan. Het had immers onze dood kunnen zijn. Vooral na de afstraffing die de Zwitsers het jaar ervoor van ons hadden ontvangen. Wij hadden hier maling aan en zagen dit juist als een uitdaging. Van klappen krijgen ga je niet dood. Niet snel althans. Als je met een minderheid een overmacht trotseert en je krijgt een paar klappen, ben je alsnog winnaar. De morele winnaar die, ondanks zijn minderheid, geen stap achteruit doet.

We worden door de Zwitsers met ons groepje in een groot, verlaten vak geplaatst. Hier wordt gegeten en gelachen en de sfeer wordt gemoedelijker. Iedereen heeft het wel een beetje gehad. De wedstrijd zelf is saai en Feyenoord speelt gelijk.

Na de wedstrijd blijft het rustig en De Bruin, Landmijn en ik gaan terug naar ons hotel. Daar wordt onder het genot van wat plaatselijke hasj nog veel slap geouwehoerd. De Bruin belt om 02.00 uur 's nachts de receptie, waar hij de hoteleigenaar aan de lijn krijgt. Hij eist dat de oven aan gaat om pizza's te laten bakken. De Bruin dreigt: als deze eis niet wordt ingewilligd moet de hoteleigenaar dat met zijn leven bekopen. Allemaal onzin natuurlijk. Dit was gewoon echt Rotterdams gallen. Inktzwarte humor.

Onder het genot van voedsel en diverse vitaminedrankjes verloopt de terugreis snel. Als ik eraan terugdenk vind ik het een fantastische trip. Altijd leuk om met mijn maatje Landmijn op pad te zijn. En ook fijn om Mark de B. beter te leren kennen. Ik had al zoveel over die man gehoord. Na deze Basel-trip vielen deze verhalen allemaal op hun plaats. Wat een mooie vent.

Vive la France!

Feyenoord speelt voor de UEFA-cup tegen het Franse Nancy. Een ideale locatie voor de Feyenoord-fans, met een autorit van een uur of zes. Ikzelf rijd samen met Muis en Yoran. Muis is een echte jongen van Zuid. Zijn bijnaam heeft hij te danken aan het feit dat hij redelijk klein van stuk is. Muis is van het slag 'gelegenheidshoolie' en dus geen vaste kracht. Yoran daarentegen is een echte gek, zoals wij dat zeggen. Met een goede staat van dienst binnen de harde kern. Hij heeft bovendien een flinke reputatie in het straatleven van Zuid. Deze man was zo vaak in aanraking geweest met justitie dat hij op een zogenaamde PGA-lijst stond (PGA is 'persoonsgebonden aanpak'). De reclassering heeft op allerlei manieren getracht hem op het rechte pad te krijgen. Het enige wat ze eisten was dat hij zich gedroeg en niet in aanraking kwam met justitie. Maar dit lukte Yoran nauwelijks: eens in de zoveel tijd waren we hem een paar maanden kwijt aan het Nederlandse gevangenisleven. Je zou hoogstens kunnen stellen dat hij met de jaren iets rustiger is geworden. Maar uiteindelijk geldt in het geval van Yoran: een vos verleert zijn streken niet. Althans, nooit helemaal. Voor ons was hij een gouden gozer en een goede vriend. Maar voor anderen was hij een gevaar en een persoon bij wie je liever uit de buurt bleef.

Ik word rond drie uur 's nachts door Muis en Yoran thuis opgepikt. Onderweg doen we het rustig aan. We roken een blowtje en laten verder de middelen en de drank voor wat ze zijn. We willen graag fit aankomen om daarna twee dagen lang alle remmen los te gooien. Rond een uur of negen in de ochtend rijden we Nancy binnen.

We hebben de hele dag en nacht voor de boeg en zullen de dag erna pas aantreden tegen de Franse club. We checken in bij het hotel waar ook andere Feyenoord-hoolies verblijven. Daarna gaan we de stad een beetje verkennen. Een paar telefoontjes later heeft zich al snel een groep van zo'n tweehonderd man harde kern verzameld in een Frans café. De vele biertjes beginnen gedurende de dag echter hun tol te eisen. Tegen de avond is de groep erg baldadig. Werkelijk iedereen is aanwezig: vaste jongens, nieuwe aanwas en *long lost soldiers*. De Franse ME heeft zich inmiddels gepositioneerd op tactische locaties in de stad.

Wanneer we halverwege de avond bij het café buiten staan, beginnen de eerste ongeregeldheden. Vuilnisbakken worden omgeschopt en her en der klinkt het gerinkel van vallend glas. Ook onze Jack heeft hem inmiddels aardig hangen. In zijn dronkenschap valt hij een 'toevallig' passerende Fransman aan. Wat hij niet weet is dat dit een agent in burger is. Jack wordt door de agent en zijn collega's ingerekend. Jack is dus de eerste arrestant: de kop is eraf zogezegd.

Ook zien we op de straten van Nancy steeds meer Algerijnen opduiken. Ik, en velen met mij, heb het niet zo op dit volk. Ze kunnen meedogenloos zijn en Frankrijk zit er vol mee. Het zijn echte prikkers. We merken al snel dat ze onze aanwezigheid niet zo op prijs stellen.

Ik ga een rondje lopen met Red. Deze roodharige FIIIR-jongen was een mafkees van de hoogste soort. Hij was voor niemand bang, maar dat was niet waar hij zo bekend om was. Je moest geluk hebben om Red ergens nuchter te treffen. Hij verdiende lekker in de Rotterdamse Haven. Aangezien hij nog bij zijn ouders woonde had hij niet veel kosten. Zo zoop hij zich standaard een scheur in de kraag en regelmatig kwam je hem waggelend en brallend tegen op Zuid. Red was echt een lieve jongen. Maar als mensen dachten deze zuiplap wel even op de korrel te kunnen nemen hadden ze het mis. Zijn stemming sloeg dan om en met zijn lengte van bijna twee meter kon hij een goede linkse uitdelen. Omdat hij voor niets en niemand bang was trof hij ook wel eens een zwaardere tegenstander en werd hij zelf bont en blauw geslagen.

Nadat we samen een tijdje hebben gelopen komen we tot de conclusie dat we verdwaald zijn. Steeds verder dwalen wij af. Uiteindelijk belanden we in een sloppenwijk. Die avond in Nancy geldt voor Red fase rood. Red slaat onverstaanbare taal uit en heeft daarbij ook nog een pruik op en een raar hoedje. Ikzelf weet het ook allemaal niet zo precies meer, maar toch ben ik de aangewezen persoon om ons naar een veilige plek te loodsen. Ik realiseer me ook, ondanks mijn bedwelmde staat, dat als wij het verkeerde groepje Algerijnen tegenkomen het wel eens heel erg fout kan gaan. Met de carnavalsoutfit van Red en mijn gezicht op half zeven trekken wij ook nog eens flink de aandacht.

Na wat rond te hebben gevraagd komen wij weer een beetje in het centrum van Nancy terecht. Van zo'n 200 meter afstand zijn we getuige van een flink incident. We zien hoe een groep van zo'n vijftig Feyenoorders zich klaarmaakt voor een aanval op een even grote groep Algerijnen die verderop op een plein staat. De Feyenoorders zetten de looppas in en brullen 'ROTTERDAM HOOLIGANS'! Ook de Algerijnen maken zich klaar. Red en ik zetten een sprint in. Als we vlak bij het rumoer zijn komt de Franse politie aansnellen. Deze ramt met hun latten op alles wat beweegt. Red en ik zijn te laat om nog deel te nemen aan het gevecht.

De rest van de nacht zie ik een hoop barretjes en later hotelkamers. Tegen de ochtend val ik bij Red op de kamer in slaap. Dankzij het drugsgebruik heb ik, in plaats van een goede nachtrust, weer eens een vervelende plafonddienst, zoals wij dat zeggen.

Brak en doorleefd gaan we de volgende ochtend de straat weer op. We trekken naar een groot plein waar honderden en later duizenden Feyenoorders naartoe stromen. Nancy is van ons en niemand maakt ons wat. Wel wordt in Franse en Nederlandse kranten al melding gemaakt van de ongeregeldheden en confrontaties met de Algerijnen van de voorgaande avond. Tegen de avond beginnen de ongeregeldheden opnieuw. Rellen met de kit breken uit en de slooppartijen beginnen. Echte slopers zijn we niet. We kiezen liever een confrontatie met een andere groep. Maar toevallig is Nancy een club met nauwelijks een harde kern. Een soort Heerenveen van Frankrijk zogezegd.

Bij gebrek aan een goede tegenstander gaan we daarom maar over tot het vakkundig slopen van de mooie Franse stad. Alles gaat kapot en overal klinkt het geluid van sirenes. Op een aantal plekken wordt door verschillende groepen gevochten en gesloopt. Met een sjaal voor mijn mond pak ik met al mijn kracht een zware vuilnisbak op en ren op de plaatselijke Miss Etam af, om vervolgens de enorme winkelruit aan diggelen te gooien. Liek, de enige vrouw die ooit met de FIIIR heeft meegelopen, staat er juist voor. Deze taaie blonde meid is van de buitenkant een echte vrouw. Ze heeft echter de mentaliteit van een vent en kan nog stompen ook. Ze schreeuwt: 'Nee, Yoeri!' Maar Liek kan niks anders doen dan snel wegspringen. Grappig, ik wist niet dat ze die Miss Etam-winkels ook in Frankrijk hadden. Behalve Liek telde de harde kern nog een vrouw. Bij de SCF liep Rooie Jo. Deze pittige, kleine tante met rode lokken stompte er regelmatig op los. Op beelden uit 1998 is te zien hoe ze, in een gevecht met Manchester United-aanhangers, een serie stoten uitdeelde aan veel grotere Engelsman.

Niemand kan ons stoppen. De jonkies, FIIIR, SCF en oude garde zijn volledig aanwezig. Dat zorgt voor zo'n vijfhonderd man harde kern. Ook komen daar nog eens duizend gelegenheids-hooligans, fanatics en petten en sjaals bij die ook vrolijk meedoen met de invasie van Nancy. Het is de grootste groep die ik ooit op de been zie in mijn carrière als hoolie. Overal kom je jongens tegen met sappige verhalen. Heel andere dan die je zelf weer meemaakt. De Algerijnen kunnen ondertussen niks tegen ons beginnen en zijn veilig in hun holletjes gekropen.

Uiteindelijk trekken wij een half uur voor de wedstrijd richting stadion. Voor het stadion verzamelt zich de hele bende. Normale fans zijn er die dag bar weinig in Nancy. De Fransen hebben de pech de heftigste groep in jaren te treffen.

Wat ik nooit heb begrepen, maar wel waardeerde, is dat men ons uiteindelijk het stadion binnenliet. Achteraf een domme keuze. In het knusse stadion dat plaats biedt aan ongeveer vijftien- tot twintigduizend man komen zo'n vijftienhonderd gekken uit de havenstad binnen. De rellerige sfeer wordt in het stadion vrolijk doorgezet. Ik krijg op het vak mot met een andere Feyenoord-fan en nog voordat ik hem een kuis kan verkopen is Yoran mij voor. Met zijn twee grote kolenstompers kan Yoran aardig uit de voeten. De bijdehante Feyenoord-fan, een flinke vent, wordt door Yoran met een klap verschrikkelijk KO geslagen. Kei- en keihard slaat hij de man in zijn gezicht en als een pudding zakt deze in elkaar. Ach ja, dat hoort erbij op zo'n dag.

Als de wedstrijd bezig is beginnen de relletjes op het vak. Een glazen afscheiding scheidt de Franse en Rotterdamse fans. Deze afscheidingen, die je in meer stadions tegenkomt, schijnen bijna onbreekbaar te zijn. Maar dat geldt niet als je een stalen balk gebruikt die ergens anders vandaan is getoverd. Na een kwartiertje rammen komen de eerste barsten in het plexiglas. Uiteindelijk gaat de ruit eruit en de Feyenoord-hoolies stormen het vak op. Ik kom in mijn poging klem te zitten tussen de stoeltjes. Languit lig ik, terwijl er een horde mannen over mij heen dendert. Ik raak licht in paniek omdat de druk op mijn been steeds groter wordt. Op een gegeven moment schreeuw ik het uit. Ik heb het gevoel dat mijn been langzaam breekt. Uit het niets zie ik een hand die mij wordt toegereikt. Het is de zoon van Joop uit Steenbergen. De beruchte kamperfamilie uit Steenbergen levert vaste en gewaardeerde krachten binnen de harde kern. Sinds die dag waardeer ik deze jongen zeer en we tonen altijd veel respect voor elkaar.

De Fransen op het vak rennen in paniek alle kanten op en tegenstand is er daarom niet. De Franse kit stormt het vak in en spuit met traangaspistolen de Feyenoorders terug hun eigen vak in. Nu gaat het op het hele vak los. Links tegen de met traangas spuitende kit, rechts tegen Franse aanhangers en in het midden van het vak worden stoeltjes losgetrokken en richting het veld gegooid. Overal slaat de kit erop los en spuit traangas in het rond. Uiteindelijk hangt er een enorme nevel over het gehele stadion en wrijven ook de spelers op het veld in hun flink geïrriteerde ogen. Dit heeft niks meer met voetbal te maken: het stadion is veranderd in een oorlogsgebied.

De scheidsrechter staakt de wedstrijd. Wederom vol verbazing zien we dat de stadionhekken gewoon openstaan en we stormen het vak uit naar buiten. Een losgeslagen groep van zo'n duizend man bezet de hele straat en trekt opnieuw richting centrum. We ontvangen berichten dat de Algerijnen zich verzamelen om ons te grazen te nemen. We zijn er meer dan klaar voor en besluiten niet af te wachten, maar het heft in eigen hand te nemen.

Als we aankomen bij het centrum zien we hier en daar inderdaad wat groepjes Algerijnen. Ik loop met onder anderen Blauw en Randy vooraan. We rennen een soort kerstmarkt op. Naar alle hoeken schieten de Algerijnen weg. Stenen vliegen door de lucht. Zij kunnen niks beginnen en dat beseffen ze maar al te goed.

Overal zijn weer sirenes te horen en Muis, Yoran en ik besluiten dat het beter is onze koffer te pakken en direct naar huis te rijden. Dat betekent: geen risico nemen. Wie weet gaat de Franse politie de volgende dag over tot arrestaties, iets wat ze die twee dagen ervoor zo goed als na hadden gelaten. Ik had ook nog eens aan het hele schouwspel meegedaan terwijl ik al jaren een stadionverbod had.

Werkelijk alle kranten en tv-stations wereldwijd maken melding van de veldslag in Nancy. Apetrots zijn we en Feyenoord is gevreesd – en niet zonder reden. Het vervelende is wel dat Feyenoord door de UEFA voor een jaar wordt geschorst en tonnen boete krijgt. De schorsing zal ook te maken hebben met het feit dat Feyenoord doorgaat naar de volgende ronde. Daarin zou het Engelse Tottenham Hotspur onze tegenstander zijn. Die club is onze eeuwige internationale rivaal. Zo'n treffen zou opnieuw garant staan voor heel wat spannende momenten.

We houden van onze club en willen deze niet door strafmaatregelen in het nadeel brengen. Ik kan niet voor iedereen praten, maar met deze kennis in mijn achterhoofd zouden wij bij volgende Europese wedstrijden niet overgaan tot zware slooppartijen. Een confrontatie met een rivaliserende groep gaan we echter nooit en te nimmer uit de weg.

The Dordrecht Connection

Het is zaterdagavond in 2004 en we zijn met een groep aan het stappen. Ik raak in gesprek met bolle Frank uit Capelle, een grappige jongen die zeker beukt als het moet. We besluiten de volgende dag naar de Belgische derby KV Mechelen – Racing Mechelen te gaan. We gaan een groep van het bevriende FC Dordrecht versterken. Deze Dordse groep doet zijn ding in de eerste divisie. En al is het op een ander level als bij ons, de Dordtenaren staan altijd hun mannetje en kunnen zich tot de top van de eerste divisie rekenen. Ook zijn ze in staat het menige eredivisiegroep moeilijk te maken.

Bij Dordrecht heerst de casual cultuur niet zo. De jongens komen in allerlei soorten outfits en enig gevoel voor mode en tijd was er vaak niet. Ik denk dat de Dordtenaren onze enige vrienden zijn en zullen blijven. De Dordtenaren hebben ook een vriendschapsband met de groep van Racing Mechelen.

Voor Frank en mij is het spannend: een hooliganscene over de grens bezoeken. En het gevoel van een Belgische derby. Ik vind de Belgen altijd wat simpel en als ze hun mond opendoen kunnen ze ons enkel aan het lachen maken, geen angst inboezemen. Maar op het moment dat het moet kunnen zij zeer gewelddadig uit de hoek komen en best wat neerzetten.

Na een reis van twee uur komen we aan bij het stadion van Racing Mechelen. Dit is de verzamelplek voor de Racing-fans. Vanuit hier worden we met zo'n duizend man onder begeleiding van politie naar het stadion van KV Mechelen geëscorteerd. De Belgische fans zijn allen uitgedost in het groen wit, de kleuren van Racing. Zelfs het grootste deel van hun harde kern is getooid in de gekste kleding. Het is anders dan bij ons. Laten we zeggen vijftien jaar terug in de tijd en dan tijdens carnaval. Ook hanteert de politie de gemoedelijke aanpak. Hier houden ze nog enigszins rekening met mensenrechten.

We treffen de Dordse groep, die met 25 man aanwezig is. Robbie Dordt is ook aanwezig, de man van de verrekijker, voor de insiders. Deze Dordtenaar en FIIIR-lid trekt nog altijd op met zijn stadgenoten. Frank en ik kennen sommigen doordat zij ook bij Feyenoord komen.

Ik heb trek na het zuipavondje van daarvoor. Trek in een vette hap om precies zijn. Ik loop naar een kraampje dat het goed zou doen in een vluchtelingenkamp in Somalië. Ik bestel bij de vrij onfrisse man een broodje worst. Als hij me het broodje overhandigt zie ik dat mijn broodje vastgeklemd zit tussen vijf lange bruine nagels. Mijn maaginhoud stijgt tot mijn huig en ik pak het broodje aarzelend aan. Het mag hier dan net vijftien jaar terug in de tijd lijken, deze worstverkoper heeft denk ik al vijftien jaar zijn nagels niet geknipt en gewassen. Rob Geus van de *Smaakpolitie* zou zeggen: 'Hier word ik niet vrolijk van.' Dan maar met een lege maag de dag tegemoet.

We vertrekken in een lange colonne naar het stadion van tegenstander KV. Onder luid gebrul en gezang lopen we door de straten. Naarmate we het stadion naderen komt er steeds meer kit in zicht. We lopen nu door een brede straat met om de vijftig meter kleine zijstraatjes. Vanuit de zijstraatjes duiken ineens kleine groepjes KV-hooligans op. Her en der volgen kleine schermutselingen, waarbij rake klappen vallen. Je kunt dus zo nu en dan je gang gaan en de Belgische politie is doorgaans minder georganiseerd dan wij gewend zijn. Pas bij het stadion volgen confrontaties en charges van de ME. Ook het waterkanon wordt ingezet. Alles gaat los. Dit hebben wij in tijden niet meegemaakt in Nederland en Frank en ik gaan er dan ook volledig in op.

Nadat de rust enigszins is teruggekeerd worden we het stadion in begeleid. We staan rechts achter het doel vlak bij het veld. Het is een oud maar sfeervol stadion met ouderwetse stalen hekken langs het veld. Terwijl we hier in Nederland de gewoonte hebben om te schelden met verschillende ziektes hebben de Belgen een andere gewoonte. Alles met poep, plas, kak en pis. Ik kan me alle grappige liedjes niet meer herinneren, maar die woorden komen er regelmatig in voor.

Wanneer de wedstrijd bezig is krijgt een Dordtenaar een geweldig plan. Hij wil het veld op om een vlag van KV te stelen. Na enig aarzelen klimt deze opvallende kale jongen met bomberjack en legerbroek over het stalen hek. Het gehele stadion veert op. Luid gejuich vanuit het Racing-vak en snerpend gefluit vanuit de KV-vakken. Na een horde beveiligers en agenten achter zich aan te hebben gekregen wordt de jongen gevloerd. Bij de aftocht geven we deze dorpsgek een waardig applaus voor zijn getoonde moed. Hij had het in zijn eentje voor elkaar gekregen dat een Belgisch betaald voetbalwedstrijd tijdelijk werd gestaakt. Ook was hij op menig televisiestation te bewonderen. Het was een simpele ziel en ik vermoed dat dit tot op heden het hoogtepunt uit zijn leven is.

In de rust raken Frank en ik aan de praat met drie hooligans van Anderlecht. Deze stevige jongens zijn ook op deze derby afgekomen. Dat Anderlecht een sympathie voor 020 voelt is bekend, net zoals zij ons haten. Deze jongens zijn schijnbaar niet zo haatdragend en voelen die haat niet. Al is het indirect, ik krijg toch het gevoel dat ik met een paar 'Joden' sta te praten. Na enkele serieuze pogingen tot een normaal gesprek van hun kant en niet meer dan een bijdehante respons van de onze gaan we terug naar het vak. Het is te link om opgesloten in een vak en onder het toeziend oog van de politie deze jongens aan te pakken. Mijn handen jeuken overigens wel…

Na een rustige tweede helft verlaten we het stadion. De stand kan ik me niet meer herinneren. Wel dat het op de terugreis naar het Racing-stadion opnieuw onrustig was. In diezelfde straatjes, hetzelfde waterkanon en de aanvallen van de KV-hooligans. Toen Frank en ik weer in de wagen zaten kwamen we tot de conclusie dat we dit soort tripjes vaker moesten doen. Het leek wel *back to the eighties* daar bij onze zuiderburen. Een herhaling van een Belgisch tripje zou ons een paar jaar later komen te staan op lange stadionverboden en hoge boetes. Maar die avond lag ik thuis heerlijk voldaan op de bank, nog nadromend van de mooie dag in het Belgische Mechelen.

Glasgow, de politie scheidt de vechtende groepen (zie: Een cadeautje uit Glasgow, pag. 117).

Pompey 657, voor het politiebureau in Portsmouth (zie: Pompey 657 crew on the run! pag. 125).

DE MANNEN VAN HET EILAND

Kort vooraf

Regelmatig treffen wij een club uit het Verenigd Koninkrijk in Europees verband of vriendschappelijk. En het kan ons niet vaak genoeg zijn. In dit hoofdstuk lees je over onze ervaringen met de clubs en de mannen van het eiland.

De Engelse hooligans voelen zich op het gebied van voetbalvandalisme oppermachtig. Niet helemaal onterecht, want ze hebben wel altijd de kracht van de massa. Vele dronken, schreeuwende mannen met dikke bierbuiken. Het bekende plaatje dat we al decennia lang voorbij zien komen op tv.

De clubteams in England hebben sterke en gekke groepen. Dat staat vast. Zo heb je er De Spurs, Manchester City & United, Cardiff (Wales), Rangers (Schotland), Leeds en Milwall. Ook bij de tweede en derde divisie vind je hooligangroepen. Het *hooliganism* is dan ook nauw verweven met de Engelse voetbalscene.

Bij wedstrijden van het nationale team verbroederen al die groepen en heb je een waar leger dat een enorme schade kan aanrichten. De maximaal honderd man die wij bij een nationale wedstrijd op weten te trommelen kunnen niet meer dan een paar speldenprikjes uitdelen aan de soms wel duizenden Engelsen.

Op clubniveau hebben wij echter weinig te vrezen van de Engelsen, Schotten en Welshmen. Menige overwinning hebben wij behaald op onder andere de Spurs, Portsmouth, Manchester en Sheffield. Maar we hadden het soms zwaar en de dag dat wij tegen de Spurs speelden werd zelfs een waar debacle. Hoe die dag verliep…

Fuck you Spurs

Ons geliefde Feyenoord speelt vandaag tegen Tottenham Hotspurs in een vriendschappelijk duel, in Rotterdam. De Spurs zijn onze gedoodverfde rivaal, internationaal gezien. Na verschillende heftige confrontaties de afgelopen decennia, waarbij vele zwaargewonden vielen, staan deze duels altijd op scherp.

Ook deze keer ontvangen we berichten dat een grote groep Engelsen de overtocht zal maken. Voor de Engelse hoolies zijn wij een doorn in het oog. In de jaren zeventig brachten de Spurs het Engelse *hooliganism* naar Nederland. Na dronken slooppartijen in het centrum van Rotterdam werden er in De Kuip brandjes gesticht, werd er van alles gesloopt en werden er mensen mishandeld. De verraste Rotterdamse fans wisten niet wat hen overkwam. Met toeters en bellen moedigden zij hun club wekelijks aan. Ondanks het feit dat er ook toen vele ruige havenarbeiders met losse handjes rondliepen in De Kuip was er nog geen georganiseerde harde kern.

Enkele jaren later was er opnieuw een treffen tussen Feyenoord – Spurs. Het was 1983 en de zaken waren behoorlijk veranderd. Op de vakken R en S had zich een grote eigen groep gevormd. Deze jonge jongens uit alle geledingen en van alle kleuren kwamen uit de verschillende wijken van Rotterdam-Noord, -Oost, -West en -Zuid. Deze veelal rebelse jongeren vonden hun prima uitlaatklep tijdens de zondagen in De Kuip. En ze verheugden zich op de komst van een oude vijand. De voltallige groep Engelsen kwam de vakken op lopen. Na ruimte te hebben gemaakt werden zij vervolgens ingesloten door honderden naar wraak hunkerende Feyenoord-fans. Ik geloof dat er van de Engelsen een man of vijf met steekwonden naar het ziekenhuis moesten. Deze bleken overigens alle afkomstig van een en dezelfde dader. Hij is tegenwoordig nog steeds een 'gerespecteerd' man. Door de jaren heen is deze club jongeren een hechte vriendengroep geworden en nog steeds gaan velen van deze inmiddels volwassen mannen wekelijks naar hun 'cluppie'. Enkelen draaien nog steeds mee in de actieve hooliganscene. Dit zijn de mannen van de eerste generatie, de grondleggers van de zware reputatie die Feyenoord ook nu nog heeft.

Op die zaterdag in 2004, tegen de Spurs, hebben we een goede groep. Er staat ruim honderd man verzameld aan de Oude Haven in Rotterdam Centrum. Jongens van alle generaties. Er heerst een licht gespannen sfeer. Her en der worden kleine groepjes Engelsen gezien. Om de zoveel tijd wordt onze groep aangevuld met een nieuwe afdeling die met nieuwe waarnemingen komt.

Aan het einde van de middag komt onze groep in beweging. Na een korte wandeling komen we aan bij het Maritiem Museum. Aan de overkant van de straat spotten we een groep Engelsen. Afgeschermd door de kit volgen scheldpartijen en uitdagende gebaren op een afstand van zo'n 50 meter. We maken het gebaar elkaar verderop in de straat te treffen. Beide groepen lopen van elkaar weg. De Engelsen rennen links van de kroeg weg en nemen de eerste afslag links. Wij rennen rechts van de kroeg weg en pakken de eerste straat rechts. Na een korte sprint komen we aan bij een zijstraat.

Op hetzelfde moment klinkt het gebrul van een grote groep. Nog geen seconde later komt de Engelse groep ook aan bij de zijstraat. Nu staan we oog in oog met elkaar. Wij hebben niet meer onze voltallige groep. Ongeveer veertig man van onze kant staat nu in de steeg van zo'n tien meter breed, halverwege de trap die van de straat naar de steeg leidt. In de confrontatie blijven de Engelsen komen. We kunnen het nauwelijks nog houden. Met stanleymessen en traangas wint de Engelse voorhoede een paar meters op die van ons. Enkele gerespecteerde jongens proberen wat ze kunnen. De achterhoede van onze groep, bestaande uit een losvaste aanvulling, neemt de benen. De honderd man tellende Spurs groep gaat flink tekeer en dat zijn deze angsthazen blijkbaar niet gewend. Op dat moment komt de kit er als een bezetene in vliegen en slaat de groepen terug op veilige afstand van elkaar. We zijn woest.

In een flits zie ik een jongen wegrennen. Hij valt mij op in de chaos van het gevecht omdat hij een geel fluorescerend shirt van de club Borussia Dortmund draagt. Ik spreek de schijtert, die erbij staat alsof hij zich van geen kwaad bewust is, aan op zijn lafheid. Ik wil de jongen een afscheidscadeautje geven voordat hij voorgoed uit ons leven moet verdwijnen. Met een boksbeugel storm ik op hem af. Hij neemt onmiddellijk de benen. Ik ga er achteraan. Als we bij de Erasmusbrug komen staak ik mijn achtervolging. In hard wegrennen is deze jongen beslist een kei, maar hij is helaas niet het type dat wij in onze groep willen. Het vele vechten hoort immers bij het leven van de Randstad. Als je zwak bent, ben je een slachtoffer. Niks pikken en je nooit de kaas van het brood laten eten. Borst vooruit en kin de lucht in. Echte survival skills van de Randstad, zo gezegd.

Gefrustreerd komen we met het slechte nieuws aan op Zuid. We hebben een waardeloze beurt gemaakt, dankzij de gelukszoekers die zich in alle chaos bij ons hadden aangesloten. Met de groep waarmee we aan de Oude Haven stonden was dit duidelijk niet gebeurd. Het lijken nu allemaal smoesjes, maar het zijn de feiten van deze dag. We waren niet gewend dat we achteruit moesten. Dat kwam toen hard aan.

Tijdens de wedstrijd tegen de Spurs vertrekt mijn maat Leonardo in de tweede helft. Leonardo is midden dertig en heeft een goede staat van dienst. Sinds de jaren negentig loopt hij mee. Via oudere jongens sloot hij zich aan bij de SCF. Hij onderscheidde zich al snel en klom op in de rangen. De heftige confrontaties met de 'Neuzen' zouden Leonardo echter tekenen voor het leven. In 1997 was het constant raak. Het waren harde confrontaties met voor beide partijen een groot aantal gewonden. Dit alles bracht de vijandschap tot ongekende hoogtes. Op 23 maart 1997 troffen beide groepen elkaar in een open veld bij Beverwijk. Het werd een ware veldslag. Deze werd vergeleken met een scène uit de film *Braveheart*. De dood van Carlo Picornie was het resultaat. In de weken na dit treffen werd Leonardo opgepakt, net als vele andere harde kernleden. Na een rechtszaak met veel belastende verklaringen tegen Leonardo werd hij veroordeeld. Voor de moord op Carlo en directe betrokkenheid bij de veldslag. De beelden gingen de wereld over. Hoe zwaar onze reputatie was bleek uit het feit dat we vanaf dat moment door iedereen werden gevreesd.

Ik verheerlijk de moord op Carlo absoluut niet. Hij was een man die vocht voor wat hij waard was. Carlo was beroemd en berucht. Hij genoot naast de haat vanuit de Feyenoord-groep ook respect. Niemand is er wat mee opgeschoten, maar het moest die dag blijkbaar zo zijn. Bij alle jongens van de harde kern leeft zeker het besef dat dit niet opnieuw mag gebeuren. Dit is waar het in ons en ook in mijn boekje stopt. Tot daar en niet verder.

Zelf ben ik echter ook schuldig aan het in gevaar brengen van mensenlevens. Ook ik ben over de grens gegaan. En geloof me, dat is een plek waar je niet vaak komt. Maar het is wel een plek die de rest van je leven kan veranderen. Zoals dat toen gebeurde in het geval van Leonardo. Hij is een beste jongen. Misschien zelfs wel een zachte jongen. Toch heeft Leonardo een leeuwenhart en zal hij nooit achteruit gaan.

Leonardo zou ook die bewuste zaterdagavond weer bewijzen dat hij zijn mannetje staat. Hij vertrekt, zoals ik schreef, halverwege de tweede helft. Op het moment dat hij naar buiten loopt ziet hij een groep van ongeveer vijftig oudere Spurs-gasten lopen. Deze mannen verlaten net het stadion, ik vermoed niet zonder reden. Na hun succesje van die middag houden deze mannen er rekening mee dat een sterke, en dit keer voltallige, Feyenoord-groep zich na afloop onder de menigte zal kunnen mengen. Dit zou voor de Spurs-gasten wel eens fout kunnen aflopen.

De Spurs-gasten lopen langs het toenmalige trainingsveld, de plek waar zich nu parkeerplaatsen bevinden, voor De Kuip. Leonardo heeft dan telefonisch al wat andere jongens ingelicht. Ongeveer vijftig man zijn snel paraat. De groep schreeuwt en rent op de Engelsen af. Een Pakistaans ogende Spurs-hoolie vliegt de Feyenoord-groep in. Leonardo heeft hem in het vizier en met een flying kick trapt hij hem in het gezicht. Misschien meer geluk dan wijsheid, maar daarom niet minder effectief. De Paki valt op de grond en de ME komt aangesneld. De Feyenoord-groep groeit en de Spursgroep zoeken nu de veiligheid en bescherming van de kit. Ze manoeuvreren zich een weg tussen de klaarstaande trams door.

Leonardo, Blauw, Cabo en Guido glippen ook tussen de kit en de trams door. Her en der volgen wat kleine schermutselingen. Leonardo, Jack, Landmijn, Guido en nog enkele andere jongens lopen door. Een stuk verder, bij de bioscoop, krijgen ze plotseling de Spursgroep weer in het vizier. Met nog wat aanvulling vliegen de voorste linies elkaar aan, beide groepen rond de twintig man. Uiteindelijk moeten deze keer de Engelsen achteruit. Hier wordt de draai die we die middag om onze oren kregen nog enigszins rechtgezet.

Het zijn mooie en dus ook pijnlijke verhalen uit een gouden, maar recent verleden. Tegenwoordig ligt de situatie toch wat moeilijker bij ons. De Voetbalwet en andere idiote maatregelen zorgen voor een Oostbloksfeertje, aangestuurd door het stalinistische regime in het Rotterdamse stadhuis. Ook Leonardo bewandelt tegenwoordig een ander pad. *He's chasing his dream* en ik hoop van harte dat het lukt. En al gaat hij nog steeds voor niemand een stap achteruit, zijn rust heeft hij inmiddels wel gevonden.

Die zaterdag is een dag met gemixte gevoelens. Een nederlaag en een kleine overwinning op een dag. We spelen geen toernooitje jeugdvoetbal, dus is dit uiteraard niet de bedoeling. De nederlaag van die middag is een incident, veroorzaakt door complexe factoren. De Engelse Spurs-hoolies zijn een van de bar weinige groepen die een Feyenoord-hoolie een stap achteruit hebben zien doen.

Een cadeautje uit Glasgow

Het is dinsdagavond, de avond voor de wedstrijd Feyenoord – Glasgow Rangers. Met ongeveer dertig jongens zijn we aanwezig in onze stamkroeg Sherry's. Dit is niet altijd gebruikelijk, maar voor deze tegenstander nemen we het zekere voor het onzekere en we besluiten dus een avond voor de wedstrijd al samen te komen. De hoop is dat de Schotten een avondje Rotterdam in gedachte hebben. Vaak is dit niet het geval. De meeste tegenstanders van Feyenoord zoeken hun heil in Amsterdam en komen alleen voor de wedstrijd naar Rotterdam.

Het zijn hoofdzakelijk FIIIR-leden die vanavond aanwezig zijn en een opvallend grote groep Molukkers. Uiteraard de vaste jongens Daan, Gino, Emus en Ta Ta Junior. Maar vandaag hebben ze ook andere Molukkers uit de wijk meegenomen. Deze 'huurlingen' versterken op sommige momenten onze gelederen en zijn altijd van harte welkom.

Op deze doordeweekse dag is iedereen vrij rustig. De sfeer is gemoedelijk. Op een gegeven moment zien wij vanuit onze kroeg een groep Schotten de weg oversteken. Deze groep van 25 man zet koers richting onze kroeg en heeft geen flauw benul van onze aanwezigheid daar. We herkennen deze jongens als *casuals*, dus waarschijnlijk echte Rangers-aanhangers. Helemaal zeker zijn we er niet van. Maar wanneer de groep binnenkomt ziet de eigenaar de bui al hangen. De muziek gaat plots uit en de twee groepen staan tegenover elkaar.

Ik loop naar hun kopman toe en vraag waar ze vandaan komen en wat hun intenties zijn. Gespannen kijken de Schotten naar de Feyenoord-groep. De blik in hun ogen spreekt boekdelen. Van alle kroegen in het centrum van Rotterdam lopen ze uitgerekend deze binnen. Dronkenschap maakt plaats voor angst. Ze geven nauwelijks antwoord en proberen de kroeg rustig te verlaten. Ik geef een Schot een duw en hij reageert onmiddellijk door uit te halen. De man heeft duidelijk al wat biertjes achter zijn kiezen. Hij mist mij finaal maar slaat Waldo, die naast mij staat, tegen de vlakte. Dit leidt tot een reactie van onze kant. De Schotten maken geen schijn van kans. Met riemen en krukken worden de mannen naar buiten geslagen. Ik test de kwaliteit van een barkruk, met op mijn nek de doorgedraaide kroegbaas Erwin, die mij smeekt op te houden.

Buiten wordt de knokpartij voortgezet. De Schotten proberen te redden wat er te redden valt. Sommigen nemen de benen, terwijl anderen nog steeds een felle strijd leveren. Nu ziet de gemiddelde Schot of Engelsman er vaak zo al niet al te fris uit, maar we geven uit fatsoen een van hun topboys een afscheidssouvenirtje mee: een flinke snee van wenkbrauw tot kin is het resultaat van een ontmoeting met de Molukse 'huurlingen'.

Dat dit slachtoffer een topboy was werd ons pas een jaar later duidelijk. Bij een vriendschappelijke wedstrijd tegen Celtic in Glasgow raakten wij aan de praat met een Celtic-hooligan. Deze vertelde dat er in Schotland een verhaal over de Feyenoord-hooligans ging. Een groep van de Rangers zou een avond voor de wedstrijd in Rotterdam flink aangepakt zijn. Daarbij was een persoon gesneden in het gezicht. Het ging om een zeer bekend gezicht binnen de Glasgow-groep. Stomtoevallig kwamen wij dit te weten – het klonk ons als muziek in de oren.

Onze actie hadden we dus wel gehad. Met de mooie overwinning op zak bleef het de wedstrijddag zelf rustig. We waren allang blij met dit cadeautje uit Glasgow.

De Newcastle-trip

Vandaag vertrekken we vanaf IJmuiden met de ferry naar Newcastle, voor de wedstrijd tegen de plaatselijke United. Het is dinsdag en de volgende dag zal Feyenoord aantreden tegen de Engelsen. Met een bont gezelschap van zo'n dertig FIIIR-leden en nog rond de veertig andere Rotterdamse hooligans stappen we op de boot, die afgeladen is met Feyenoord-fans. De douane wordt zonder enige moeite om de tuin geleid en grote hoeveelheden soft- en harddrugs worden meegesmokkeld. De overtocht duurt twaalf uur, omdat het een soort minicruise is. Aan boord van het schip zijn een casino, restaurants, een zwembad en discotheken. Kortom, een paradijs voor ons.

Samen met mijn Molukse vrienden Daan en Gino betrek ik mijn piepkleine hut. Peppie, Hamid en Blauw zijn ook aanwezig. Blauw en ik waren altijd al vrienden, maar we zijn de laatste jaren naar elkaar toe gegroeid. We hebben beiden ons eigen steigerbouwbedrijf en werken altijd samen. Blauw is een ruwe bolster met een grote mond en een authentieke Rotterdamse tongval. Zijn vrienden weten echter dat hij een klein hartje heeft en er altijd staat voor zijn maten. Na vijftien jaar steigerbouw en tien jaar boks- en thaibokservaring is Blauw een goede vechter, zoals wij dat zeggen. Lekker om deze man erbij te hebben dus.

We pakken onze zwembroek om gelijk even een frisse duik te gaan nemen in het heerlijke zwembad. Overal lopen Feyenoord-supporters bedwelmd en uitgelaten rond. Tegen een uur of tien wordt de sfeer in de discotheek baldadig en grimmig. Er ontstaan vechtpartijtjes tussen FIIIR-leden en normale Feyenoord-fans. Dit heeft natuurlijk te maken met het buitensporige drankgebruik en het minimale gebrek aan beveiliging op het schip. De circa tien beveiligers die er rondlopen vluchten na massaal te zijn belaagd noodgedwongen naar hun hut. Met de deur goed op slot is dat de enige plek waar ze zich enigszins veilig wanen.

De hele nacht worden mensen geterroriseerd en overal wordt gevochten en gesloopt. Rond een uur of drie proberen we nog wat te slapen. Volledig bedwelmd en van de kaart vliegen de uurtjes voorbij, al dan niet met onze ogen wijd open.

Als ik 's morgens even op de gang ga kijken stap ik met mijn blote voeten in een grote plas kots. De eigenaar van het plakkaat kots hangt een meter of tien verderop nog straalbezopen tegen zijn hoteldeur aan. De kots aan mijn voeten is op zich al goor genoeg, maar het aanzicht van deze onfrisse en bezopen man maakt het nog een tikje erger.

Brak en met een bleek gezicht staan we 's ochtendsvroeg op het dek van het schip. Eindelijk komt de haven van Newcastle in zicht. Dit geeft ons nieuwe energie en de eerste voet aan wal voelt als het begin van een avontuur. Nadat we taxi's hebben geregeld splitst de groep zich op. Ik kom uiteindelijk met mijn maat Gino S. op een hotelkamer te liggen. Daan maakt zijn eigen avontuur mee. Na het uitstappen en afrekenen van de taxi scheurt deze weg. Wat de taxichauffeur echter niet weet, is dat de koffer van onze Daan nog achterin ligt. Pech dus.

Newcastle is een prachtige stad vol met mooie oude gebouwen en een gezellig centrum. Al snel komen we overal Feyenoord-fans tegen. 's Middags strijken we neer in een kroeg, waar de hele dag wordt gezopen en gefeest. Daarbij hebben we overigens weinig last van Engelse hooligans.

Tegen de avond trekken we als groep richting het stadion. Voor het stadion lopen tot mijn verbazing de fans van Newcastle en Feyenoord allemaal door elkaar heen. Dat gaat in redelijk goede orde onder het toezicht van alom aanwezige bobby's.

Na een tijdje worden we zo nu en dan gepasseerd door wat verdachte figuren. Eén blik spreekt boekdelen in het geval van deze heren. Met een groepje vallen ze af en toe plotseling iemand aan en gaan dan snel op veilige afstand staan. Ik vind het maar *wankers*. Wij lopen tenslotte op hun terrein. En dan is dit alles wat ze klaar kunnen spelen?

De wedstrijd verloopt goed en Feyenoord wint (in mijn herinnering). Toch is in Newcastle geen bijzonder grote groep Feyenoord-hooligans aanwezig en er zijn weinig vaste jongens. Na de wedstrijd, bij het verlaten van het stadion valt de groep dan ook snel uiteen. Geen overleg en geen communicatie. Overal lopen groepjes van drie tot tien man en door deze miscommunicatie worden de groepjes overal aangevallen. Wel wordt er moed getoond en wordt er fel gevochten.

Een van onze jongens, Bert, wordt samen met onder andere Daan en nog wat anderen ingesloten door Newcastle-fans. Hij staat tegenover een grote Engelse hoolie, een beer van een vent. Met een lowkick en een serie stoten brengt de jonge Bert deze veel oudere man aan het wankelen. Bij het ontzetten en het afvoeren van de Feyenoord-fans door de ME tonen de Engelsen respect door hun duimen op te steken. Met mijn broer Remon en Paultje spring ik in de taxi en beland ergens in de lobby van een hotel.

Rond middernacht eten we verschrikkelijk gore vette pizza's op de hotelkamer. We praten wat na. Een hilarisch moment beleven we wanneer we Waldo alleen op zijn kamer laten liggen. We hebben de volumeknop van de tv op maximaal gezet. Prachtig om te zien hoe de dove Molukker op bed ligt alsof er een serene stilte in de kamer heerst. Ook bellen we de hele nacht de telefoon van zijn kamergenoot Daan. We vragen of we Waldo even mogen spreken. Onvergetelijke momenten zijn dat. In mijn dronken bui laat ik 's nachts het raam openstaan. Het is flink koud. De volgende ochtend worden mijn kamergenoot Gino en ik wakker met een snotneus.

Moegestreden en compleet voldaan vertrekken wij de volgende dag naar ons Nederland. Op de terugreis is er weer het nodige drankgebruik en gefeest, maar nu zonder sloop- en vechtpartijen. Het is een te gekke trip geweest, met vooral een bootreis die wij nooit zullen vergeten.

Safety zone?

Vandaag is het de dag van de Champions League-wedstrijd Feyenoord – Newcastle United. Duizenden Engelsen maken de reis naar het vasteland. Weken van tevoren hebben de United-fans thuis bericht gehad. Dit bericht luidde: voor uw eigen veiligheid verzamelen in de Oude Haven. Daar kunt u rustig een biertje drinken.

Als de Engelsen buiten dit gebied zouden treden zou hun veiligheid niet meer gewaarborgd kunnen worden. Niet echt een geruststellend bericht, dachten wij zo. Het maakte ons ook een beetje trots: onze reputatie stond in Engeland dus ook hoog in aanzien.

Aan het einde van de middag verzamelen we bij onze stamkroeg, café Sherry's op de Coolsingel. Inmiddels zijn we met een mannetje of honderd. We besluiten toch te proberen om de Oude Haven te bereiken. Wij hebben de hele dag afgewacht en geen enkele Engelsman heeft zich buiten de *safety zone* gewaagd.

Tot onze verbazing hebben we vrije doortocht tot aan de rand van de Oude Haven. Rondom de Oude Haven lopen allerlei straatjes, ideaal voor een verrassingsaanval. We zijn nu op tientallen meters verwijderd van het plein met de Engelse supporters. Tot nu toe hebben we de kit weten te ontlopen. We houden ons muisstil.

Wanneer we de hoek om komen en het plein met duizenden Engelsen zien zetten we de aanval in. Onze hele groep beukt in op de United-fans. We kijken alleen of er een man of vrouw voor ons staat. Wel of geen Engelse hooligan maakt niet uit. Iedere vent moet neer. De Engelsen proberen de cafés in te vluchten. Hierbij wordt SCF'er

Ponypack een café in getrokken en even flink aangepakt.

Ook de ME komt in actie. Deze ondervindt flinke tegenstand van onze groep. De straatjes zijn smal en er heerst chaos. Een donkere jongen uit onze groep weet een ME-knuppel te veroveren en gebruikt die direct ter verdediging. Iedereen zoekt een veilig heenkomen om aan de kit te ontsnappen. Dit lukt de meesten, maar zoals viel te verwachten moeten enkelen hun vrijheid opofferen die dag.

Eenmaal terug op Zuid praten wij na. Het unanieme oordeel is dat we de Engelsen flink hebben aangepakt en ze een mooi verhaal voor de terugreis meegeven. En daarmee wordt onze reputatie in Engeland opnieuw bevestigd.

Hearts of Midlothian

Vandaag speelt Feyenoord in de voorbereiding tegen de Hearts uit Schotland. De harde kern van de Hearts wordt *The Casual Soccer Firm* genoemd. We komen hierachter na wat googelen. De Hearts hebben echter eerder nooit enige rol van betekenis gespeeld op Europees niveau. In Schotland zijn ze daarentegen redelijk berucht. Feyenoord heeft sinds de Europacup 1-finale van 1970 wel een zeer goede verstandhouding met Celtic, een andere Schotse club. De onderlinge wedstrijden gaan er altijd vriendelijk aan toe en er is veel respect over en weer. Van een samenwerking op hooligangebied is echter geen sprake.

We verzamelen in het centrum bij Breakaway Café, nabij Rotterdam CS. Het is rond drie uur in de middag en de groep zwelt ieder kwartier aan. We hebben kennis genomen van een groep pet-en-sjaalfans gecombineerd met *casuals* (benaming voor Engelse hooligans) die zich bevinden in café Big Ben op het Stadhuisplein, hemelsbreed een kilometer verder. Onze groep bestaat voornamelijk uit FIIIR en

SCF met de eerste aanvullingen van de nieuwe generatie, de huidige RJK. We zijn ongeveer 120 man sterk. Meer dan genoeg voor de Hearts die het in principe af hebben laten weten.

Rond vijf uur trekken we richting Stadhuisplein. We willen alleen laten zien dat, als we zouden willen, de tegenpartij geen leven zou hebben. We hebben dan ook een oersterke groep met veel topboys. De vele camera's op het stadhuisplein maken een actie praktisch onmogelijk. We willen onze vrijheid alleen op het spel zetten bij een waardige tegenstander die ook zelf zou willen.

In een lange sliert lopen we het café uit, de straat op. Het is nog geen vijf minuten lopen en de groep komt dan ook snel aan op het Stadhuisplein. De Hearts hebben vlaggen met hun emblemen en clubkleuren voor de kroeg opgehangen. De ME die gestationeerd staat op en rond het Stadhuisplein maakt zich klaar voor wat mogelijk komen gaat. Maar wanneer de Schotten ons in het vizier krijgen schieten zij de kroeg weer in. Het is onbegonnen werk voor deze mannen en ze kiezen dan ook voor de veiligheid van de kroeg. Wanneer wij langslopen beginnen de scheldpartijen van onze kant. Een man of tien kan het niet laten richting het café te stappen. Buiten staat nog een handjevol overgebleven Schotten. Een paar tikken volgen en de Schotse vlaggen worden van het café af getrokken. De ME vliegt er kort maar krachtig in, voert enkele arrestaties uit en daarmee is het gedaan. Hier was voor ons geen eer te behalen.

We trekken met de groep naar Zuid, waar we drinken en gezellig samen zijn. In het stadion hebben de Hearts nauwelijks een paar honderd man supporters op het vak. Het is een 'no show' van de Casual Soccer Firm. Helaas, helaas.

Respect voor Celtic omdat het een club van eer, het volk en historie is. Respect voor de Rangers omdat zij wel met een bescheiden groep Rotterdam kiezen in plaats van de hoofdstad om hun ding te doen. Maar ... het respect voor de Hearts, en wat voor andere Schotse *firm* dan ook, moet ik tot op de dag van vandaag nog kweken.

Pompey 657 crew on the run!

Feyenoord speelt, voorafgaand aan het seizoen 03/04, een vriendschappelijke wedstrijd tegen Portsmouth. In Engeland is het altijd waanzinnig en ook dit reisje staat garant voor een hoop vertier. Een grote groep Rotterdamse hooligans vertrekt per wagen, trein en vliegtuig. Zelf kies ik voor het laatste. Samen met mijn maat Cabo vertrekken we vanaf vliegveld Charleroi.

De naam Cabo verraadt zijn afkomst eigenlijk al: de Kaapverdische eilanden. Zijn grote postuur én het feit dat hij heel goed kan vechten maken hem tot een geduchte tegenstander. Ik heb hem dan ook al menige tegenstander finaal tegen de vlakte zien slaan. Cabo is een goede gozer en hij heeft een ijzersterk gevoel voor humor.

Het is rond twee uur 's middags als wij aankomen op Heathrow Airport. We pakken de eerste trein en zullen na ongeveer anderhalf uur arriveren in Portsmouth. In de trein zitten meerdere Feyenoordfans en al snel zitten we met een groepje van zo'n vijftien hoolies bij elkaar in de wagon. Er wordt enthousiast gepraat over wat we in het voor ons onbekende Portsmouth zullen aantreffen. Zullen er Engelse hooligans zijn? Hoe zullen de Engelse bobby's zich gedragen? En ook niet geheel onbelangrijk: hoe is het nachtleven?

Rond vier uur 's middags komen we aan op het station van de Engelse badplaats. Van hieruit lopen we direct het centrum in. Het is hartje zomer en rond de dertig graden. Onze shirts gaan snel uit en er worden nog een paar koude blikken bier opengetrokken.

Bij het eerste terras dat wij passeren zien we direct al onze jongens zitten. Ik tref er ook mijn broer Remon en we vallen elkaar in de armen alsof we elkaar jaren niet hebben gezien. Ook zie ik Paultje, Blauw, Boeddha, Dennis, Draaikikker Jos, Clyde en Molkenboer. Vooral deze laatste persoon kan een ware nachtmerrie zijn voor de lokale sterke arm.

Na een paar biertjes gaan Cabo en ik op zoek naar het hotel. We hebben een kamer geboekt in het Ibis Hotel, waar ook mijn broer verblijft. Hij deelt de kamer met Tjechische Wim en Lulkick Rich alias de Wasbeer. De Wasbeer past qua lengte goed tussen de Engelsen. Met zijn lengte van meer dan twee meter en zijn Marokkaanse afkomst laat hij een onvergetelijke indruk achter. Hij heeft echter een hart ter grootte van een pinda en is niet als de rest. Echte harde kern kun je hem dan ook niet noemen.

Na een korte wandeling komen wij aan bij ons hotel. Cabo en ik verfrissen ons en we besluiten ook maar wat 'middelen' mee te nemen. Samen met mijn broer en de Wasbeer stappen we in de lift richting lobby. Tot onze grote ontzetting zien we we bij het opengaan van de liftdeur dat de complete lobby is gevuld met Engelse bobby's. De heren staan met de rug naar ons toe en door het drukke gediscussieer slaan ze geen acht op de lift. Drie van ons hebben hun zakken vol dope zitten en er is nu geen tijd die te verstoppen. We drukken als een gek op de knoppen van de lift om zo snel mogelijk de deur weer dicht te krijgen. Na seconden die minuten lijken schuift de liftdeur eindelijk weer dicht. Opgelucht halen we adem als de lift weer omhooggaat. We zijn gered. De 'middelen' brengen we snel naar onze kamers.

De reden dat de lobby vol stond met kit is dat iedereen getrakteerd wordt op een zogenaamd 'section 14'-bevel. Dit houdt in dat bij enige misdragingen van onze kant de mogelijkheid bestaat dat ons paspoort wordt ingenomen en we worden opgesloten. Ook biedt 'section 14' de mogelijkheid onwelgevallige personen direct het land uit te zetten. Ja, ja, welkom in het gezellige Engeland.

Na dit gezeik gaan we snel naar het centrum, waar inmiddels zo'n honderd man harde kern aanwezig is. Alle generaties zijn weer vertegenwoordigd. Het bier vloeit rijkelijk en iedereen wordt snel dronken van de enorme Britse pints. Aan het begin van de avond is de groep verspreid over het centrum van de stad. Ikzelf zit met een man of vijftig in een groot café. De groep bestaat voornamelijk uit FIIIR.

Na de nodige beledigingen en kapotte glazen wordt de sfeer gaandeweg grimmig. Een groep Engelse casuals heeft zich ook verzameld in het café. Dit is dus de beruchte 657-crew waar zoveel boeken en documentaires over zijn gemaakt. Na een woordenwisseling tussen een paar jongens slaat de vlam in de pan. Een keiharde vechtpartij breekt uit. Hierbij wordt werkelijk alles wat in de kroeg voorhanden is gebruikt. Glazen en ruiten sneuvelen en vrouwen zoeken gillend een veilig heenkomen. Er heerst een complete chaos. Na enkele minuten is er dan ook weinig meer heel van het interieur van de kroeg. De Engelsen kunnen de wilde gasten van het vasteland echter niet aan en moeten al snel op de loop. Vluchtend vallen ze over elkaar heen, terwijl wij met barkrukken en stoelpoten tekeergaan.

Al snel komt via de achteringang van het café de Engelse kit binnen, met traangas en latten. Iedereen baant zich een weg naar buiten en schiet alle kanten op. Samen met Cabo en wat anderen rennen we in de richting van een vlakbij gelegen hotel waarvan we weten dat een paar van onze jongens er verblijven. Daar duiken we de lobby in en bestellen een glas bier. Buiten rijdt de politie op en neer. Met zwaailicht en sirene jagen ze op de Rotterdamse fans. De meesten kunnen ontkomen. Maar voor een enkeling loopt het verkeerd af. Die nacht zijn de Engelsen op jacht naar ons. Het is uitkijken voor de kleine groepjes Feyenoord-fans.

In het hotel hebben Cabo en ik toch nog de nodige lol. Mijn broer is finaal van de kaart. Ik tref hem op een gegeven moment op een doorgezakt bed aan, vechtend met Tjechische Wim. Mijn broer vindt dat Wim snurkt en is daarom niet zo blij met zijn kamergenoot. Met vechten bedoel ik in dit geval zeer hardhandig stoeien. Hilarische praktijken dus.

De volgende dag krijg ik in de lobby direct het verhaal te horen van het groepje dat in een goedkoop pension sliep. Het groepje, bestaande uit onder anderen Clyde, Jos, Hamid en Molkenboer, had de boel daar nogal geterroriseerd. De twaalf man die er sliepen moesten de slaapzaal delen met andere gasten. Er scheen gesloopt te zijn en een Franse backpacker was bedreigd met een mes. Ook werden er, onder het oog van de pensionleiding, bergen met sos (coke) weggewerkt. Dit resulteerde in een nachtelijke inval van een Engels arrestatieteam in vol ornaat. Met geweld kwamen ze de slaapzaal binnen en onze twaalf jongens werden gearresteerd.

Ons hotel is de volgende dag de plek om te verzamelen. We zijn inmiddels ook benaderd door wat spotters van de roemruchte 657-crew. Zij vertellen ons dat wij rond half twee een aanval kunnen verwachten.

Het is inmiddels 14.00 uur. Maar helaas is er geen Engelsman te zien. De helft van onze groep heeft inmiddels de bar van het hotel weer opgezocht. Op dat moment komt er een groep Engelsen aanrennen. Wij zijn op dat moment met veertig man. Ik schat dat de Engelse groep zo'n twintig man telt. Schreeuwend en vechtend gaan we de strijd aan. Ook vandaag zijn wij een maatje te groot voor deze toch zo dappere jongens. Na een treffen dat nog geen minuut duurt gaan ze op de loop. Wanneer ook onze groep in het hotel naar buiten komt stormen zien ze niet meer dan een paar Engelse ruggen.

De kit sluit ons direct daarna in en we staan vast bij het hotel. Opnieuw wordt het ID van iedereen genoteerd en worden er nog wat 'sections 14's' uitgedeeld. Iedereen met een kaart voor de wedstrijd moet direct, onder begeleiding, naar het stadion. Degenen die geen toegangskaart kunnen overleggen moeten de stad verlaten. Cabo en ik hebben geen haast, maar kunnen pas 's avonds terugvliegen naar Nederland. We vragen ons af wat wijsheid is.

We krijgen het aanbod van Jan met hem mee te rijden. Hij zit met

Sander en zijn broer Cheese in de wagen. Jan, Sander en Cheese zijn goede vrienden van mijn broer. Samen met Jim, Anton en John zijn zij mijn opvoeders binnen de harde kern. Het is dan ook meer dan een berucht groepje binnen de SCF. Deze mannen zijn altijd voor mij opgekomen en hebben mij altijd gesteund. Ze zijn nog steeds mijn maten.

Het plan van Jan, Sander en Cheese is om via Calais te reizen. Bij aankomst daar is het nog zo'n vijf uur met de auto naar Rotterdam. Dat klinkt goed en we besluiten mee te gaan. Na een tussenstop in Southhampton, waar nog wat wordt gedronken, rijden we verder.

De overtocht gaat snel en tegen een uur of acht 's avonds komen we aan in Calais. Voor in de wagen zitten Jan en Sander. Ik zit achterin in het midden en heb het inmiddels helemaal gehad. Links en rechts van mij zitten Cabo en Cheese. Deze heren zitten al vanaf Portsmouth aan een fles wodka. Tegen de tijd dat wij in Frankrijk rijden verkeren ze in een dronken roes. Daar zit ik dan, in het midden. Rechts van mij een spugende Cheese en links van mij een lallende Cabo. Ik zit er zo waanzinnig doorheen en de reis lijkt echt eeuwig te duren. Bij aankomst in Rotterdam heb ik een bonkende koppijn. Maar ik denk – en hoop – dat die niks voorstelt vergeleken met de kater van die twee zuiplappen de dag erna.

Alles bij elkaar was het een geweldige trip en we hebben de 657-crew finaal afgestraft. Het enige waar ik spijt van heb is dat ik mijn vliegtuig liet schieten voor een helse rit met de straalbezopen Cabo en Cheese.

Vuisten, messen en een watermeloen

Vandaag wordt onze havenstad bezocht door de Engelse club Sheffield United. Niet om tegen ons geliefde Feyenoord te spelen maar om tegen de tweede club van Rotterdam te spelen: Sparta. Het is een oefenwedstrijd in de aanloop naar het nieuwe seizoen. Ik had een tijdje daarvoor een boek gelezen over de *firm* (Engelse term voor 'harde kern') van deze Engelse club. Zij gingen door het leven als 'BBC', wat stond voor *Blades Businesss Crew*. Een redelijk beruchte *firm* in de Engelse scene, al was dat vooral in de jaren tachtig en negentig. Laat dit nu net de groep zijn die vandaag zijn opwachting zal maken in Rotterdam! Dat belooft een hete strijd...

We verzamelen op Zuid om de tactieken door te nemen. De groep telt vandaag ongeveer 50 man. Veel mensen zijn op vakantie en bovendien is het niet Feyenoord dat speelt. Dat leidt tot een matige opkomst. Ongeveer 35 jongeren zijn van de partij, aangevuld door een mix van 15 SCF- en FIIIR-leden. Onder de 15 oudere jongens zijn Boeddha, Adriaan, Molukse Gino, Cabo, Kleine Steef en nog wat anderen.

Adriaan is een rustige jongen en zeer bescheiden. Hij is afkomstig uit Zeeland, waar een mentaliteit heerst van niet lullen maar poetsen, vergelijkbaar met de Rotterdamse mentaliteit. Hoe bescheiden hij ook is, Adriaan kan goed beuken en is in de laatste jaren van een ielige jongen uitgegroeid tot een afgetrainde beul.

Boeddha is een verhaal apart. Een echte psycho die een stap verdergaat dan het gros. Boeddha is een jongen van de handel en geniet een gevreesde reputatie in die wereld en daarbuiten. Klein van stuk maar een tornado als het losgaat. Over Gino en Cabo heb ik al het een en ander geschreven in dit boek.

De Engelsen hebben zich verzameld in café Doelpunt in Spangen, de *homebase* en wijk van de club en kern uit Rotterdam West. De Sparta-groep is in opkomst sinds de eeuwwisseling. Ze doen het best leuk op hun niveau, met een groep van rond de dertig jongens. Om een vuist te maken moeten ze vaak allianties aangaan met andere clubs, bijvoorbeeld Haarlem. Tegen ons hebben ze eigenlijk nooit trek gehad. Ik neem het ze niet kwalijk, want de groepen van Feyenoord en Sparta zijn te vergelijken met David en Goliath. De Spartagroep is vandaag dan ook nergens te bekennen.

Op een paar straten afstand van café Doelpunt betrekken wij zelf een café. Het plan is om de circa vijftig Engelsen gewoon tegemoet te lopen en te confronteren. De hoolies staan in en voornamelijk voor het café, doordat het lekker weer is. Wij gaan met ons bescheiden maar slagkrachtige groepje de Engelsen aanvallen. Op datzelfde moment zullen de jongeren de Engelsen in de rug aanvallen om hen in te sluiten. Een degelijk militair plan dat nog wel zijn uitvoering moet krijgen.

We lopen over een lange dijk die naar het café leidt. Ter hoogte van het café krijgen de Engelsen ons in het zicht. Een wilde aanval wordt het niet, aangezien de jongeren die van de andere kant zouden aanvallen nog niet aanwezig zijn. We lopen rustig de dijk af en gebaren de Engelsen het gevecht aan te gaan. Zo op het oog is het een pittige groep. Grote, stevige en soms grijzende Engelse jongens met ervaring. De BBC in zijn volle glorie dus.

Na wat schijnaanvallen vliegt Gino van rechts de groep Engelsen in en beukt een grote Engelsman vol op zijn kaak. Het gevecht begint en iedereen duikt er flink in. Cabo, Boeddha, Adriaan, Gino en ik blijven slaan en vooruit vechten. Ook Porno Bram heeft zich bij ons gevoegd. Meestal is hij een soort clown, maar nu draagt hij toch zijn steentje bij. De Engelsen hebben een reputatie, maar in man-tot-man-gevechten delven zij bijna altijd het onderspit tegen ons Nederlanders. Dikke bierbuiken, schreeuwen en glazen en stoelen gooien – zo staan de eilanders bekend. De vele boksers, muay thai-vechters en andere vechtsportjongens in onze groep kunnen veel meer schade aanrichten.

Wij wachten niet af en vechten vooruit. Hoewel de Engelse groep vele malen groter is slaan wij hen langzaam maar zeker achteruit. Het gevecht vindt nu plaats vlak voor het café. Ik zie in een flits dat Adriaan een grijzende Engelse hoolie in één klap KO slaat. Ik pak de Engelsman en sleur hem naar achteren. Hier probeert hij op te staan, waarna hij de genadeklap krijgt en met een volley opnieuw tegen zijn slaap wordt geschopt.

De politie kan weinig doen. Er staat een busje met enkele agenten die druk in hun walkietalkies schreeuwen. Ook zijn er Engelse agenten aanwezig, die de *firm* van Sheffield begeleiden en hun Nederlandse collega's assisteerden. Zij hebben camera's in de hand, waarmee ze de hele rel filmen – wat mij later duur zal komen te staan.

Een luid gebrul klinkt en ook de jongeren, met wat los-vaste aanvulling, vallen nu aan. Onze FIIIR-jongen Peppie komen aanstormen en dat geeft me nog meer vertrouwen. De Engelsen hebben het al zwaar genoeg met ons en nu worden ze, zoals gepland, ook nog eens in de rug aangevallen door de versterkingen. Ook mijn zwager Warin zit daartussen, een bekende en gewaardeerde jongen maar geen harde kern. Hij gaat om met Tol, Rook, Frank en de Molukse afdeling uit Capelle. Als hij de kans krijgt voegt hij zich bij de Capelse afdeling en dan versterkt hij met liefde de gelederen. Hij heeft het juiste temperament en de *skills*, dus ben ik er blij mee. Wel grappig, zo zitten we op zondag braaf bij de familie te eten en zo staan we zij aan zij om de Engelsen een lesje te leren. Warin heeft op weg hierheen een watermeloen gekocht, die hij nu met al zijn kracht in de Engelse groep werpt. Niet dat dit nu zo'n gemeen wapen is, maar gewoon een grappig gegeven dat zal blijven hangen.

Ik blijf op de Engelsen inbeuken en sla de stoelen die ik naar mij toe geworpen krijg van me af, pak ze op en ren op de voorste linie af om uit alle macht uit te halen.

Het gehele schouwspel is met mobiele telefoons gefilmd, wat vandaag de dag nog terug te vinden is op YouTube. Daar zie je de Engelsen op het moment van de aanval van de tweede groep vluchten. Een klinkende overwinning voor ons dus. Een heerlijke rel. Daarna rennen we alle kanten op. Via de sloppenwijken van Spangen richting mijn wagen, die in de buurt geparkeerd staat. Daar laat ik vier willekeurige jongens instappen en we rijden weg, onze vrijheid tegemoet. Voorlopig, zoals later zou blijken.

Wat ook later bleek is dat twee Engelsen behandeld moesten worden voor steekwonden in hun arm. Schande spraken zij ervan. Ach ja, ook de BBC heeft zich hier, net als bijna elke club, wel eens schuldig aan gemaakt. Je zou zeggen met een bijnaam als de Blades (messen) dat het dagelijkse kost zou zijn voor deze jongens. Maar het is wel een feit dat het gebruik van messen bij ruzies en vechtpartijen meer voorkomt in de Randstad dan daarbuiten. Dat ligt aan het leven, dat hier gewoon harder is.

Dagen en weken hebben wij nog nagenoten van de rel. Totdat er op een morgen om 05.30 uur op een doordeweekse werkdag een hard gebonk klinkt op mijn voordeur. 'Politie... politie!' hoor ik. Ach nee, denk ik nog, niet weer. Ik was al vaker opgehaald en stond niet bekend als iemand die problemen veroorzaakte bij een ophaalactie van de politie. Het slot van mijn voordeur blijft daarom intact, waardoor mijn vriendin weer een hoop ellende bespaard blijft. Ik kleed mij aan en word geboeid ingeladen in de klaarstaande politiewagen.

Als ik in een wachtcel op een Rotterdams bureau zit zie ik ineens Cabo voorbijlopen met een paar agenten. Hij wordt overgebracht voor verhoor en we kijken elkaar aan en glimlachen en groeten elkaar. Ach ja, *it's all in the game*, denken wij allebei.

Ontkennen is mijn eerste strategie. Wanneer ik echter de foto's te zien krijg die afkomstig waren van de Engelse agenten valt er nog maar weinig te ontkennen. Ik maak er nog een zo mooi mogelijk verhaal van, waarna ik na enkele dagen heen word gezonden met een dagvaarding.

Enkele weken later sta ik samen met nog zeven andere jongens voor het gerecht. Een celstraf blijft gelukkig uit, maar wel worden wij veroordeeld tot de maximale werkstraf van 240 uur en 2 jaar voorwaardelijk. Deze werkstraf, die ik moet voldoen met conciërgewerk bij een hockeyvereniging, duurt ellenlang. Elke zaterdag moet ik na een zware werkweek ook nog eens naar die yuppenclub om daar te werken. Ik vind het op een gegeven moment zo vervelend worden dat ik misschien liever een maandje had gezeten.

We hadden de media in Nederland en Engeland flink gehaald. In Nederland werden het incident en de daaropvolgende rechtszaken breed uitgemeten en ook de *Sunday Times* maakte een verslag van de arme Engelsen die door een gewapende bende waren aangevallen en gestoken. Ik heb de artikelen nog thuis liggen en kan nu met een glimlach terugkijken op het hele gebeuren. BBC of niet, in Rotterdam is niemand de baas behalve wij. Dus: *Stay home or face the consequences.*

Kortom, het is nooit saai tegen de Britten. Na het in spanning afwachten van een Europese loting kunnen we onszelf trakteren op een reis naar London, Glasgow of Liverpool. Het kan eigenlijk niet beter: het vieze vette eten, de lelijke en ordinaire vrouwen, een leger aan alcoholisten plus links rijden in het verkeer. *We fuckin' love it.* Het is alweer wat jaartjes geleden dat we Europa in zijn geweest. Ik moet zeggen dat de jongens en ik ernaar snakken weer op pad te gaan.

Vorig jaar stonden er twee oefenwedstrijden gepland tegen de Engelse clubs Barnsley en Hull City. Onze reputatie was ons als gewoonlijk weer vooruit gereisd. Er gingen geruchten over een invasie van Feyenoord-hooligans. Inderdaad waren er duizenden Feyenoord fans meegereisd, en automatisch een gedeelte harde kern. We waren echter niks anders van plan dan te genieten van deze (vakantie)dagen. Maar de wedstrijden werden alsnog verboden en honderden mensen zaten met geboekte hotels en vluchten. No refund in de meeste gevallen. Het gerucht gaat dat de Feyenoord-directie een groot aandeel heeft gehad in het doen aflasten van deze oefenwedstrijden. Eerst een wedstrijd toezeggen om vervolgens een negatief advies af te geven aangaande het waarborgen van de veiligheid. Bah.

Het is gewoon weer eens hard tijd om een mooie trip te maken. Een paar dagen weg uit de sleur. Slap ouwehoeren, shockeren en totale wetteloosheid. Op die manier laden we onszelf op. De batterij is verdomd leeg aan het raken en ik hoop dat het komend seizoen eindelijk weer eens zover mag komen. Of het goed gaat kan ik niet beloven. Dat is aan de goden. Die van Griekenland, Spanje, Portugal, Duitsland en natuurlijk die van Groot-Brittannië.

Kaartje van de wedstrijd tegen Celtic, 2003.

R.I.P.
MITCH
12-06-'69   20-08-'04

S.C.F.   **FIIIR**

Ard v.d. T.	Relleneger I	Hamid	Jeroen D.
Arjan van T.	Remy	Yvar	Mark
Bexy	Riddi	Guido	Niels
Bolle Jeff	Rob H.	Peppi	Aroen
Danny B.	Robin	Hoek	Ed
Danny Steer	Ron	Gebr. Kroezen	Belg
Dopey	Ron van L.	Eric	Pleinweg Jack
Fist	Rooie Jopie	Arjan	Oost
Fons	Rooie Martin	Daan	Mak
Franky L.	Schreuder	Gino	Jonge Kiev
Gebr. Kip	Sieg	Tol	Roland
Geert	Spike	Paultje	Orlando
Gijsen	Spronz	Mini Red	Land
Grijze Gijs	Teckel	Taxi Willem	Kleine
Grijze Wolf	Teysse	Burki	Cootje
Jacobs	Tiel	Van Katwijk	Diamant
Jantje de K.	Vervoort	Blaauw	Emuz
Kleine Fred	Werner	Cabo	Edu
Klok	Wil	Steven	Jos
Lange Bas	Wim	Marco Meiboom	Clyde
Lange Ed	Wim & Petra B.	Rooie Ron	Maus
Lanser	Witte	Randy	Bjorn
Largo	Zurh	Pim	Iris
Learbuch	Ab	Lars	Rodrigo
Leo	Carlos	Rook	JP
Leon Steer	Gaby	Narda	Mathijs
Leonardo	Joram	Hopie	Romano
Man met bril	Marcel	Frankey	Robbie B Dordt
Mark	Stjepan	Jochem	Manus Dordt
Marvin	Waldo	Leen	Joshua
Molenaar	Wijnand	Wesley	Bouli
Ouwe	Yordi	Co	Billy
Paays	Boedha	Vos	Lev
Patrick B.	Seven	Lange Marcel	Amon
Psycho	Bertus	Danny	Lieuwe
Rellen M.	Inkelaar	Filius	Adolf

We won't forget you.

IN MEMORIAM

Kort vooraf

Het millennium begint somber. We maken kennis met de minder leuke kant van het leven. Onverwacht overlijdt een jongen van de harde kern. Danny Tomson was een begrip. Op deze manier en met dit verhaal probeer ik hem de eer te geven die hem wordt toebedeeld binnen onze gelederen en daarbuiten. Dat geldt ook voor de andere jongens die ik in dit hoofdstuk beschrijf en die ons veel te vroeg hebben verlaten.

Danny Tomson

Het was zaterdagavond 4 november 2000. Het nieuws kwam binnen dat Danny Tomson was verongelukt. De volgende dag overleed Danny in het ziekenhuis van Gouda. Voor mij was het de eerste keer dat ik binnen de groep met een overlijdensgeval te maken kreeg. Danny, of Dragon, zoals zijn bijnaam luidde, was een zeer gerespecteerde jongen binnen de SCF. Echt een gozer die behoorlijk indruk maakte. Was het niet door zijn voorkomen en zijn charisma, dan was het wel door de verhalen die er over Danny de ronde deden. Want Tomson was berucht in heel Nederland, een echte gek. Binnen de groep kwam het nieuws van zijn overlijden dan ook ongekend hard aan. Zijn dood was een waanzinnige klap voor zijn vrienden die hij al tien of twintig jaar kende. Ik kende Danny wel, maar nog niet erg goed.

Zijn begrafenis zou worden zoals Tomson was: groots. Wij kregen als jongerenkern de taak om de orde te bewaken. Ongeveer tweeduizend bezoekers zouden Danny de laatste eer bewijzen. Er werd verzameld bij De Switch in Beverwaard. Hier zocht iedereen troost bij elkaar.

Een bloedbroeder van Danny – een van de jongens die hem het langst had gekend – coördineerde de afscheidsdienst. Deze vond plaats in discotheek Ministry of Dance. Midden op de dansvloer lag Danny opgebaard. Vanaf het moment dat mijn vrienden en ik de zaal binnenkwamen schoten de emoties door ons heen. Enorm indrukwekkend was het. Er werd gesproken en er werden Feyenoord-liederen gezongen.

Na de dienst stroomde iedereen naar buiten. Als laatste droegen Danny's beste vrienden zijn kist naar buiten, de steile hoge trap af met Danny op hun schouders. Het was rauw, ongeregisseerd en enkel geleid door emotie en liefde voor Danny. Huilend zetten de jongens de kist in de wagen. Met Danny voorop vertrok de stoet richting De Kuip. Een colonne van enkele kilometers aan volgwagens, geëscorteerd door motoragenten, gaf veel bekijks. De mensen op straat moeten gedacht hebben dat er een staatshoofd of een filmster werd weggebracht.

Bij De Kuip vond de tweede herdenking plaats. Wij moesten met vijftig jongeren bij elkaar komen. Van enkele ouderen kregen wij de opdracht de pers uit de buurt te houden. Desnoods met harde hand. De kit zou een oogje dichtknijpen als wij op eigen wijze journalisten op afstand moesten houden. De groep was van een enorme omvang en de emoties liepen hoog op. We werden dan ook door de dienders met fluwelen handschoenen aangepakt. Zij wilden deze dag voor Danny zo goed mogelijk laten verlopen, zonder trammelant, en voelden de sfeer goed aan. We kregen zwarte banden om onze arm en waren zo herkenbaar als ordedienst.

De tweeduizend man namen plaats in De Kuip. Danny was een feestbeest en hij had geen sombere dag gewild. Harde dreunen van

In memoriam

housemuziek gingen door het stadion, terwijl mensen dansten, feestten en huilden tegelijk. De kist van Danny werd onder aan ons vak neergezet. Ook Feyenoord-spelers Igor Korneev en Paul Bosvelt namen deel aan de herdenking. Dit deed ons goed en gaf aan hoe populair Danny was in een brede kring. Het nummer 'Somewhere over the Rainbow' klonk en de emotie sidderde door de lijven van de aanwezige mannen en vrouwen. Hierna klonk het nummer 'Jump around' van House of Pain.

De aanwezige menigte, die een enorm kabaal maakte, moet voor vele omwonenden van De Kuip goed te horen zijn geweest. Ook buiten De Kuip hadden zich inmiddels grote groepen mensen verzameld. Mensen die, misschien soms terecht, een negatief oordeel over ons hadden zagen nu onze andere kant. Het vereren en herdenken van een overleden strijdmakker. De zichtbaar ontdane menigte was diep onder de indruk.

Na de herdenking in De Kuip vertrok de menigte in colonne naar de begraafplaats in Gouda. Niemand moest het wagen de colonne te onderbreken. In het stuk waarin ik meereed was dit een keer het geval. Een ongeduldige automobilist wilde zich ertussen proppen. Hij heeft dit met heel wat dreigementen en uiteindelijk een paar klappen moeten bekopen. Vandaag was de dag van Danny. En niemand moest het wagen die te verstoren.

Op de begraafplaats zocht iedereen troost bij elkaar. Iedereen gooide een mooi aandenken aan Danny in de kist. Ook werden er honderden flugelflesjes in het graf gegooid. Zo kon Danny boven nog even verder feesten, hielden we ons voor. Ouderen, jongeren en *long lost friends* waren aanwezig. Zo had Dragon het gewild. De hele dag was bizar geweest. Gefeest, gehuil en vooral de verering voor onze vriend. Op mijn jonge leeftijd was ik zwaar ontdaan. De diepe liefde en emotie die onze groep kon brengen werden die dag getoond. Deze kant was er dus ook.

Nog steeds wordt Danny door een groep jaarlijks herdacht. Ook zijn er verschillende jongens die ter ere van hem zijn portret of naam hebben laten tatoeëren. Hoe hij ook genoemd werd: Danny, Tomson of Dragon was een *topboy* van de hoogste soort. En zijn naam zal altijd klinken in onze groep.

Op een bepaalde manier had Danny's uitvaart de groep ook sterker gemaakt. Je leerde niet alleen het plezier en de kicks delen. Je leerde ook wat het was om samen verdriet te hebben. Het was een familiegevoel. Veel oud zeer werd tijdens crematies en begrafenissen vergeten en aan de kant geschoven. Er was verbroedering alom.

Udo van Aken

Udo en zijn kleinere broertje Jos waren jongens van het eerste uur binnen de RJK. Jos was een drukke en grappige gozer die altijd zijn mannetje stond. Ook Udo stond zijn mannetje, maar hij was anders. Hij was bescheiden en niet zo nadrukkelijk aanwezig als Jos. Udo was slim. Hij volgde een hoge opleiding en had een mooie toekomst voor de boeg. Wekelijks trokken wij erop uit om de mooiste avonturen te beleven. Udo was een vriend van mij en trok vaak op met het groepje van Hamid uit Zuid, Guido en Gabber uit Crooswijk, uiteraard zijn broer Jos en Hoopie, ook uit Rotterdam-Zuid.

Achteraf denk ik wel eens dat Udo in zijn stilte en bescheidenheid ons halvezolen met onze soms extreme acties observeerde. Hij schatte de situaties zo in dat hij alleen naar voren stapte als er slagkracht werd gevraagd. Doordat hij was wie hij was werd hij gerespecteerd en gewaardeerd. Ik kan me nog videobeelden herinneren van de kampioensrellen uit 1999 op het Stadhuisplein. Tientallen Feyenoorders propten zich door een smalle doorgang, terwijl de ME met knuppels op de vluchtende menigte inbeukte. Ook Udo kon geen kant op. Hij werd gegrepen door een ME'er. Met wilde trappen

In memoriam

verzette hij zich en bracht zichzelf in veiligheid. Hier kwam het 'als het moet dan moet het' bij Udo naar boven en hij was daar en op dat moment de hooligan die hij doorgaans niet was.

Op de zaterdagavond van 22 november 2003 waren we met een groep wezen stappen in Rotterdam Centrum. Het was een leuke avond geweest. Ik nam met het Hoogvlietse gezelschap afscheid van onder anderen Udo en Hamid. Handen werden geschud en we spraken af elkaar snel weer te zien. Hamid, Guido, Udo en een paar anderen trokken naar Zuid om daar bij een shoarmazaak op de Beijerlandselaan nog een biertje en een broodje te halen. Hamid bood Udo aan geld te lenen voor een taxi. Udo sloeg dit af, want naar zijn huis was het maar tien minuten lopen.

Vanaf de Beijerlandselaan stak Udo het grote kruispunt over dat naar De Kuip leidt. Toen hij richting zijn wijk Persoonshaven liep, ter hoogte van het Albeda College, had hij zijn vriendin aan de lijn. Opeens hoorde zijn vriendin een derde stem via de telefoon. Udo merkte op dat er iemand achter hem fietste en hem aansprak. Hierna werd de verbinding verbroken. Later bleek dat Udo was beroofd. Hij was ontdaan van zijn Lacoste-trui en zijn waardevolle spullen. Ook was hij meerdere keren gestoken. En hij was ter plekke overleden. Uit sporen is gebleken dat hij heeft gevochten voor zijn leven. Hoe kon het ook anders: hij was een Feyenoorder, een man.

De volgende ochtend hadden we met de harde kern een afspraak om een groepsfoto te maken. Het grootste deel van de harde kern was aanwezig, een paar honderd man. Ik werd onderweg naar de fotoshoot gebeld en hoorde het slechte nieuws. Het kwam aan als een mokerslag. Udo?! Ik had hem een paar uur geleden nog de hand geschud en welterusten gewenst. Ik kon het niet geloven. Dat was wel het geval bij zijn beste vrienden Guido, Hamid, Hoopie en zijn broer Jos. Zij waren dan ook afwezig bij de fotoshoot. De fotoshoot ging door, maar vraag niet hoe. Huilende mensen en ongeloof op de gezichten. We zochten steun bij elkaar. Wie was de dader? Iedereen was op alles voorbereid. Klaar voor alles. Oorlog, wraak, met gelijke munt terugbetalen.

Na de shoot trok iedereen naar de straat waar Udo was vermoord. Toen wij aan kwamen rijden lagen er al vele kransen, briefjes en bloemen op de plek waar het nog maar enkele uren daarvoor gebeurd was. Honderden mensen verzamelden zich. Mensen zochten troost. De tranen in de ogen van zijn beste vrienden waren hartverscheurend. Zijn broer Jos, verschrikkelijk was het voor hem. Om na 28 jaar je broer op zo'n manier te moeten verliezen.

De emoties liepen hoog op en de groep was licht ontvlambaar. Van de dader ontbrak elk spoor. Een vaag signalement was er wel: een lichtgetinte man op een fiets. In de wijken rond Zuid kan het spoken, vooral 's nachts. *All the animals come out at night*. Helaas was Udo een van deze *animals* tegengekomen.

De politie voelde de sfeer aan en maakte zich zorgen. Op afstand namen zij posities in. Toen er twee politiewagens aan kwamen rijden sloeg de vlam in de pan. De agenten werden belaagd en de achterruiten van de wagens werden ingeslagen met bakstenen. De huilende en woeste hooligans boezemden de politie angst in. Ze vertrokken snel en namen geen verdere maatregelen. Ze konden immers niets beginnen tegen de honderden mensen.

Direct werden er door ons commandogroepjes gevormd die hun eigen onderzoek startten naar de moord op Udo. We hebben heel wat mensen ondervraagd en onder druk gezet. Soms met woorden, soms met een mes of de loop van een pistool tegen hun kin. Dit was doorgaans niet onze werkwijze, maar nu was het oog om oog, tand om tand.

Een weeklang werd er gewaakt op de plek waar Udo gestorven was. Van 's ochtends tot 's avonds en 's nachts stonden tientallen, soms honderden harde kernleden en verwanten te waken. De plek was inmiddels een soort bedevaartsoort geworden, met een zee van bloemen.

De geruchten over een getinte dader zetten de verhoudingen op Zuid op scherp. Het was wij tegen de 'moslims' op dat moment. Ik wil vooropstellen dat wij niks hebben tegen wat voor bevolkingsgroep dan ook. Racisme komt niet voor in onze groep. Toch was dit de druppel. Marokkaanse jongeren die de buurten van Zuid terroriseerden, nergens respect voor hadden. Vrouwen werden beledigd, oudere Rotterdammers geschoffeerd. Dat probleem speelde toen al en gaat tot op de dag van vandaag door. We leefden langs elkaar heen en lieten elkaar met rust. Dat was nu voorbij. Als er oorlog gevoerd moest worden, *so be it*. Alles voor de eer van onze vermoorde vriend. Ook extreemrechtse invloeden en bewegingen kregen hier lucht van en roken hun kans. Deze doorgaans zielige mensen dachten zich nu aan te kunnen sluiten bij de harde kern van Feyenoord en zo eindelijk een vuist te kunnen maken tegen de straatterroristen. Ook verschenen er mannen van de extreemrechtse partij Nieuw Rechts. Snel werd hun duidelijk gemaakt dat zij weg moest wezen. Dit had niks met ras of afkomst te maken. Als het een Chinese dader was geweest hadden alle Chinese restaurants in de regio in brand gestaan. Nu was het zoeken in de hoek van de Marokkaanse, Turkse of andere afkomst.

Op de tweede of derde dag stonden wij opnieuw met een grote groep op de plek van de moord. Wij stonden te praten toen er een blauwe BMW met twee Marokkaanse twintigers en een klein meisje op de achterbank voorbijreed. Bij het passeren van de bloemenzee werd het raam opengedraaid en werd er iets geroepen. Ook werd er gespuugd naar de bloemen en kransen. De auto gaf daarna plankgas en reed weg. Wat deze varkens niet hadden verwacht was dat zij ongeveer honderd meter verder moesten aansluiten bij een rij wagens voor een rood verkeerslicht. Een zeker honderd man tellende groep zette de achtervolging in.

Eenmaal aangekomen bij de wagen werd geprobeerd de portieren open te krijgen. Deze zaten op slot, waarna het vakkundige slopen begon. Alle ramen werden vernield en door de ramen heen werden de jongens geslagen en geschopt. Alle haat en frustratie kwamen er op dat moment uit. Ik heb het hysterische, gillende gezicht van het meisje van zeven of acht jaar oud nog op mijn netvlies staan. Natuurlijk zouden wij ouderen, vrouwen en kinderen nooit wat aandoen. Zij werd dan uiteraard ook niet geslagen of belaagd. Maar dit meisje was dankzij haar twee 'voogden' in een benarde positie terechtgekomen en ook zij was bedolven onder het glas en moest de hele aanval over zich heen laten komen.

Met een baksteen in mijn handen liep ik naar de bijrijderskant. Ik keek in het gezicht van een doodsbange getinte jongen. Van twee meter afstand gooide ik met al mijn kracht de steen tegen de ruit. Die brak in duizend stukken en de jongen werd geraakt. Dit klinkt vrij extreem, maar als je vriend net is vermoord voor een trui en een paar centen telt enkel de emotie. Alleen daardoor werden wij geleid en we waren bereid ons leven te geven of de cel in te moeten als het zover zou komen.

Ongelooflijk dat mensen zo respectloos kunnen zijn als anderen staan te rouwen. Puur gebrek aan opvoeding en gezag als je het mij vraagt. Hoe vaak deze straatratten ook de baas waren door hun aantallen, in die dagen waren ze kansloos. Voor het eerst in geen velden of wegen te bekennen. Uit voorzorg voor mogelijk op komst zijnde rassenrellen werden alle shoarmazaken, koffiehuizen en islamitisch getinte ondernemingen door de politie gesloten of in de gaten gehouden. Dit was een wijs besluit, aangezien wij met honderden de Beijerlandselaan op trokken op zoek naar gerechtigheid. En dit alles gebeurde ook nog eens tijdens het islamitische ramadanfeest.

Hoe spannend dit was voor politie en justitie blijkt uit verschillende vrijgegeven rapporten op internet. Zij waren inderdaad bang voor rassenrellen, iets wat sinds begin jaren zeventig niet was voorgekomen in Rotterdam. Er werd gevreesd dat de rassenrellen over zouden waaien naar andere steden waar zich dezelfde straatterreur afspeelde. Hier volgen enkele stukken uit die rapporten:

> Justitie, politie en de gemeente Rotterdam hebben eind november vorig jaar alles uit de kast moeten trekken om grote rassenrellen in de stad te voorkomen. Uit een onderzoek van de Erasmus Universiteit blijkt dat de nachtelijke straatmoord op de Feyenoord-supporter Udo van Aken (28) de verhoudingen tussen allochtonen en autochtonen op Rotterdam-Zuid enige tijd op scherp heeft gezet. Van Aken werd in de nacht van 22 op 23 november op de Laan van Zuid doodgestoken, 's morgens omstreeks 06.00 uur. Al snel na het incident werd het bericht verspreid dat Marokkanen verantwoordelijk waren voor zijn dood. Volgens onderzoekers van de Erasmus Universiteit startte de politie daarop meteen een groot offensief. Om ongeregeldheden tussen Marokkanen en Feyenoord-supporters te voorkomen werd de stad 'blauw geverfd'. Daarnaast begon de politie een publiciteitscampagne om de aandacht van een eventuele racistische daad af te leiden. De onderzoekers schrijven hierover in hun rapport: 'Door het incident af te doen als een "simpele roofoverval" die door iedereen gepleegd had kunnen worden, werd geprobeerd de moord uit de raciale sfeer te halen en in de hoek van "zinloos geweld" te plaatsen.' De Regionale Inlichtingen Dienst (RID) kreeg een dag na de moord op Van Aken informatie binnen dat een grote groep autochtone Rotterdammers, voornamelijk Feyenoord-supporters, zich had verzameld op de plek waar de moord had plaatsgevonden. Volgens de RID wilde deze groep een nabijgelegen shoarmazaak bestormen. Een speciale politie-eenheid (de SBG), die in contact stond met de groep Feyenoord-supporters, wist een confrontatie te voorkomen. De volgende dag kreeg de politie informatie binnen dat Feyenoord-supporters zich onder suikerfeest vierende moslims wilden mengen. De moslims vieren traditiegetrouw op straat het einde van de ramadan. Op de Beijerlandselaan wilde, volgens politie-informatie,

een grote groep Feyenoord-supporters een vechtpartij met de moslims uitlokken. De politie nam opnieuw in nauw overleg met justitie en de gemeente Rotterdam maatregelen om gewelddadigheden te voorkomen. Koffiehuizen en moskeeën werden extra in de gaten gehouden. Internetverkeer tussen supporters onderling werd onderschept en ook hield de politie de activiteiten van extreem rechtse groeperingen in de gaten. Zij bleken de ontwikkelingen in Rotterdam op de voet te volgen en hadden op internet aangegeven 'geïnteresseerd te zijn' in een confrontatie met moslims. Gelukkig voor de politie kreeg een provocatieactie, waarbij afgehakte varkenskoppen bij een in aanbouw zijnde moskee werden opgehangen, weinig aandacht. De onderzoekers van de Erasmus Universiteit concluderen dat de storm uiteindelijk is overgewaaid door de goede informatiepositie van de politie in Rotterdam. 'De SBG heeft een sleutelrol gespeeld door als buffer tussen familie, supporters en de politie op te treden. De buurtagenten en anderen die op straat als "thermometer" dienstdeden, hebben ook belangrijke informatie vergaard.'

© *Telegraaf*

Het bovenstaande lijkt wel een soort hulde aan de politieaanpak. Feit is dat het onderzoek enige maanden later al gesloten werd. Waar andere moordzaken jarenlang terug blijven komen in het nieuws werd de zaak van Udo in de doofpot gestopt. De kans op rellen en het voorkomen daarvan was belangrijker dan een vermoorde jongen en zijn rouwende familie en vrienden die de waarheid wilden weten en gerechtigheid eisten. Grafjustitie!

Na een paar turbulente dagen was er de dag van de begrafenis. Tegen de duizend man, hooligans en normale fans, namen deel aan een eretocht vanaf de plek des onheils naar het voorplein van De Kuip. De voorste linie hield een groot spandoek vast met daarop RIP

UDO. Onder begeleiding van de kit werden de straten afgezet voor verkeer. Op het voorplein van De Kuip werden liederen gezongen en fakkels aangestoken. Het was indrukwekkend en dat verdiende Udo. Die aardige, rustige jongen. Waarom juist hij? Hij vermeed de grote risico's en wilde het ver gaan schoppen. Nu werd hij vermoord voor een paar rotcenten en een trui. Ongelooflijk zonde. Ik hoop dat hij zo nu en dan eens meekijkt en op zijn manier trots is op wat wij bereikt hebben.

Udo, *we love you*. Je vrienden.

Mitch Kalb

Het overlijden van Mitch Kalb maakte op mij uiteindelijk de meeste indruk. Hij was een jeugdvriend van mijn broer Remon. Mitch was ook bevriend geraakt met mij en de rest van de Feyenoord-jongeren uit Hoogvliet in die tijd. Mitch moet nu een engel zijn. Maar dan wel een met twee bokshandschoenen. Zo lief en vriendelijk. Maar als het moest...

Net als Mitch ben ik opgegroeid in Hoogvliet. Die stad heeft binnen de harde kern altijd een prominente rol gespeeld. Voor een plaats met 40.000 inwoners komen er verdomd veel gekken vandaan. Onder de rook van de Shell. Nog geen tien minuten van Rotterdam-Zuid. Ik hou van Hoogvliet. Net als van Zuid uiteraard, waar ik ook jaren heb vertoefd.

Mitch kwam dus ook uit Hoogvliet. Hij was beroemd en berucht. Op jonge leeftijd hoorde ik altijd de verhalen van mijn broer. Met een stevig postuur en lange blonde haren, tot halverwege zijn rug, was Mitch een niet te missen persoonlijkheid. Hij had veel charisma en altijd veel vrienden en vrouwen om zich heen. Iedereen mocht Mitch, ook wel Viking genoemd.

Met de afdeling RJK Hoogvliet die in 1998 werd opgericht terroriseerden we week in week uit Hoogvliet. Vanuit café THE Pool, waar we in de weekenden uithingen, trokken we een spoor van vernielingen door Hoogvliet. Boom, Baksteen, Balenhaak Ben, Randy, Roland en ik. Allemaal verschillende en vaak extreme persoonlijkheden. Wekelijks nodigden we jongens uit Zuid, Noord, Spijkenisse en Hellevoetsluis uit. Met een groep van doorgaans twintig tot veertig man vochten we met Antillianen, Turken, Kampers, Polen of andere lui die ons voor de voeten liepen. We hadden vrij spel en niemand maakte ons wat.

Ook werd THE Pool bezocht door de oudere garde Hoogvliet van de SCF. Hier hoorden onder anderen Marco, Jef, Erik en ook Mitch bij. Deze mannen ergerden zich wekelijks aan onze losgeslagen bende. Ze speelden een soort vaderlijke rol, waarbij een paar stevige woorden vaak genoeg waren. Soms werden er ook wel eens een paar tikken uitgedeeld, maar alleen als wij het echt te bont maakten en ook hen in de problemen brachten. Uiteindelijk stonden ze altijd naast ons wanneer het fout ging en er problemen waren met invloeden van buitenaf.

Erik was van de harde aanpak. Hij was een wereldgozer, maar maak hem niet kwaad. Hij was een goede vriend van mijn broer en daarom ontzag hij mij eerder dan een ander, denk ik. Velen van ons snotapen zijn wel eens door hem tegen de muur gezet of kregen een corrigerende tik. Mitch was daarentegen van de zachte aanpak. Met zijn plat Rotterdamse accent sloeg hij een arm om je heen en trok je naar zich toe. Hij maande je op die manier tot rust. Hij was zelf geen haar beter dan Erik, maar zij waren wat ouder dan wij. Ze gingen stappen om een feestje te bouwen. Wij gingen om te knokken.

Ik ben nu net zo oud als zij toen en voor mij is het ook stappen om te feesten geworden. Als je ouder bent word je milder. Je kent je krachten en toont die wanneer het nodig is. Ik kan nu wel begrijpen wat een plaag we waren voor de toen Hoogvlietse oude garde.

In memoriam

Inmiddels zijn we allemaal goede vrienden geworden en dat corrigeren is niet meer nodig nu we rond de dertig zijn.

Hoe vriendelijk Mitch ook was tegen ons, er gingen ook andere verhalen. Hij was ook een hoolie die nergens bang voor was. Ik herinner me nog een avond in THE Pool dat we een verschrikkelijke vechtpartij hadden met onze grote vijand op dat moment: Pernis. Ook hier kwamen mafkezen vandaan, wat voor keiharde gevechten zorgde. Er werd gesloopt, geslagen, gestoken en ondanks de vuurwapens in ons midden is er godzijdank niet geschoten. Binnen heersten chaos en totale anarchie. Ik heb op mijn netvlies nog Mitch staan die met een barkruk voorbij kwam stormen, met zijn blonde lokken die op en neer deinden op de stevige looppas die hij had. Hij maaide in het rond en sloeg op alles wat geen Hoogvliet was. De vriendelijkheid zelf. Daar een beest. Een ware Viking die zijn mannen beschermt, ten koste van alles. Door dit soort gebeurtenissen sloten wij Mitch in ons hart. We keken tegen hem op toen wij nog jong waren. Dat voelde hij niet, denk ik. Door de manier waarop hij met ons omging was het alsof we elkaar al twintig jaar kenden. Hij stelde ons op ons gemak en er was geen sprake van een generatieverschil als je met hem was. Ook Erik werd een goede vriend. We werden een. Afdeling Hoogvliet van de harde kern van Feyenoord. Later verhuisde ik naar Zuid. Wel zag ik Mitch en Erik nog regelmatig en het was altijd goed.

Ik woonde inmiddels al een tijd op Zuid en was aan het werk. Met mijn maat Dave reed ik door Rotterdam om aan de deur drank te bezorgen. We hadden dit bedrijf net opgezet en het liep goed; we waren in de weekenden doorgaans tot 18.00 of 19.00 uur op pad. Die vrijdagnacht was het koud en het regende, toen ik werd gebeld op mijn mobiel. Ik kan me niet meer herinneren wie mij belde, maar weet nog wel dat het een enorme shock was. Mitch was zwaar gewond! De rillingen liepen over mijn lijf toen ik de details hoorde en ik was vol ongeloof. Mitch, dat kan niet! Hoe dan? Hij werkte in de Rotterdamse haven en was, op onbekende wijze, in het ruim van een schip klem komen te zitten tussen het schip en de lading. Zijn lichaam was vanbinnen helemaal kapot gedrukt. Mitch was er heel slecht aan toe. Hij was overgebracht naar het Zuiderziekenhuis.

Dave en ik waren daar vlakbij en reden er zo snel mogelijk heen. Er waren meer mensen naar de parkeerplaats van het ziekenhuis gekomen en er werd gehuild en getroost. Niemand wist hoe het er in het ziekenhuis toeging. Wel hoorden wij dat de vooruitzichten erg somber waren. Na zo'n drie kwartier kwam het slechte nieuws: Mitch was overleden. Geschreeuw van ongeloof klonk over de parkeerplaats. Ik was misselijk van emotie. Onze held uit Hoogvliet die altijd een arm om ons heen sloeg en voor ons opkwam. Onze Mitch was niet meer.

De dagen erna verliepen in een roes. Elke dag werd er steun gezocht bij elkaar. Tot zijn begrafenis hebben er jongens voor het bedrijf in de haven gestaan waar Mitch was gestorven. Op de begrafenisdag zelf werd iedereen gevraagd om in het wit en lichtblauw te komen, de lievelingskleuren van Mitch. Ook werd iedereen gevraagd een witte roos mee te nemen. Alle mensen gaven hier gehoor aan en dat gaf een prachtig beeld. Vooral toen er honderden witte en blauwe ballonnen werden losgelaten en opstegen naar de hemel. Vredig was het, en toch niet somber. Mitch was een feestbeest en een positief mens. Hij zou het zo hebben gewild. De honderden witte rozen zorgden voor een plaatje om nooit te vergeten. Nu zag je hoe geliefd en populair de Viking was. Op zijn grafsteen stond kort maar krachtig hoe hij was en hoe wij hem altijd zullen herdenken: 'Hard werken, hard feesten, hard leven.'

In memoriam

Co

Ik leerde Co, ook wel Cootje, op een aparte manier kennen. Het was de dag van de kampioensrellen in 1999. Na een massale aanval op de politie zag die zich genoodzaakt het vuur te openen. Vier jongens werden geraakt, onder wie drie jongens van de harde kern. Ook onze vriend en RJK-lid Romano alias John van Loen werd geraakt. Hij was geraakt in zijn schouder en lag gewond op de grond. De bijnaam John van Loen had hij te danken aan zijn rode haardracht, die ook te vinden was bij oud-Feyenoord-spits en publieksclown John van Loen.

Ik heb later het hele verhaal terug kunnen zien op video, aangezien wij de ruwe beelden van de politie in handen kregen. Op de video zie je dat ik bedwelmd door een fles wodka om Romano heen draai. Ik loop te schreeuwen en te gebaren en roep om hulp. Ik word op een gegeven moment benaderd door een jongen. Deze maant mij tot rust. Ik geef hier absoluut geen gehoor aan en word nog wilder. Op dat moment krijg ik een kopstoot vol op mijn gezicht en sta ik te wankelen. Andere SCF-jongens komen tussenbeide. Later kwam ik erachter dat de jongen die mij de kopstoot gaf Co was. Een gerespecteerd SCF-lid en ervaren jongen. Zo werkt dat. Als jongere moet je jezelf vooral bewijzen en geen grote mond hebben of naast je schoenen gaan lopen. Ik was zestien en nog in de leer. Een harde les die mij naast de kater een nog zwaardere hoofdpijn opleverde. Ook zocht ik geen bescherming bij mijn oudere broer. Als hij mij zou helpen terwijl ik de klappen had verdiend, zou hij mijn positie verzwakken. Ik moest het op eigen kracht doen, zonder voorgetrokken te worden. Dat het nu precies Co moest zijn die mij de les leerde bleek later erg ironisch. Wij zijn vrienden geworden en ik vond het altijd leuk als ik hem zag.

In de wintermaanden was Co steevast gekleed in SCF-jas en -muts. In de zomermaanden werden deze vervangen door een SCF-shirt en pet. Co zag eruit een echte hoolie. En dat was hij ook. Midden jaren negentig was hij te zien in een interview op het voorplein. Met vijf SCF-jongens en één SCF-vrouw gaven ze een interview, met een sjaal of bivakmuts voor hun gezicht. Co was gewoon in zijn SCF-jas, -pet en zonnebril gekomen. Hij had het een en ander te vertellen over de haat tegen 020, die in die tijd zijn hoogtijdagen kende.

Of zijn goede vrienden Meurs, Menno, Hulle en Ponypack ervan op de hoogte waren weet ik niet, maar wij hebben nooit iets gemerkt van de narigheid waar Co in terecht zou komen. Het leven in de groep is mooi en warm. Het kan echter ook zwaar zijn. Uiteindelijk zul je er moeten staan als het moet. Gaat 's nachts de telefoon, dan denk je niet na. Je springt je bed uit, vrouw en kind achterlatend als het moet. Je reputatie opbouwen en bewaken. Ook als je ouder wordt moet je je niet de kaas van het brood laten eten door een weer nieuwe lichting. De stress na geweldsincidenten bij het uitgaan of bij het voetbal. De stress in de zin van lange celstraffen of wraak van deze of gene. Dat alles geeft druk. Druk die tezamen met persoonlijke factoren de druppel was bij Co. Hij was het zat en wilde rust. Een hand vol slaappillen moest hem naar die plek brengen. Je kunt een negatief waardeoordeel hebben over zelfmoord, maar ik denk niet dat dit terecht is. Die mensen zitten zo diep in de knoop, hebben zo'n intens verdriet vanbinnen dat zij nog maar één uitweg zien.

De dienst voor Co was wederom in De Kuip. Co werd met alle egards begraven en vereerd. Co, ouwe kopstootgever en vriend, het ga je goed daarboven, rust zacht.

In memoriam

Na het verhaal over Co wil ik eerbied betuigen aan een aantal andere overleden maten. Ook jullie zijn we niet vergeten, onze *Vatos*:

Vorage
Lange Ed
Ruud Spaans
Dolf
Gideon

Feyenoord till we die, and long after.

De PSV-ers stormen hun kroeg uit. Yoeri Kievits bevindt zich in de voorste linies (zie: 2003 – Best gek! pag. 161).

Op het station breekt de groep Feyenoorders langs de hekken en tracht bij de hoofdstedelingen op het voorplein van de Kuip te komen (zie: 020 – PSV, pag. 175).

OP STAP MET DE SPORT CLUB FEYENOORD

Kort vooraf

De SCF is, zoals bekend, de tweede generatie harde kern van Feyenoord. Hoe heftig de eerste generatie ook was, hoe ver de derde generatie FIIIR ook ging in hun acties, de SCF heeft nog altijd de meeste acties op haar naam staan. Ze waren de grootste. Van Holland en misschien wel van heel Europa. Doorgaans waren er 150 tot 200 man op de been. Als het spannend werd verdubbelden die aantallen met gemak. Niet alleen binnen Nederland ging het dan vaak mis. Ook in Europees verband waren de mannen zeer actief. Door de jaren heen waren er grote rellen met clubs als Manchester, Stuttgart, München Gladbach, Spurs en nog vele andere. Ik leerde deze jongens kennen via mijn broer. Remon liep al mee sinds seizoen 89/90 en was inmiddels door de wol geverfd. Ikzelf had *Hand in Hand* gelezen, een boek over de belevenissen van de SCF. Ik was dan ook op vroege leeftijd al geprikkeld door de verhalen over de rellen, support en de levenswijze. Het was in die jaren al onvermijdelijk dat ik uiteindelijk ook hetzelfde pad zou bewandelen. Als Pietje Bell en broertje van Remon, alias Kieft, leerde ik razendsnel wat het was om je mannetje te staan. Week na week. Stappen en knokken op vrijdag, stappen en knokken op zaterdag en vaak doorhalen naar zondag bij het voetbal, wederom knokken uiteraard. Alles wat ik als puber meemaakte was een groot avontuur.

Ik koester die jaren. Velen van de SCF-jongens zijn goede vrienden geworden. We delen lief en leed. Nog steeds is de band met mijn broer Remon, die mede gevormd werd door deze mooie jaren, enorm. Van 1998 tot 2001 heb ik heel wat leuke uitstapjes met de SCF meegemaakt. Hieronder kun je over een paar van deze trips lezen.

Wat een teringeind

Feyenoord speelt vandaag in het hoge noorden tegen Cambuur Leeuwarden. Het is vroeg op de dag en ik word op mijn werk gebeld door mijn broer Remon. Hij heeft een kaartje over voor de wedstrijd en vraagt mij mee te gaan. Ik moet een uur later op metrostation Slinge staan, waar ik zal worden opgehaald. Als Remon komt aanrijden zie ik dat hij naast Tjechische Wim zit, de chauffeur van vandaag. Ook Piet is erbij, met wie ik de komende uren de achterbank zal delen. Met genoeg bier en middelen gaat de reis vlot. Verhalen van vroeger worden verteld door Remon, Wim en Piet. Ik luister aandachtig en droom in gedachten over de gouden jaren die deze jongens mee hebben gemaakt.

Wanneer we in Leeuwarden aankomen spreken we af met Dimitri, Rich en nog wat anderen. Een magere groep heeft vandaag de moeite genomen: we zijn met vijftien jongens present. Al snel wordt er een plaatselijke Chinees uitgezocht. Daar wordt door sommigen een hapje gegeten, maar het gros zet de lijn van de heenreis voort en doet zichzelf te goed aan bier en dope.

Een half uur voor de wedstrijd vertrekken we richting stadion. De kroeg met de harde kern uit Leeuwarden zit daar vlakbij. Bij het zien van deze Cambuur-kroeg besluiten we met het kleine groepje naar binnen te gaan. Misschien om een biertje te drinken, misschien voor wat anders. Bij het betreden van het café hebben we meteen de aandacht van zo'n honderd Cambuur-hooligans. De 'uit de klei getrokken boeren' staan ons verbaasd aan te kijken. Wie waagt het om *ons* café ongevraagd te betreden, zie je ze denken. De spirit om hier wat aan te doen was er niet.

De SCF was na de confrontaties met 020 en de recente rellen tegen Manchester United (1998) zeer berucht in binnen- en buitenland.

De Cambuur-fans waren absoluut niet vergeten wat er in Beverwijk was gebeurd. Dit resulteerde in het feit dat we met veel respect behandeld werden en deze jongens wel uitkeken, met in hun achterhoofd mogelijke represailles. De wedstrijd zelf zou ik me niet meer kunnen herinneren. Het teringeind naar Leeuwarden met de mooie verhalen en het bezoek aan het Cambuur-café zal ik daarentegen nooit vergeten.

1999 – Studio Sport

Het is een koude, kille zondag en Feyenoord speelt vandaag in Utrecht. Mijn broer en zijn SCF-vrienden hebben kaartjes voor de Utrechtse tribune geregeld en mij gevraagd mee te gaan. Thuis moet ik een smoes verzinnen, want op mijn jonge leeftijd ben ik al aardig wat keren tegen de lamp gelopen als het gaat om voetbalgerelateerde zaken. Ik ga zogenaamd naar een zaalvoetbaltoernooi van mijn maat Guido, de rellenneger. Mijn ouders kijken argwanend, want ook zij weten dat er vanmiddag een wedstrijd in Utrecht is.

Rond 12.00 uur gaan wij op weg naar Utrecht. Achter het stuur zit Rich, hooligan van het eerste uur. Op de stoel naast hem zit Dimitri en achterin zitten ik, mijn broer en Cheese. Binnen de gelederen is dit geen misselijk gezelschap. Toch zijn we maar met zijn vijven, dus als de Utrechtenaren kwaad willen maken wij geen schijn van kans.

De sfeer in de wagen is opperbest. Er wordt het nodige gedronken en genuttigd door deze en gene en al snel bereiken we Utrecht. We parkeren de wagens bij het stadion. Nu even koppie erbij. Wanneer we het stadion naderen stuiten we op het voorplein op een groep van ongeveer twintig oudere jongens van Utrecht. Ze staan enigszins verbouwereerd te kijken bij het zien van de toch bekende vier Rotterdamse koppen. En een piepjonge hooligan in de vorm van mijn persoon. Wij passeren deze groep en wanneer we uit het zicht zijn uiten we onze verbazing over hun reactie. Dat was bij ons wel even anders gegaan, zeggen we tegen elkaar.

Wij nemen plaats op de lange zijde waar ook een van de uitvakken met Feyenoord-fans zich bevindt. Wij gaan uiterst rechts zitten. Uiterst links tegen het uitvak aan zitten honderden Utrechtse hooligans. Ze hebben ons op dat moment nog niet gespot. Inmiddels hebben we gezelschap gekregen van Jelle, een bijdehante jongen die met een valse perskaart de Utrecht-tribune op is gekomen. Wij zitten dus met zijn zessen tussen duizenden. Toch voel ik geen angst, maar juist zelfvertrouwen. Wat kan mij nou gebeuren, denk ik, moet je zien met wie ik op stap ben. Incasseren desnoods, rennen in geen geval.

Feyenoord scoort 0-1! We springen op en juichen alsof we in vak W of Z staan. Dit blijft niet geheel onopgemerkt en al snel krijgen we de uitnodiging om even het vak uit te komen en een blokje om te gaan. We verroeren echter geen vin. Maar later moeten we toch, om onduidelijke redenen, het vak verlaten. Clubstewards en politie leiden en escorteren ons langs de gehele lange zijde naar het Feyenoord-vak links van de lange zijde. We worden bespuugd en er wordt gescholden en gegooid. Dat we zelf constant uitdagen draagt daar natuurlijk aan bij. Aan het einde, als we bijna bij het uitvak aan zijn gekomen stormt er een grote groep Utrechtenaren naar beneden. Het komt tot een kleine schermutseling, maar de kit weet ons snel het uitvak in te proppen. Dit incident blijft niet geheel onopgemerkt bij mijn RJK-vrienden in de uitvakken. De zogezegde vlam slaat in de pan en er breken rellen uit. Stoeltjes worden vakkundig gesloopt en richting de Utrechtenaren gegooid. De wedstrijd wordt onderbroken en de chaos is compleet. Maar na overleg wordt besloten de wedstrijd te hervatten. Bij een staking zou de kans op ongeregeldheden nog groter zijn.

Doordat we in de uitvakken terecht zijn gekomen zijn we genoodzaakt met de combiregeling terug te gaan. Dit vindt Rich geen goed plan: hij wil gewoon met de wagen terug. Hij laat zich door niets of niemand tegenhouden. In zijn eentje loopt hij terug naar zijn wagen, met een persoonlijke escorte van een ME-bus met inhoud die stapvoets naast hem blijft rijden.

Bij thuiskomst moet ik mijn toneelstuk oppakken en vertellen hoe het zaalvoetbaltoernooi was geweest. Om 19.00 uur die avond is het tijd voor *Studio Sport*. Ik installeer me op bank. Tot mijn verbazing nemen ze uitgebreid de tijd om de rellende Feyenoorders even goed in beeld te nemen. Tot mijn nog grotere verbazing zie ik ook mijzelf flink tekeergaan. Ik hoop zo dat mijn ouders, die ook meekijken, het niet zullen merken. Godzijdank is dat zo. Ook als ik de dag erna nog eens in meerdere kranten te zien ben valt het ze niet op. Dat jaar zijn er nog een paar 'zaalvoetbaltoernooien', maar er is er niet een bij als deze...

Een middagje NAC

Ook voor deze spannende trip hebben we ons huiswerk goed gedaan. De groep van NAC staat erom bekend in eigen stad altijd zijn mannetje te staan. We hebben vandaag een goeie mix van SCF en FIIIR en zijn met zo'n 120 man. Echt een topgroep zogezegd.

We verzamelen vlak bij Breda bij een doe-het-zelfzaak. We hebben gedacht aan het feit dat deze op zondag open is: in de zondagse drukte vallen we niet op. Vanaf daar zetten we koers naar Breda, niet precies wetende wat ons daar te wachten staat. Na onopvallend met een stoet wagens door Breda te zijn gereden, komen we aan op de parkeerplaats en stappen uit. Ik kijk om me heen en weet het resultaat eigenlijk op dat moment al: maar weinig zouden ons op deze dag kunnen trotseren. Er zijn verschillende wapens aanwezig, waaronder biljartkeus, bezemstelen en golfsticks. Het gros van ons is echter ongewapend.

Bij het naderen van NAC-café 't Hoekske zien we vanaf zo'n honderd meter een groepje van ongeveer twintig Bredase spotters staan. Ze slaan meteen alarm en ik moet zeggen dat ze vechten als leeuwen. Bij het café zelf treffen we een qua aantallen gelijkwaardige tegenstander, maar zeker niet qua slagkracht. De groep Rotterdamse hooligans dendert over de NAC'ers heen. Ik sla met een golfstick op de ruiten van de kroeg. Als die golfstick finaal krom is gebogen ga ik verder met mijn vuisten. Ook Peppie gaat te keer met een golfstick. Ik heb er die dag twee uit mijn vaders golfset gepakt. De man had van zijn leven nog nooit een golfbaan gezien, maar laten we maar zeggen dat de set uit een container was gevallen. Het was een goed merk en mijn vader dacht wel even een financieel klappertje te kunnen maken. Maar nadat er twee van de sticks waren gesneuveld in Breda raakte hij tot op de dag van vandaag de set aan de straatstenen niet kwijt.

Er worden vuurwerk en stenen gegooid. NAC maakt geen schijn van kans en deze dag is dan ook als een nederlaag van NAC de boeken ingegaan. Bij de vluchtpoging wordt er welgeteld één Feyenoorder opgepakt. Onze Delftse Raver is de lul. Enkele uren later is hij alweer vrij. Het is die dag een Rotterdamse windhoos die zo snel als hij kwam en zijn sporen naliet ook weer vertrok. De kroeg werd direct daarna omgedoopt tot Wegrencafe 't Hoekske. Wat een dag was dat, een dag om nooit te vergeten.

2003 - Best gek!

Na lange voorbereidingen is het vandaag zover. Het plan is om buiten de combiregeling om in de binnenstad van Eindhoven te belanden. Iedereen is ingelicht en zal om 12.30 uur bij het CS van Best staan, zo'n tien kilometer van Eindhoven. De wagens worden daar geparkeerd en het laatste stuk van de reis gaat per trein. Iedereen is lekker opgefokt en klaar voor de strijd. Ik zie dat de groep vandaag niet erg groot is. Ongeveer vijftig man, voornamelijk FIIIR en zo'n tien SCF'ers, onder wie Dordse Fist, de Veenendalers en de Limbo's. Maar dit zijn jongens van het eerste uur, dus is het zelfvertrouwen groot.

De stamkroeg van PSV zit op nog geen 200 meter van de uitgang van Eindhoven CS, waar wij straks uit zullen stappen. Langzaam rijden we het station binnen. De capuchons en sjaals worden omgedaan, de paraplu's klaar voor gebruik. De deuren gaan open en we stormen als krijgers naar buiten. In een lange sprint het CS uit en direct richting doel, de tot de nok gevulde kroeg van PSV met zo'n 150 man binnen.

De enkele ME-bus met inhoud die er staat is compleet verrast. Tegen de tijd dat wij de kroeg bereiken, hebben deze mannen nog nauwelijks hun helm op. De voorste linie van zo'n twintig Feyenoorders beukt op de groep van PSV in. In deze eerste veertig seconden zijn de aantallen dan ook gelijk. Er vallen rake klappen over en weer en beide groepen gaan niet achteruit. De ME is inmiddels wakker geworden en beukt er flink op los. Hierbij slagen ze in hun doel de twee groepen te scheiden. Op dat moment staat er dus een overmacht aan PSV tegen vijftig Feyenoorders, met de linie ME ertussenin. Hier en daar wordt nog wat geprobeerd, maar het ergste is voorbij. Hierop besluit de Feyenoord-groep zich terug te trekken, het CS op. Tot onze verrassing komt er direct weer een trein aan, waar wij gauw in springen.

We komen tot de conclusie dat de enige optie is om ter hoogte van station Best aan de noodrem te trekken. Alles leuk en aardig dus, behalve dat Peppie niet het geduld heeft om tot Best te wachten. Schokkend en stotend komt de trein tot stilstand ter hoogte van een groot industrieterrein vlak bij Best. Daar lopen we dan op zondag op een compleet verlaten industrieterrein met vijftig verwilderde en bebloede hooligans.

Na een tijdje lopen komen we een beetje in de bewoonde wereld terecht. En daar worden we gespot door de ME. Ze jagen ons op, waardoor wij vluchtend over een snelweg op een Sinterklaasoptocht stuiten. Het moet niet gekker worden. Sommige jongens komen op het idee om zich te mengen in de Sinterklaasstoet. Het contrast tussen de moe gestreden hooligans en de vrolijk Sinterklaas vierende kinderen is wrang. Ikzelf heb met een paar jongens mijn toevlucht gezocht in de plantsoenbakken van een groot bedrijf. Ik houd mij muisstil in afwachting van…

Tot ik plots een vrouwenstem hoor die mij en mijn kameraden vriendelijk doch dringend verzoekt uit de bosjes te komen. We zijn toch ontdekt door de politie. Na mijn enkel flink gekneusd te hebben bij mijn vluchtpoging worden we eigenlijk best relaxed behandeld. Wel worden we als beesten in de *tie wraps* geslagen en ingeladen in de klaarstaande vee…uuuhhhmmm… arrestantentransportwagen. Maar ja, als dat nou het ergste is. De zorg is eerder dat wij weer eens drie dagen vastgezet en verhoord zullen worden.

Bij aankomst op het bureau van Eindhoven worden we met vijf man tegelijk in een cel gestopt. Naast ons zitten PSV'ers die ook gearresteerd zijn en dat zorgt voor de nodige verbale onrust in het arrestantenverblijf. Echt onder de indruk zijn we niet, want we hebben dit liedje al zo vaak gezongen. Er heerst dan ook een melige sfeer, die een vreemd geurtje krijgt wanneer ik een grote boodschap moet doen. Ach ja, op dat punt ben je de schaamte voorbij dus ga ik gewoon zitten. Mijn celmaat Blauw moet kokhalzen doordat hij de onfrisse lucht niet kan verdragen.

Na enkele uren worden wij vrijgelaten. Dat gaat niet zomaar; iedereen moet zijn wagen in Best laten staan en we krijgen onze eigen door de spoorwegpolitie geëscorteerde wagon. Tot Rotterdam toe. En ik kan je vertellen: het is misschien op een rare manier maar we voelen ons daardoor oppermachtig. Een resultaat behaald en ook nog een persoonlijke deur-tot-deur-behandeling van de kit. Wat zullen die ziek zijn geweest.

Retourtje Grijpskerk

Vandaag verzamelen we bij Station Alexander-Polder door de wedstrijd Groningen-Feyenoord. Verschillende jongens van de SCF en FIIIR hebben de afgelopen nacht maar weinig slaap gezien. In de trein trekt iedereen snel een blik open om in de juiste stemming te komen. De sfeer is uitbundig en iedereen heeft zin in deze lang geplande reis. De groep van Groningen heeft altijd al een reputatie gehad. Ze wordt zeer serieus genomen door de Rotterdamse delegatie.

In de trein wordt gedronken, geblowd en gesnoven. We trekken ons niets aan van de zondagsreizigers die het slechts enkele minuten volhouden in de wagons vol 'tuig'. We hebben dus al snel de halve trein voor ons zelf. Het nieuws dat we eraan komen is ons al vooruitgesneld. Als we na anderhalf uur aankomen op het station Zwolle staan onze blauwe vrienden op ons te wachten. De ME heeft al hekken geplaatst. Ze staan klaar met hond en lat.

We kunnen overstappen op de trein naar Groningen Centraal. Onze verwachting is dan ook dat we Groningen wel zullen halen. Maar vervolgens kunnen we bij aankomst door de Groningse kit worden teruggestuurd of gearresteerd. Onze verwachting komt half uit. Op een verlaten stationnetje, ergens in het boerenland van Groningen, stopt onverwachts de trein. Op het bord in het station staat Grijpskerk. Dit voor ons niets betekenende plaatsje blijkt ons eindstation.

Wij worden aangehouden door een paar peletons ME. Die zijn er duidelijk klaar voor. Iedereen werkt gedwee mee aan de arrestatie. Wat staat ons immers anders te doen? Moesten we uitbreken en ons verstoppen in de varkensschuur van boer Harm? We worden gefouilleerd en ingeladen in de al gereedstaande stadsbussen. Ook de ME zelf maakt de hele rit naar Rotterdam, die maar liefst drie uur duurt, mee. Onderweg wordt de ME flink getest op hun zelfbeheersing. De mannen krijgen talloze verwensingen en beledigingen naar hun hoofd geslingerd. Vooral onze hoolie Clyde, een donkere jongen met blonde pruik op, blijkt een enorme plaaggeest.

Ook het feit dat de ME'ers hun vrije zondag moeten opofferen om een stelletje raddraaiers naar huis te brengen, zal hen flink ergeren. Als we onderweg, onder toezicht van de ME, een plaspauze houden is dit voor het passerende zondagspubliek een bizar schouwspel.

Wanneer we Rotterdam binnenrijden zien we dat we richting Zuid koersen. Dit kan maar een ding betekenen: het arrestantenverblijf van De Kuip. Enkele minuten later rijden we inderdaad het terrein van De Kuip op. In groepjes van telkens vijf jongens worden we opnieuw gefouilleerd en licht ondervraagd.

Ook wordt onze foto genomen. Mijn foto is afschuwelijk. Met mijn haar alle kanten op en een kop die een weekend geen slaap heeft gezien. Daarbij komt het overmatige drankgebruik. Kortom, ik lijk op iemand die rijp is voor de Laurenskerk. Tot mijn grote afschuw duikt deze foto in latere jaren bij arrestaties en rechtszaken telkens weer op.

Na een paar uur cel worden we vrijgelaten. Door de lange opsluiting als vee plus de onthouding van een paar kouwe kletsers zijn we doodmoe. Iedereen stapt in zijn wagen of loopt naar het metrostation.

Zoals verwacht staan de kranten de dagen daarop weer vol met onze belevenissen. Er is veel aandacht voor Peppie, onze jongen van de FIIIR, wiens foto in menige krant is te zien. Geboeid en omringd door ME'ers voldoet ook hij aan het beeld dat veel Nederlanders hebben over de harde kern van Feyenoord.

Enkele weken later ontvangt de hele Grijpskerk-groep een stadionverbod van een halfjaar. Dit is voor ons compleet belachelijk. Er wordt bezwaar ingediend bij de KNVB. Door de ongegronde redenen van het verbod wordt het verbod nietig verklaard. De hele groep gaat vrijuit (zie pag.166-169). Maar het Groningse plaatsje Grijpskerk staat vanaf die bewuste zondag voor altijd in ons geheugen gegrift.

2003 - Kirkrich

Vandaag speelt Feyenoord tegen Roda in Kerkrade. Maanden van tevoren zijn er al voorbereidingen getroffen. Er is nauw overleg geweest met de afdeling uit Limburg. Uitvalswegen en verzamelplekken zijn meerdere keren doorgenomen. Rond een uur of twee vertrekken we richting het verre zuiden. Een flinke groep SCF en FIIIR is op komen dagen: in totaal zo'n honderd man.

Bij menige benzinepomp wordt een tussenstop gemaakt tijdens de lange rit. Daar worden vakkundig de vakken met etenswaren en leesvoer leeggetrokken, geheel volgens traditie. Na een rit van ongeveer drie uur komen we aan op de afgesproken parkeerplaats nabij Kerkrade. We worden daar opgevangen door een groep van vijftien Limburgers. Jongens als Limbo en Molukse Jan zijn ook aanwezig. Deze mannen hebben de tien jaar daarvoor de gelederen van de SCF versterkt. Nu trekken ze ook met ons, de FIIIR, ten strijde.

De Limburgers hebben het plan opgevat om de wagens langs het spoor in Kerkrade te zetten. Het gebied langs het spoor is flink bebost, dus daar kunnen wij ongezien parkeren en verzamelen.

TOELICHTING STADIONVERBOD en GELDBOETE

Aan u is door de deurwaarder een zogenaamd stadionverbod betekend.

Wat betekent dit stadionverbod voor u in de praktijk?

Bij de opsomming van de hiernavolgende voetbalwedstrijden die onder het stadionverbod vallen, dient u allereerst te bedenken dat dit stadionverbod niet alleen betekent dat u zich voor, tijdens en na afloop van één van deze voetbalwedstrijden niet in het stadion mag bevinden. U mag zich daarnaast ook niet in de buurt ophouden van een stadion, waarin een dergelijke voetbalwedstrijd wordt gespeeld. Voorts wordt opgemerkt dat het stadionverbod zich uitdrukkelijk niet beperkt tot voetbalwedstrijden van uw favoriete club.

Het stadionverbod geldt voor:

- alle voetbalwedstrijden in de Holland Casino Eredivisie
- alle voetbalwedstrijden in de Gouden Gids Divisie
- alle voetbalwedstrijden, in binnen- en buitenland, van het Nederlands elftal en andere vertegenwoordigende elftallen van de KNVB, zoals Jong Oranje
- alle voetbalwedstrijden in het kader van de Amstel Cup
- alle voetbalwedstrijden, in binnen- en buitenland, van Nederlandse betaaldvoetbalorganisaties in de Champions League, de UEFA Cup en de Intertoto-competitie
- alle overige voetbalwedstrijden, in binnen- en buitenland, waaraan een Nederlandse betaaldvoetbalorganisatie deelneemt

Geldboete

Indien een stadionverbod van tenminste 12 maanden wordt opgelegd, zal tevens (overeenkomstig het bepaalde in artikel 10.5 van de standaardvoorwaarden van de KNVB) een geldboete worden opgelegd:

- Voor personen in de leeftijdscategorie van 12 t/m 15 jaar bedraagt de geldboete € 100,00;
- Voor personen in de leeftijdscategorie van 12 t/m 17 jaar bedraagt de geldboete € 250,00;
- Voor personen van 18 jaar en ouder bedraagt de geldboete € 450,00.

Indien u de geldboete niet (in één keer) kunt voldoen, kunt u contact opnemen met Van der Hoeden/Mulder, gerechtsdeurwaarders te Amsterdam (020 - 597 55 55) om een betalingsregeling te treffen.

Wat gebeurt er als u zich niet aan het stadionverbod houdt?

Indien u zich in strijd met dit stadionverbod toch in of rondom een stadion ophoudt, riskeert u een gevangenisstraf van 6 maanden, een tweede (mogelijk langer) stadionverbod en een nieuwe (hogere) geldboete.

Indien sprake is van overtreding van een opgelegd stadionverbod wordt voor de eerste overtreding een geldboete opgelegd van € 900,00. Voor de tweede overtreding een geldboete van € 1.500,00 en voor de derde en elke volgende overtreding een geldboete van € 2.000,00.

Hoe kunt u bezwaar maken tegen dit stadionverbod?

U kunt uitsluitend schriftelijk beroep aantekenen tegen een stadionverbod. En wel door een aangetekende brief te versturen aan:

De Commissie Stadionverboden van de KNVB
t.a.v. de secretaris
Woudenbergseweg 56-58
3707 HX Zeist

In uw brief moet u duidelijk aangegeven waarom u het niet eens bent met het stadionverbod en/of de opgelegde boete.
In beginsel zal de Commissie Stadionverboden van de KNVB binnen 30 dagen een beslissing nemen en u daarover schriftelijk berichten.

LET OP:
- UW AANGETEKENDE BRIEF MOET BINNEN VEERTIEN DAGEN NA DE DATUM VAN BETEKENING VAN HET DEURWAARDERSEXPLOOT (STAAT VERMELD BOVENAAN DE EERSTE PAGINA) ZIJN ONTVANGEN. ANDERS WORDT UW BEZWAAR NIET IN BEHANDELING GENOMEN!!!
- ZOLANG UW BEROEP IN BEHANDELING IS BIJ DE COMMISSIE STADIONVERBODEN VAN DE KNVB BLIJFT HET STADIONVERBOD ONVERMINDERD VAN KRACHT!!!

Overige informatie

Meldingsovereenkomst

- De meldingsovereenkomst van de KNVB stelt u in de gelegenheid om de duur van het aan u opgelegde stadionverbod te verkorten. Alleen personen met een stadionverbod van een jaar of langer komen hiervoor in aanmerking. De KNVB beslist, in overleg met de politie en uw club, of u daadwerkelijk mag deelnemen aan de meldingsovereenkomst. Voor nadere informatie met betrekking tot de medlingsovereenkomst van de KNVB kunt u terecht op telefoonnummer 0343 - 499 222

Terugkombeleid na een stadionverbod

- bij een stadionverbod tot 12 maanden komt u na afloop in aanmerking voor een seizoenkaart;
- bij een stadionverbod van 12 tot en met 24 maanden komt u, indien u meewerkt aan een vrijwillige meldingsovereenkomst bij uw club/de KNVB, na afloop in aanmerking voor een seizoenkaart. Werkt u niet mee aan een vrijwillige meldingsovereenkomst bij uw club/de KNVB, dan kunt u na afloop van het stadionverbod voor eenzelfde periode als die is opgelegd geen seizoenkaart kopen. Wel kunt u gebruik maken van de losse kaartverkoop;
- bij een stadionverbod van langer dan 24 maanden of ingeval van recidive geldt dat u na afloop van het stadionverbod voor eenzelfde periode als die is opgelegd niet in aanmerking komt voor een seizoenkaart. Wel kunt u gebruik maken van de losse kaartverkoop.

Overige informatie

- Voor andere informatie kunt u zich schriftelijk wenden tot de KNVB, afdeling juridische zaken betaald voetbal, postbus 515, 3700 AM in Zeist.

Koninklijke Nederlandse Voetbalbond

Aan de heer Y. Kievits

Zeist 11 december 2003 Onderwerp Opheffing stadionverbod
Ons kenmerk JZ/CS/03-0161

Geachte heer Kievits,

Bij deurwaardersexploot heeft de KNVB u een landelijk civielrechtelijk stadionverbod opgelegd naar aanleiding van de melding die de KNVB heeft ontvangen dat u zich schuldig heeft gemaakt aan baldadig gedrag in de trein ter gelegenheid van de wedstrijd FC Groningen – Feyenoord op 2 november 2003.

De commissie stadionverboden is om haar moverende redenen van oordeel dat de maatregel van de KNVB, te weten het landelijke stadionverbod van 6 maanden, dat aan u bij deurwaardersexploot is aangezegd, per onmiddellijke ingang dient te worden opgeheven. Hierbij vernietigt de commissie stadionverboden de beslissing van de KNVB en beveelt de onmiddellijke opheffing van het opgelegde stadionverbod.

De commissie benadrukt dat deze beslissing enkel betrekking heeft op het stadionverbod dat aan u is opgelegd naar aanleiding van de aanhouding voorafgaand aan voornoemde wedstrijd.

De commissie benadrukt dat deze beslissing eventuele overige, bij deurwaardersexploot, opgelegde landelijke civielrechtelijke uitsluitingen (met daarbij eventuele boetes) onverlet laat en dat derhalve deze onverkort van kracht blijven.

De gemotiveerde uitspraak doen wij u binnen afzienbare tijd toekomen.

Hoogachtend,
KONINKLIJKE NEDERLANDSE VOETBALBOND
Commissie stadionverboden

Secretaris

Vanaf daar zal het ongeveer een kilometer lopen zijn naar de kroeg met Roda-aanhangers. De vluchtroute is ook al bepaald. Als alles loopt zoals gepland, springen we na de actie in de wagens en rijden we plankgas richting Duitsland. Dit is een rit van nog geen vijf minuten en dus ideaal. Bij het passeren van de Duitse grens zullen eventuele politiewagens hun achtervolging moeten staken: ze zijn niet bevoegd ons op buitenlands grondgebied te arresteren. Kortom, een goed in elkaar gezet plan. Nu de uitvoering nog.

Door de lange rit zijn we enkele wagens onderweg kwijtgeraakt. Dit heeft als resultaat dat we met zo'n zeventig man op de parkeerplaats staan. We besluiten om verder niet op te vallen. Na de wagens geparkeerd te hebben lopen we volgens plan de laatste kilometer, tot aan de Roda-kroeg. De Limburgers hadden ons verteld dat er zo'n tachtig man in het café kunnen zitten. Naast de vijftig van Roda krijgen ze ook nog versterking van het net over de grens liggende Aken. Deze Duitse skinheadgroep heeft al jaren nauwe banden met Roda en komt met liefde voor de wedstrijd tegen Feyenoord de grens over.

Wanneer we oversteken bij een spoorwegovergang hebben we het café meteen in zicht. Bij het oversteken steekt bijna de gehele groep een paar keien in zijn zak. Deze liggen voor het oprapen bij de rails. Met een simpel rekensommetje kom je op zeventig man keer drie keien. Dus gewapend met een goeie tweehonderd stenen vervolgen we onze weg. Buiten is het rustig, maar bij het gebrul dat gepaard gaat met onze aanval komen er toch wat Roda-mannen poolshoogte nemen. Bij het zien van onze groep schieten ze direct weer het café in.

We staan nu voor het café en de stenenregen begint. Binnen een paar seconden zijn alle ruiten kapot. We kunnen de groep van zo'n vijftig hooligans van Roda en Aken weggedoken achter tafels en stoelen zien liggen. Dit bombardement moet voor hen een ware hel zijn. Wij proberen het café binnen te komen, maar de groep Roda/Aken blokkeert de ingang. Omdat het niet lukt trekt een deel van ons zich terug. Wanneer een deel van de Feyenoord-aanhang uit het zicht is, op weg naar de wagens, komen de helden het café uit. Ongeveer veertig man, gewapend met knuppel en barkruk, komt richting de net zo grote overgebleven Feyenoord-groep. Er klinkt een strijdkreet en tegelijk zetten we de aanval in. De Roda/Aken-groep schrikt en zet het op het lopen, terug hun café in. Links en rechts worden de nodige Limburgse hoolies neergeschopt en voorzien van een gepaste behandeling. Mijn maat Gino krijgt een steekwond in zijn hand. Niet helemaal duidelijk is of die afkomstig was van onze bange tegenstander of een typisch geval van *friendly fire*.

De ME of politie is nog steeds in geen velden of wegen te bekennen. Iedereen rent terug en dan wordt de beroerde conditie van de jongens duidelijk. Kotsend en lijkbleek lopen de, soms zwaar drank en drugs gebruikende, hooligans naar hun auto. Ook de sportmannen onder ons hebben het zwaar. Dat is het effect van zo'n adrenalinestoot in je lichaam. Je geeft alles wat je in je hebt in een paar minuten. Daarna stort je in. Iedereen zit inmiddels in de wagens en scheurt richting Duitsland. Na een aantal minuten kleuren de verkeersborden dan ook prachtig groen. De kleur van de vrijheid.

We waren blij met het resultaat. Roda en die stinkmoffen finaal vernederd. Geen enkele arrestatie in ons midden. Wel baalde het groepje dat de rel niet mee had gemaakt. Bij de aanblik van die jongens kreeg ik bijna medelijden. De hele dag in de wagen en dan het uiteindelijke doel missen. Belg was een van deze mannen. Deze gretige jongen van de FIIIR wilde mijn verhalen over de succesvolle actie niet horen en vroeg mij dan ook of ik mijn muil kon houden. Dit weerhield mij niet om hem nog wat verder te sarren. Ach, ik en vele anderen hebben dit menigmaal meegemaakt en ik begreep dan ook goed zijn gevoel. Maar het eindresultaat was heilig: een klinkende overwinning en een bevestiging van onze macht op dat moment.

Het gebeurde ook vaak zat dat er een goede groep op de been was maar dat een confrontatie uitbleef. Dat waren altijd enorme teleurstellingen. Als je meemaakte dat het een paar keer achter elkaar gebeurde dan haakten sommige mensen af. Je bouwt een spanning op die uiteindelijk niet tot een climax komt. Toch heb ik aan sommige van deze dagen goede herinneringen overgehouden. Soms werden we van de weg gehaald door de kit. Soms reden we een fuik in en werden we onderweg gespot. En soms haakte de tegenstander af. In dat geval had je het gevoel van een morele overwinning. Je was er geweest, in hun stad, op hun terrein. Het niet komen opdagen of afspraken niet nakomen toonde de zwakte en angst van de andere groep.

Een korte epiloog: ik zit wel eens onzinnig te fantaseren dat er een film van mijn leven is. Ik zou die dan van tijd tot tijd kunnen terugspoelen om bepaalde ervaringen opnieuw te beleven. De eerste keer seks met een meisje. Je eerste biertje of blowtje. Het wordt immers nooit meer zo leuk of spannend als die allereerste keer. Bij mijn uitstapjes met SCF waren in de beginjaren verschillende 'eerste keren'. Dat vrije gevoel van toen was heerlijk. De rellen, gevechten en incidenten die daarna volgden waren nooit meer zo spannend als toen. Want hoe meer ervaring je opdoet, des te voorzichtiger je wordt in de risico's die je neemt. Als je jong bent ben je doorgaans losser en wilder dan later in je leven. Want dan ben je al regelmatig tegen de lamp gelopen en heb je het klappen van de zweep leren kennen. Ongelooflijke risico's hebben we gelopen als ik eraan terugdenk. Natuurlijk, ook in recentere jaren kwamen mijn vrienden en ik soms in hachelijke situaties terecht. Maar het was dan vaker toeval of het lot. In onze jonge jaren zochten wij deze hachelijke situaties wat meer op. Een week of weekend waarin niks gebeurde was saai. Het draaide om de spanning, de risico's. Alles bij elkaar kun je wel zeggen dat ik mijn 'opleiding' tot hooligan bij de SCF kreeg. En geloof me, een betere opleiding kun je je niet wensen.

Het enorme respect dat FIIIR heeft voor de SCF is wederzijds.

Ook zij zijn apetrots op ons, op wat wij hebben neergezet. Wij vervolgen hun overwinningen en successen in dezelfde lijn. Tot op de dag van vandaag. Nu zijn wij de SCF van toen en ook nu heb je weer een nieuwe Jongeren Kern. De RJK om precies te zijn. Ze hebben het wel zwaarder dan eerdere generaties omdat er niets meer mogelijk is. Toch zetten ook deze jonge jongens nog steeds alles op het spel om hun reputatie en eer, en dus ook die van ons, te verdedigen. Door de leerschool die wij hen meegeven zijn ook zij onbevreesd en onverslaanbaar. De mannen van het eerste uur, de SCF, de FIIIR en nu de RJK: vier generaties die samen een verwoestend leger vormen. Hechte vrienden en bloedbroeders tot het eind.

Kirkrich, het bombardement begint... (zie: 2003 – Kirkrich, pag. 165).

'Feyenoord till I die'.

Sfeertje op Varkenoord.

BEKERFINALES, ALTIJD LEUK

Sinds jaar en dag zijn Bekerfinales een gegeven in Rotterdam – lekker houden zo, zou ik zeggen. Tot 2005 was het eigenlijk een groot feest. Daarna werd het dankzij gemeente en politie een stuk strenger. In de jaren tachtig en negentig had je nog helemaal geen camerabewaking in Rotterdam. Dat is in onze tijd een beetje opgekomen, zo rond 2001, 2002. Tegenwoordig hangt er op elke hoek van de straat wel een camera en als we op de dag zelf niet worden gepakt is het wel een paar weken later, dan worden we zelfs van huis opgehaald. *It was good while it lasted*, zullen we dan maar zeggen.

020 - PSV

In 1998 ben ik veertien jaar oud. Ik proef in kleine mate al een of twee jaar van het hooliganwereldje. Vandaag spelen de Neuzen tegen PSV om de KNVB-beker in ons Rotterdam. Beter kan het eigenlijk niet. PSV heeft een redelijke groep in die jaren en stelt heel wat meer voor dan tegenwoordig. Hoe het met de Neuzen is gesteld spreekt voor zich. Een jaar na De Slag bij Beverwijk ligt de dood van Carlo Picornie nog supervers in hun geheugen. Ook zij zijn gebrand op een confrontatie.

Ik heb mijn maat Baksteen uit Hoogvliet net leren kennen. Ik kende hem al oppervlakkig uit de judowereld. We hebben elkaar ook op het voetbalvlak gevonden en stappen die ochtend samen in de metro van Hoogvliet naar Rotterdam-Zuid. Als we op Zuid aankomen staat er overal politie en ME, en een helikopter cirkelt onophoudelijk over de wijken van Rotterdam-Zuid. We lopen wat rond en komen overal groepjes Feyenoord-hoolies tegen, jong en oud. Er is een hoop gebeurd na Beverwijk binnen de SCF-groep. De rechtszaken en alles daaromheen hebben ertoe geleid dat veel SCF-mannen even aan de handrem hebben getrokken, totdat de storm is geluwd. En velen hebben de handdoek in de ring gegooid. De gebeurtenis in Beverwijk en de processen hebben daarnaast tot een enorme hype geleid in Nederland. Jonge jongens die geprikkeld werden door het hele gebeuren trekken wekelijks naar De Kuip, op zoek naar ongein. Ook zij willen het gevoel ervaren. Dit zorgt voor een enorme nieuwe aanwas die de jaren erna gestalte zal krijgen en de nieuwe lichting harde kern zal vormen.

Terug naar Baksteen. Hij heeft zijn naam te danken aan zijn enorme mobiele telefoon. Het ding stamt uit begin jaren negentig en is zo groot als een baksteen. Onze Baksteen is enorm trots op zijn bijnaam en zijn telefoon. Hij heeft hem dan ook jaren gekoesterd, om hem vervolgens in te ruilen voor een nieuwe telefoon, wederom baksteenformaat. Baksteen zou later afhaken, omdat hij de druk van groep niet meer aankon en het zijn privéleven begon te beïnvloeden. Toch heb ik goede herinneringen aan deze man. Echt gewelddadig was hij niet, maar de boel vermaken kon hij als de beste.

We lopen samen rond het stadion. Aan de kant van het Maasgebouw worden de PSV-aanhangers vermaakt. Met een dikke linie ME ertussen mogen de Neuzen het voorplein bezetten. Ons terrein. Wij kijken dan ook tandenknarsend toe, van enkele honderden meters afstand. Ik ben echt nog een pikkie, bijna een kind, en kan makkelijk manoeuvreren. De ME ziet mij niet direct als iemand die een groot gevaar vormt. En dat geldt ook voor de Neuzen, zoals zal blijken.

Ik loop door de ME-linie heen die de Neuzen scheidt van de Feyenoorders. Op het voorplein voeg ik me tussen de aanhangers uit de hoofdstad en plots merk ik op dat ik nog een groot gouden Feyenoordembleem om mijn nek heb hangen. Dit cadeau van mijn broer kan mij in grote problemen brengen. Ik ben weliswaar jong, maar oud genoeg om een pak slaag te krijgen. Ik stop de ketting in mijn sok en meng me onder de Neuzen.

In die tijd ben ik nog zo onervaren dat ik de gevaren niet zie – in het ergste geval moet ik het met mijn leven bekopen. Ik sta tussen de Neuzen vlak bij de ME-linie. Ik hoor een hard gebrul en zie dat een PSV-groep de Neuzen aanvalt. Van nog geen vijftien meter afstand zie ik PSV tekeergaan. Ik bevind me tussen de verkeerde partij, die nu ook losgaat. Nogal benauwend allemaal. Ik besluit naar de veilige kant over te lopen.

Door de incidenten zijn de linies van de ME inmiddels versterkt. Ik kan daardoor nu niet zomaar teruglopen naar de Feyenoord-groep, die zich op de brug boven het voorplein bevindt. Ik loop daardoor zeker nog een uur tussen de Neuzen in, wat ik op een gegeven moment echt spuugzat ben. Dan begeef ik me naar de groep Neuzen die tegen de ME-linies de Feyenoord-groep uitdaagt. Ik wacht mijn kans af. Zodra ik een groot genoeg gat zie tussen de ME'ers spurt ik ertussendoor. De ME'ers zijn verrast, maar besteden er verder geen aandacht aan. Ik ben weer tussen mijn Feyenoord-broeders en dat stelt me gerust. Ook zie ik Baksteen weer, die mij even had moeten missen. Hij moet lachen om de reden van mijn afwezigheid en vraagt of ik gek ben.

Het uitdagen wordt nu steeds heftiger. Een groep fanatieke Neuzen stormt de trap op, vanaf het voorplein de brug op waar wij staan. De ME ramt erop los om de wilde fans tegen te houden. Ook aan onze kant gaat het nu flink los. Ik heb een literfles cola in mijn handen die voor ongeveer driekwart gevuld is. Ik ren richting de groep Neuzen, die ongeveer vijftien meter van ons verwijderd is, maar kan vanwege de ME'ers niet dichterbij komen. Ik pak de fles stevig vast aan de bovenkant en werp 'm met al mijn kracht richting de groep. Als in slow motion zie ik de fles door de lucht vliegen. PATS! De fles spat uiteen op het gelaat van een van de uitdagers. De cola spuit in het rond en hij gaat gestrekt. Gejuich vanuit de Feyenoord-groep en woede vanuit de tegenstanders.

De ME heeft mij in het vizier. Ik sprint door de groep heen om er via de achterkant uit te schieten. Nu heb ik nog een sprint van honderd meter te gaan, daarna ben ik in redelijke veiligheid. Ik wil de wijken rond De Kuip in schieten, waar wij de baas zijn en de weg kennen. Ik sprint over het fietspad. Links van mij zie ik twee leden van de bereden brigade op hun paard, in een voor hen rustig tempo, om mijn enorme sprint bij te houden. Ze kunnen niet bij mij komen doordat er een vangrail tussen ons in ligt, maar ik hoor ze roepen: 'We gaan je pakken, mannetje.' Ik zit in een roes van adrenaline en heb het gevoel dat ik zweef, zo hard ren ik voor mijn vrijheid. De ruiters verhogen hun snelheid, om aan het einde van het fietspad positie in te nemen en mij te kunnen arresteren. Met nog twintig meter te gaan voor het einde van het fietspad, waar de twee ME'ers te paard klaarstaan, moet ik mijn plan trekken. Het fietspad is nog zo'n vier meter breed, dus zal ik tussen de paarden door moeten glippen. De eerste ME'er weet ik met een schijnbeweging te ontwijken. De tweede ME'er heft zijn lat in de lucht en laat hem met al zijn kracht neerkomen op mijn rug. De pijn voel ik dan nog niet.

Ik ren verder de wijk Feijenoord in. Ik heb een kleine voorsprong op de paarden, die niet erg wendbaar zijn in de smalle straten. Ik duik achter een elektriciteitshokje, dat omringd is door bosjes. Ik hoor de hoeven van paarden op de straat, nog geen twee meter van mij vandaan. Ik weet dat ME'ers nooit van hun paard mogen afstappen, en dat is mijn geluk. Na enkele minuten vertrekken de paarden en hun berijders en kom ik tevoorschijn.

Ik word geroepen door een paar ouden van dagen aan de overkant van de straat, die een biertje staan te drinken voor hun woning. Ze gebaren dat ik in de gang van hun woning kan schuilen tot het gevaar voor een arrestatie echt geweken is. Geweldig! Gebeurt alleen op Zuid. Prachtige mensen.

Bekerfinales, altijd leuk

Als het gevaar is geweken stap ik op de metro terug naar huis. Na deze actie heb ik een tijdlang een pijnlijke donkerblauwe streep op mijn rug. Dat deert mij niet. Ik heb er veel voor over om wekelijks van dit hele gebeuren te proeven, al moet dat gepaard gaan met verwondingen en arrestaties. Het hoort erbij.

Toen ik Baksteen enkele dagen later weer zag in Hoogvliet, vertelde hij mij dat mijn actie niet onopgemerkt was gebleven. Mensen hadden het erover en ik was apetrots. Het was de eerste echte actie waardoor ik opviel. Baksteen vertelde mij ook dat de Feyenoord-groep van rond de zestig man de hekken voor het spoor eruit hadden getrokken om zo via het spoor het voorplein te bereiken. De keien vlogen daarna het voorplein op. De Neuzen antwoordden door blikken bier en keien terug te gooien. Door een hek waren wij gescheiden van Neuzen, meer was niet haalbaar geweest die dag.

Wat een dag was het voor mij geweest. Hoewel het hooliganvirus mij al had besmet, had ik nu veertig graden koorts en was ik niet meer te stoppen – spreekwoordelijk dan. Na deze actie volgden er nog vele in de jaren erna. Toch zal deze actie, hoe jong ik ook was, mij altijd bij blijven.

PSV – Twente

De Bekerfinale PSV – Twente vindt in 2001 als vanouds plaats in Rotterdam. Feyenoord is in dat jaar al snel uitgeschakeld. PSV en Twente hebben het tot de finale geschopt en zullen elkaar treffen in een bomvolle Kuip. Voor ons is het ook een aantrekkelijke pot. Van PSV worden wij niet warm of koud, maar als je op het juiste moment het juiste groepje treft heb je best een leuk verzetje. Twente schatten wij wat hoger in en ons vizier is dan ook voornamelijk op de Tukkers gericht.

We verzamelen op Zuid. Ongeveer veertig jongens zijn in eerste instantie op komen dagen. Niet bijster veel, maar de vaste FIIIR-frontlinie is aanwezig. Met de trein vertrekken we richting het centrum. Al 's morgens vroeg waren er spotters van ons op de been. Deze jongens reden en liepen door de stad en schatten zo onze kansen in. Ook konden zij verdwaalde groepjes lokaliseren en dit doorgeven aan ons. Daardoor weten we inmiddels dat de Tukkers het hele stadhuisplein hebben bezet. Duizenden normale fans en zeker een groep van 150 man harde kern, afgeschermd door dranghekken met zwarte zeilen. Vanaf de buitenkant zie je dus niets, je hoort enkel het kabaal. Binnen en buiten de poorten staat de ME in linies opgesteld.

Wanneer we vanaf station Lombardijen aankomen op Station Blaak in Rotterdam Centrum lopen we richting het Stadhuisplein, waar de Twente-aanhangers nietsvermoedend staan te feesten. Kriskras door de stad komen we na een wandeling van vijf minuten aan op de Coolsingel, die grenst aan het Stadhuisplein. Schreeuwend zetten wij een looppas in. Ik weet niet of Twente op dat moment al doorheeft dat de aanval is begonnen, aangezien zij omringd zijn door zwarte zeilen. De ME maakt zich echter wel klaar voor een confrontatie.

Wanneer we voor het stadhuis staan gooien we alles wat voorhanden is over de hekken die de Twente-aanhangers beschermen. Keien, flessen en blikken bier moeten menige Tukker raken. Wij zien nu dat ook de Tukkers proberen uit te breken. Ze zijn natuurlijk woest over de regen van projectielen die over hen heen komt. Via de zijkant vallen we aan. Met de veertig man die we hebben vormen we een blok. We zijn niet met veel dus moet het snel en explosief. Uit alle macht trekken wij de hekken eruit. De ME doet wat ze kan en slaat en mept erop los. Wij dringen door, het Stadhuisplein op.

De normale Twente-fans hebben inmiddels plaatsgemaakt voor de harde kern. Klappen vallen over en weer en beide groepen gaan niet achteruit. In de frontlinie van Twente bevindt zich een groep aanhangers van Schalke 04. Een paar van deze jongens zijn gewapend met een mes. Dat laten ze duidelijk zien en ze gebaren dat ze

Bekerfinales, altijd leuk

de confrontatie aan willen gaan. Het gaat allemaal heel snel. De politiemacht krijgt nu steeds meer grip op de vechtende groepen en slaat ons terug, buiten de omheining. Hierna schieten we alle kanten op en zoeken een veilige plek om onze volgende stappen te plannen.

Het is een korte vechtpartij. Een echte confrontatie kun je het niet noemen, daar gaat het te snel voor. Toch is dit een mooi begin van een mooie dag. Wel zijn er enkele arrestaties, onder wie Delftse Adel. Wanneer we even later bij café Schieland, ongeveer een kilometer verderop, bij elkaar staan komt Adel alweer aanlopen met een grote grijns op zijn gezicht. Een dagvaarding mee naar huis en oprotten. Adel voegt zich weer bij de groep. Prima aanpak.

Dan komt er een bericht binnen dat PSV met een grote groep ter hoogte van de Media Markt loopt, aan het einde van de Lijnbaan. Zij hebben daar een kleine groep Feyenoorders getroffen met SCF-jongens. De ongeveer vijftien Feyenoorders moeten een groep van ongeveer tachtig PSV'ers zien te trotseren. Het komt tot een kleine, harde schermutseling, waarbij ook rake klappen vallen. De politie komt snel tussenbeide en scheidt de groepen.

Wij lopen terug naar de Coolsingel, waar we de tram pakken naar Zuid. We hebben het vermoeden dat de PSV-groep op weg is naar het stadion en met een beetje geluk stappen ze op de tram waar wij in zitten. Bij de tramhalte treffen we nog een paar dronken Tukkers. Ondanks hun zware minderheid zijn ze erg bijdehand. Waar drank in de man is vallen spaanders... en zo ook in dit geval. Clyde is het zat en geeft een Tukker een paar flinke stoten. Met een bloedneus druipt de Tukker met zijn gezelschap af.

We besluiten dat we beter de metro kunnen pakken om zo uit het zicht te blijven. Incident na incident – de politie heeft het er druk mee. De hele dag proberen ze ons op de voet te volgen. Ook de Limburgse hoolie Limbo heeft zijn eigen actie gemaakt. Hij rijdt in zijn wagen door Rotterdam tot hij een groep PSV'ers spot. Hij geeft gas, gaat het trottoir op en rijdt op de groep in. De boeren moeten springen voor hun leven.

Inmiddels zijn we aardig uitgedund: met nog 25 man zitten we in de metro. Dat deert ons niet, we zijn klaar voor wie dan ook, met hoeveel dan ook. Tot de laatste snik zullen we ons eigen grondgebied beschermen. Op metrostation Zuidplein stappen wij uit. We krijgen een telefoontje dat er verdacht veel wagens voor Ahoy staan geparkeerd. We lopen de trappen af van het station, dat praktisch aan Ahoy grenst. Inderdaad zien we veel commotie voor Ahoy. We trekken een sprint en als we aankomen zien we normaal volk, gekleed voor een avond uit. We kijken op het programmascherm en zien: EROS RAMAZOTTI IN CONCERT. We lachen en lopen terug.

Maar de drank is flink in de man onder onze jongens en een paar van ons besluiten uit baldadigheid de beveiligers van Ahoy eens even aan de tand te voelen. Na een woordenwisseling volgt een vechtpartij. De nog ongeveer tien jongens tellende groep beukt het driekoppige beveiligingsteam in *no time* in elkaar. Ik sta van een afstand toe te kijken en moet onophoudelijk lachen. De hele dag zuipen, knokken en gek doen. De mafste gebeurtenissen zijn al de gehele dag gaande. En nu dit: een aanval op het Eros Ramazotti-concert. Ik zie de krantenkoppen van de volgende dag al voor me.

Als de tien vechtersbazen ook teruglopen en zich halverwege het plein bevinden komen er plots zo'n vijftien beveiligers Ahoy uit lopen. In een linie lopen ze op de jongens af, die zich vijftig meter verder bevinden. Deze trekken gelijk de keien uit de straat en gooien die richting de naderende tegenstanders. Hierop volgt wederom een flinke knokpartij.

Sirenes gillen van alle kanten en de Feyenoorders rennen voor hun vrijheid. Ook ik maak mij uit de voeten en loop de wijk Charlois in, waar ik kan opgaan in de mist. Andere jongens zijn inmiddels weer op de metro gesprongen. Leonardo, Jos en Hamid zijn daar ook bij. Hamid krijgt een telefoontje dat er veel politie staat bij het volgende station, Leuvehaven. Uit paniek trekt een van de jongens aan de noodrem. Leo, Jos en Hamid maken de deuren open en springen uit de metro in de tunnel. Ze verwachten lopend langs de voorbij razende treinen naar een veilig station te kunnen lopen. Na enkele meters blijkt echter dat dat er in de tunnel geen hand voor ogen te zien is. Dit is te gevaarlijk, dus springt het drietal weer op de metro.

Bij station Leuvehaven staat inderdaad een grote hoeveelheid politie. Leo, Jos en Hamid zijn slim. Ze scheiden zich van de rest van de groep en gaan rondom een dame voor in de metro zitten. Nietsvermoedend stapt die met haar gezelschap uit de metro terwijl de politie gefocust is op de ongeveer vijftien Feyenoorders halverwege de metro.

Na de wedstrijd en 's avonds bleef het verder rustig. Her en der werd er nagedronken in de kroegen. Ook ik haalde nog een afzakkertje. Ik kwam Delftse Adel tegen en deze onverbeterlijke man was voor de tweede keer opgepakt en vrijgelaten, wederom met een dagvaarding. Hilarisch, en dit maakte de dag perfect. Laat ze alsjeblieft nooit de Bekerfinale van ons afpakken. Die hoort hier, in Rotterdam.

2005/2006 Bekerfinale PSV – FC Twente

Het is de dag van de bekerfinale PSV – FC Twente. We staan met zo'n 25 jongens bij Rotown op de Nieuwe Binnenweg. We zijn met enkele SCF'ers, FIIIR en wat nieuwe aanwas. Niet de groep die je nodig hebt op zo'n dag. Na enkele koude kletsers in een heerlijk zonnetje krijgen we het bericht dat een enorme groep FC Twente-aanhangers vanuit de stad richting Zuid loopt. Deze groep schijnt de omvang te hebben van ongeveer tweehonderd man.

We komen in beweging om te kijken of we iets kunnen forceren. We ontvangen een telefoontje van Blauw. Hij en Cabo willen via de Willemsbrug van Zuid naar de stad rijden. Wanneer hij de brug op rijdt is de gehele weg bezet door de Twente-groep.

Stapvoets banen Blauw en Cabo zich een weg door de groep. Blauws hart slaat over. Hij probeert geen oogcontact te maken. Iedereen kan wel raden wat een groep van tweehonderd man met een auto met twee Feyenoorders kan doen. Maar dit loopt gelukkig goed af voor de jongens. Het is echter een sterke groep. Naar verluidt is al het tuig uit Enschede en omstreken opgetrommeld. Ze zouden aanvulling hebben van de nodige sportscholen en hun leden. Hoe pijnlijk ook in eigen stad, hier is geen beginnen aan. Dus wordt er richting Zuid getrokken om daar een enorm zuur biertje te drinken en vervolgens huiswaarts te keren.

Een korte epiloog: het was inderdaad leuk zolang het duurde. De laatste absurditeit rond de Rotterdamse bekerfinales is dat burgervader Abouthaleb heeft aangegeven dat fans uit de hoofdstad niet welkom zijn in De Kuip. De Neusjes vonden dat niet eerlijk. Er werd bezwaar aangetekend. Daarop is besloten dat de wedstrijd over twee keer werd gespeeld: een in de hoofdstad en een bij ons thuis in Rotterdam. Wij waren de dupe. De eerste wedstrijd werd afgewerkt in Rotterdam en de tweede bij hen. Wij moesten het hebben van een wedstrijd en daarin moesten wij optimaal presteren, pieken eigenlijk. De meeste duels werden in ons nadeel beslist en voetballend waren wij vaak minder, in tegenstelling tot daarbuiten overigens. Over twee duels zouden wij geen kans maken en dus vooral niet als wij eerst thuis en daarna uit moesten spelen. Kortom, het is een beetje klaar met de Bekerfinales. De randverschijnselen bedoel ik dan. De fantastische sfeer die een volle Kuip met zich meebrengt kan gelukkig niemand verbieden.

Een PSV-er gaat finaal knock-out (zie: Best gek! pag. 161).

De ME scheidt de groepen van Feyenoord en PSV (zie: Best gek! pag. 161).

Gino S. en Yoeri Kievits in hun piepkleine hutje op de ferry (zie: De Newcastle-trip, pag. 119).

EEN GEWELDDADIG TINTJE

Republik Maluku Selatan

Ras en afkomst spelen bij ons geen rol. Surinamers, Turken, Marokkanen, Antillianen, alles is aanwezig. Ook onze Molukse afdeling is er een om rekening mee te houden. Ik ben ervan overtuigd dat er in de hele Nederlandse voetbalscene geen gekkere Molukkers rondlopen dan bij ons. Wel vind ik het heel apart dat sommige neven en ooms uit dezelfde families bij verschillende hooligangroepen in Nederland horen. Bij een eventuele confrontatie is er uiteraard respect voor het familielid. Bij deze jongens is het eergevoel torenhoog. Ze hebben met ons gemeen wat ze met de doorsnee Hollander niet hebben: een groot gevoel voor eer en trots en de dwang die te allen tijden te verdedigen. In het geval van de hooligans betreft het de gemeenschappelijke eer van Feyenoord en ons Rotterdam. In onze Molukse afdeling zitten een paar van mijn beste vrienden.

Binnen alle generaties Feyenoord-hooligans hebben de Molukkers een prominente rol gespeeld. Net zoals door heel Nederland bij elke harde kern zich wel een groep Molukkers bevindt. Met de landelijke afdelingen van Capelle, Krimpen en Alphen waren wij meer dan goed vertegenwoordigd in Nederland. We hebben de acties van Paays, eerste generatie hooligan en berucht onder de jongens. En dan zijn er ook Reza en Errol. En Jan uit Maastricht, een beer van een gozer. Yordi en natuurlijk Waldo, een dove jongen en zeer geliefd. Ondanks zijn doofheid werd hij toch door iedereen begrepen. Met zijn gebaren en geluiden kon hij zich prima redden. In grootschalige gevechten maakten zijn andere zintuigen het gebrek aan gehoor meer dan goed.

De Molukkers zijn een strijdbaar volk. Ze hebben altijd gevochten tegen onderdrukking en voor vrijheid en onafhankelijkheid van Indonesië. Het zit hen in de genen. Ook de Nederlandse Molukkers bezitten die genen. Eer, trots en altijd gaan voor je broeders. Bij onze FIIIR kregen wij rond 2001 te maken met een delegatie Molukkers. We maakten toen kennis met Daan, Gino, Emus, Robin en Ta Ta Junior. Deze derde generatie Molukkers deed, net zoals wij, al jaren mee met de onlusten in en rond De Kuip. Toch hadden wij nog niet eerder officieel kennisgemaakt. Wel hadden wij elkaar na rellen en vechtpartijen herkend. Zo was Daan, rellend met SCF-muts en gekleed in het zwart, mij al diverse keren opgevallen. Met zijn flinke postuur en onbevreesde gedrag won hij al snel ons respect.

Ook Gino S. was er vanaf de eerste ontmoeting bij. Gino was een doodvriendelijke gozer. Zeer sociaal en bescheiden, soms wel een beetje te. Hij had heel wat meer in zijn mars dan hij deed voorkomen. Ik heb hem op momenten dat het veel jongens te heftig werd toch zijn mannetje zien staan. Wij zijn nog steeds goede vrienden. Gino S. heeft inmiddels de kerk gevonden en zich gericht op de Bijbel. Maar hij is en blijft een maat en ik respecteer zijn keuze. Hij heeft mij dan ook geen enkele reden gegeven waarom ik dat niet zou doen. Nog steeds toont hij interesse in zijn vrienden en hij bezoekt Feyenoord plus de dingen daaromheen. Hij zal zijn vrienden nooit verloochenen. En wat ik nou zou mooi vind aan deze *fighting monk*, is dat – mocht hij op een plek staan waar wij zouden worden belaagd – hij nooit een stap achteruit zal doen.

En dan was er ook nog Emus. Die was van het slag 'gek plus'. Hij was niet groot, maar daar merkte je niks van. Groot of klein – uiteindelijk gingen zijn tegenstanders allemaal gestrekt, *one way or the other*. Ook maffe Robin en oersterke Berry die ook een tijd hebben meegelopen. Toen later Ta Ta Junior er nog bij kwam was het gezelschap compleet. In combinatie met de gelegenhiedshoolies die ze meebrachten miste je ze als ze er niet waren.

Wij waren dan ook verheugd dat we binnen FIIIR de Molukse tradities konden voortzetten. Ook bij de huidige RJK bevinden zich weer verschillende jonge Molukkers uit diverse wijken in Nederland. Ik schat in dat dit altijd zo zal zijn en dat er altijd een warme band zal blijven. We zullen samen nog vele jaren ten strijde trekken!

Geen rechts, geen links

Met skinheads hebben we een zeer gewelddadige historie. Het racisme dat zij vertegenwoordigen kunnen we niet verdragen of tolereren. Ze ondervinden trouwens overal, in elke stad en ieder dorp, tegenstand. Dus ook bij ons. Onze laatste confrontaties zijn alweer van jaren geleden. Maar ohoh, wat ging het hard tegen hard.

Toen we een jaar of twintig waren bestond er al langere tijd een vete met een groep skinheads die rondhing in Vreewijk op Rotterdam-Zuid. Op een avond liepen wij het huis van een van onze jongens uit. Het huis bevond zich 'toevallig' op nog geen honderd meter van de hangplek van de *skinnies*. Een keiharde confrontatie volgde. Ze boden zwaar weerstand. Aan beide kanten vielen gewonden. Uiteindelijk lagen ze wel gestrekt in de tuinen van de pittoreske volkswijk. Ikzelf had een donkerblauwe plek op mijn bovenbeen. Ik kreeg er van twee meter afstand vol een baksteen op. Maar goed, liever daar dan een meter hoger. Ook miste ik achteraf de zool van mijn rechterschoen. Ik had die blijkbaar verloren bij het potje 'trap de skinny in elkaar'.

Zo nu en dan waren er demonstraties van deze skinheads in Rotterdam. Hier volgt een verhaal over zo'n treffen met hen.

Het is vandaag een koude zaterdag in januari. Feyenoord speelt niet, maar toch is de harde kern bijeen. De bijzondere reden daarvoor is dat vandaag de neonazi's in Rotterdam demonstreren. In de stad zijn deze keer ook extreem linkse demonstranten aanwezig. Een slimme zet van de kit is om de rechtse demonstranten in Rotterdam-Zuid te houden. Op een afgelegen parkeerplaats ergens op Lombardijen mogen de skinnies hun ding doen. Deze tweehonderd man, van wie sommigen in complete uniformen en met Hitlersnorretje, maken zich in onze ogen compleet belachelijk. Onder het toeziend oog van de ME en wat pers is deze groep geheel afgesloten. Maar wij accepteren geen racisme in Rotterdam en voelen ons verplicht op te treden. Het rechtse element binnen de Feyenoord-groep is in de jaren tachtig al uitgestorven. Hier en daar zijn nog enkele *diehards* te vinden, onder wie Rich. Toch is deze eerste generatie hooligans anders dan de skinheads die vandaag uit Nederland, Engeland, België en Duitsland zijn gekomen. Rich was geen racist maar een nationalist. Hij was trots op zijn afkomst. Rich heeft zeker zijn rechtse ideeën, maar heeft in zijn loopbaan toch ook zij aan zij gestaan met donkere jongens binnen de groep. Er is dan ook sprake van acceptatie en respect voor elkaars mening en standpunt. Tenzij die kwetsend was voor de ander uiteraard. De Feyenoord-groep bestaat werkelijk uit alle nationaliteiten. Voor extreem rechts is dus – net als voor extreem links – geen plaats binnen de groep.

Op station Lombardijen verzamelen wij. We staan met ongeveer tachtig jongens klaar. We besluiten te gaan lopen en kijken wat er mogelijk is. De skinnies staan hemelsbreed op nog geen vijfhonderd meter van ons af. Tussen hoge gebouwen en omringd door ME, verzameld op de parkeerplaats. Aldus de berichten van onze spotters, we zien de skins zelf nog niet.

Wanneer we de parkeerplaats naderen is het tijd voor een plan. We besluiten via een park naar de kaalkoppen toe te gaan. We beginnen te lopen terwijl de kit ons nauwlettend in de gaten houdt. Omdat het park niet dik bebost is kunnen zij dit vanaf de weg doen, zodat ze bij ongeregeldheden direct kunnen ingrijpen. Het plan om via het park aan te vallen blijkt bijna onmogelijk.

We zijn al tot stilstand gekomen als een klein groepje ons nadert. Van een afstand herkennen we de Lonsdale-kleding. Conclusie: rechtse sympathisanten. Dit groepje heeft weinig keus en kan niks anders dan ons tegemoet lopen en hopen op een vriendelijke bui van onze kant. Dit is uiteraard niet aan de orde: de skinnies worden finaal in elkaar getrapt. Ik zie onze Molukker Emus een skinhead een ware behandeling geven. Voor gekleurde jongens ligt het nog net iets gevoeliger dan voor ons. Een skinhead wordt als een voddenpop het park door wordt getrapt door de Molukse afdeling.

De ME komt daarop direct in actie. Ze stormen door de bosjes heen, het park in. Doordat wij alleen de openbare weg op kunnen vluchten, die ook nog eens afgesloten is voor verkeer, zijn wij snel de sjaak. Enkelen kunnen nog ontsnappen, maar uiteindelijk zitten we toch met zo'n vijftig man op onze knieën in het gras langs de weg. Stuk voor stuk worden we in de *tie wraps* geslagen en ingeladen in de grote arrestantenbus.

In eerste instantie worden we overgebracht naar het terrein rond De Kuip. Daar moeten we in de bus blijven zitten tot er een beslissing wordt genomen over wat ze met ons gaan doen. Zeker zes uur lang laten de ratten ons zitten. We krijgen niks te eten, zelfs geen bekertje water kan eraf. Als klap op de vuurpijl bestellen de blauwe ratten rond een uur of zes bakken met Chinees. Midden in het gangpad van de arrestantenbus worden deze genuttigd. De walmen uit de dampende bakken met voedsel dringen door tot in onze bus. Deze vorm van pesterij valt bij ons niet in de smaak. We hebben er dan ook voor gezorgd dat deze agenten zelden in hun leven zo onder verwensingen werden bedolven, en zeker niet op een moment dat zij aan het avondmaal zaten.

Uiteindelijk worden we met z'n allen vervoerd naar bureau Haagse Veer, in Rotterdam Centrum. Alleen daar is plek voor de zeer grote groep arrestanten. Iedereen wordt ontdaan van zijn bezittingen en naar zijn eigen cel gebracht. We zitten dan dus met veertig man in een arrestantenverblijf. De andere tien worden naar bureaus in Spijkenisse en Hellevoetsluis gebracht.

Het is een complete chaos die eerste nacht. Ik zit naast Leo uit Dordrecht. Deze SCF'er van de tweede generatie heeft een jarenlange ervaring. Hij is van het slag dat het nooit af kan leren. Ondanks zijn veel oudere leeftijd trekt hij nog wekelijks ten strijde voor zijn geliefde Feyenoord. Door hard te schreeuwen kunnen we enigszins communiceren. Ik imiteer een scène uit de film *Braveheart*. Hard schreeuwend, alsof ik voor mijn Schotse leger sta, vermaak ik de jongens op de afdeling. Na de film zeker honderd keer te hebben gezien kan ik de tekst en het Schotse accent inmiddels bijna perfect nadoen. Je moet wat, buiten de drie walgelijke maaltijden. En vergeet ook niet de *Aktueels*, *Story's* en *Panorama's*, die door menige arrestant tot een vies plakkerig geheel zijn verworden.

Na de eerste nacht word ik van mijn cel gehaald om te douchen. Ik krijg een tandenborstel en handdoek en loop de doucheruimte in. Geweldig om te zien dat de gehele ruimte gevuld is met hooligans. Melig en uitgelaten staan de jongens hun tanden te poetsen en te douchen. Hierna worden we gelucht en staan we in groepen van tien man op de binnenplaats. Er zijn wel eens meer vervelende arrestaties geweest, waarbij je gewoon niet wist wat je kon verwachten. Maar in dit geval was er zo goed als niks gebeurd en zijn we met z'n veertigen. Iedereen zit in hetzelfde schuitje en we maken er het beste van. Zelfs de bewaarders krijgen we op onze hand. Heimelijk staan ze achter onze actie om de extreem rechtse betogers aan te pakken. Door onze platte humor kunnen de bewaarders nauwelijks in hun rol blijven.

Na nog een keer verhoord te zijn laat een rechercheur weten dat we zeker nog een nacht moeten blijven. Onder de arrestanten zitten namelijk geen lieverdjes. Sommigen hebben een ellenlang strafblad en voor één persoon geldt zelfs een opsporingsbevel.

Ook die tweede nacht is het weer een dolle boel en wordt de bewaarders weinig rust gegund. Na de volgende ochtend weer dezelfde douche en binnenplaats te hebben bezocht, worden we een voor een vrijgelaten. Rond het avondeten sta ik buiten. Gelukkig brengt Brouwertje mij naar huis, waar mijn eigen bedje op mij wacht. Als ik mijn telefoon aanzet komen de berichten achter elkaar binnen. Ook mijn vader is laaiend. Ik besluit hem gelijk op te bellen en gerust te stellen. En zijn terechte gezeur aan te horen natuurlijk. Ik leg uit dat ik een hekel heb aan racisten en dat ik geen neonazi's tolereer in Rotterdam. Mopperend gaat mijn vader de discussie aan. Maar ik bespeur bij de beste man, die de oorlog nog heeft meegemaakt, toch een klein beetje begrip.

Met een voldaan gevoel ga ik die avond naar bed. Wat een avontuur! Fuck politiek! Geen rechts, geen links, maar enkel Feyenoord is wat bij ons telt.

Oefenen in klein Marokko

Op een doordeweekse dag treedt Feyenoord aan tegen de amateurs van ONA uit Gouda. Ik vertrek na het eten met ons vaste Hoogvlietse gezelschap: Boom, Roland, Baksteen, Randy en ikzelf. Bij aankomst in Gouda treffen we duizenden Feyenoord-supporters. Ook is er een flinke delegatie van de harde kern aanwezig. We begeven ons onder de mensen en het bier vloeit rijkelijk. Op de wedstrijd wordt niet erg gelet en veel verder dan de kantine komt onze groep dan ook niet.

Op een gegeven moment ontstaat er onder het toekijkende publiek onrust. Mensen rennen in paniek weg en spreken schande.

Van buiten de poorten van het terrein worden de Feyenoord-fans bekogeld met stenen. Enkele mensen zijn lelijk geraakt en paniek slaat om in woede. Een groep van z'n 150 man harde kern en woedende petten en sjaals stormt naar buiten. Daar staat een groepje van de welbekende 'Goudse Marokkanen'. Ze worden direct belaagd en hier en daar finaal afgeschopt. Op een gegeven moment staat een grote Marokkaan met een slagersmes om zich heen te zwaaien. Ik wacht mijn moment af en bespring de beer van een Berber. Hij komt duidelijk van goeden huize en trapt mij finaal op mijn gezicht. Ik sta te wankelen en trek me even terug. Ik kan nog wel zien dat deze beer uiteindelijk het onderspit moet delven en liggend op de grond een gepaste behandeling krijgt.

Ook de kit heeft zich inmiddels in de vechtpartij gemengd. Wild zwaaiend met hun latten slaan ze de meute uiteen.

Mijn Hoogvlietse gezelschap en ik haasten ons naar de wagens om een mogelijke arrestatie te voorkomen. In de wagen krijgen we een half uur later een telefoontje. Er schijnt een groep van ongeveer tweehonderd Marokkanen, gewapend en al, op zoek te zijn naar onze groep. Maar het gros van ons is inmiddels al thuis, of onderweg, en de zin is weg. Wij pikken nou eenmaal niet veel, laat staan het gooien van stenen naar onze onschuldige medefans. Overal komen deze landelijk bekende Marokkanen mee weg. Nu treffen ze ons en houden we een goed gevoel over aan deze afstraffing.

McDonald-Mariniers

Het is donderdagavond en Feyenoord speelt in de Champions League. Voor een groot deel van onze groep is deze reis te ver en te duur. Daarom komen wij in café 't Fust op het Stadhuisplein bij elkaar om de wedstrijd daar op een scherm te bekijken. De uitslag zou ik niet meer weten, maar wel dat we na ongeveer drie uur lang flink zuipen bedwelmd de kroeg verlaten. Met zo'n 25 man lopen we door de straten. Wanneer we op de Coolsingel de McDonald's passeren, zien we op de bovenverdieping een groep van 20 tot 30 mariniers zitten. Sommigen in hun dagelijkse kloffie en anderen trots pronkend met hun militaire emblemen.

Er is wat heen en weer geschreeuw met gebaren. Wat de heren schreeuwen is niet duidelijk aangezien zij nog in de McDonald's zitten. Op een gegeven moment stormt de groep kortgeschoren koppies de trappen af, richting de uitgang, waar wij inmiddels in de vechthouding staan opgesteld.

De eerste marinier die een stap buiten de Mac zet wordt in een verwoestende klap KO geslagen door Boom uit Hoogvliet. Hierna volgt een korte maar heftige vechtpartij, met aan de ene kant een groep getrainde vechters en aan de andere kant een groep getrainde gekken. Wij krijgen al snel de overhand. De mariniers kunnen uiteraard goed uit de voeten, maar missen het 'killerinstinct' dat wij wel bezitten. Ik denk dan ook dat wij een moordende, verwoestende en ongevreesde legereenheid zouden zijn. Maar dat is een ander verhaal. De mariniers gaan op de loop en de paar die op straat liggen worden met rust gelaten.

Een onverwachts leuke wending van een al zeer gezellige avond, als je het mij vraagt. Dit soort spontane vechtpartijtjes tegen taaie tegenstanders is een uitstekende training voor ons, jonge jongens. En aangezien dit een wekelijks terugkerend iets is, zijn wij inmiddels door de jaren heen flink gehard. En maar weinig jongens zijn in staat om ons enigszins te imponeren.

Onderling

Als je de complete harde kern bij elkaar hebt, zijn dat vele honderden mensen. Binnen die enorme groep heb je verschillende groeperingen. Jongens die uit dezelfde plaats komen trekken vaak met elkaar op. Er kan onderling wel eens wat gebeuren. Vooral als er drank in de man is en dingen verkeerd worden opgevat. Iedereen heeft wel een bepaalde achterban die dan voor hem opkomt en dit zijn uiteindelijk allemaal gemeenschappelijke vrienden. Vaak wordt het dus gewoon uitgepraat. We gaan toch voor een gemeenschappelijk doel. Soms loopt het echter anders. In het geval van de Vlaardingen-rel was er naar mijn mening sprake van onwetendheid vanuit onze groep. Vlaardingen was en is een stad apart, een groepje binnen de groep. Gewaardeerd maar onafhankelijk. Na de Vlaardingen-rel zou dit veranderen. Hoe een rel kan verbroederen lees je hier.

Het is vrijdagavond. Er is in onze groep een oproep gekomen om rond 19.00 uur bij café De Switch in Beverwaard te zijn. Een aantal weken daarvoor hebben enkele jongens van de SCF problemen gehad in Vlaardingen. Op het Loggerfestival is het tot een flinke vechtpartij gekomen. Twee SCF-jongens hadden het daarbij zwaar te verduren gehad. Enkele maanden daarvoor was het bij een amateurwedstrijd ook al misgegaan. Het Loggerfestival-incident was voor een paar jongens de spreekwoordelijke druppel. Het enige probleem was dat het aan Vlaardingse zijde ook om jongens van Feyenoord ging. Bij De Switch bestond er onder de tachtig man daarom wat verdeeldheid. Er werd gediscussieerd of het wijsheid was om te gaan. Berichten uit Vlaardingen vertelden ons dat er een zeer grote groep stond. Bovendien had de plaatselijke politie er ook lucht van gekregen. Ook hadden enkelen van ons vriendschapsbanden met jongens uit Vlaardingen. Het grootste gedeelte van ons had niet precies door wie we nu eigenlijk zouden treffen in Vlaardingen. Ikzelf had ook niet gedacht dat ik mede-FIIIR-leden tegenover mij zou krijgen. Wel was bekend dat er een groep van rond de honderd man stond.

Wanneer we na een korte rit aankomen in Vlaardingen parkeren we de wagens. Direct wordt er koers gezet richting het centrum. Onderweg komt een jongen op een scooter door onze groep rijden. Hij wordt direct belaagd door de naar geweld hunkerende groep. Iedereen is zonder vrees, en klaar voor alles.

Zodra we op z'n tweehonderd meter afstand een grote groep op ons af zien komen begint het. Een paar jongens, onder wie ik, rennen direct op de groep af. Door de sprint die we trekken komen wij eerder bij de ongeveer honderd Vlaardingers dan de rest van onze groep.

Ik kom eerst tegenover een taaie, wat oudere vent te staan. Inmiddels heb ik een halve bezemsteel in mijn handen. Ik blijf slaan, maar deze tegenstander weet van geen wijken. Om mij heen zie ik inmiddels de hele groep vechten als beesten. Wij zijn zwaar in de minderheid, maar dat is nauwelijks te merken. De voorste linies met aan beide kanten veertig man blijven elkaar bevechten zonder een stap achteruit te doen. Uitsmijters, steigerbouwers, thaiboxers, criminelen, psychopaten – het is een ongekend schouwspel. Hier worden de jongens van de mannen gescheiden. Voor angst en twijfel is geen plaats en je moet vechten voor wat je waard bent.

Er zijn stokken, glazen, riemen, kettingen, knuppels en stenen. Door die stenen wordt een FIIIR-jongen vol in het gelaat geraakt. Van nog geen twee meter afstand wordt zijn complete gebit verwoest. Aan beide kanten gaan mensen neer. Als krijgers schreeuwen we op het moment dat we op de Vlaardingers inbeuken. We geven alles wat we hebben en het heeft effect. Het grootste deel van onze tegenstanders houdt het voor gezien. Een klein groepje van zo'n vijftien Vlaardingers probeert stand te houden. Tevergeefs, ook zij moeten zich uit de voeten maken. De geweldsexplosie duurde waarschijnlijk nog geen tien minuten.

De politie komt nu van achteren op ons inbeuken. De overwinning is daar, dus rennen we richting de wagens, niet geïnteresseerd in een confrontatie met de kit. Als een speer vertrekt de colonne auto's uit Vlaardingen. Er zijn twee jongens opgepakt, horen wij later. De FIIIR-jongen die een baksteen in zijn gezicht had gekregen was zo goed als al zijn tanden kwijt. We vonden het erg spijtig voor hem, maar *it's all part of the game*. En dat wist hij ook. Dankzij ons grote netwerk was een tandarts bereid hem 's nachts op te vangen en te redden wat er te redden viel. Hij heeft inmiddels een paar mooie kronen die door de groep betaald zijn en ziet er weer als vanouds uit.

Heel Vlaardingen stond die nacht op zijn kop. Alle nieuwszenders berichtten van de rel. Er werd gesproken van een onderlinge strijd binnen de harde kern. Hier moesten wij om lachen. Alles is inmiddels ook uitgepraat en we vormen weer een blok. Wel zegt het een hoop dat de gekste tegenstander en de mooiste rel tegen een medegroep Feyenoorders was. Daar heeft in mijn vijftien jaar voetbalvandalisme nog geen andere groep aan kunnen tippen.

Die dingen gebeuren soms. En je moet er niet te zwaar aan tillen. Alles is inmiddels uitgepraat en Nick, Jochem en H vormen weer een blok. Lang hebben deze jongens meegelopen en ze zijn gewaardeerde krachten, waar vooral Nick uitspringt (op de gekteschaal). Ik denk dat het de band tussen sommige jongens van Rotterdam en sommige jongens van Vlaardingen op een bijzondere manier alleen maar hechter heeft gemaakt. *Vatos locos por la vida.*

Varkenoord.

Demonstratie tegen het bestuur (zie: Een gekke wereld, pag. 41).

Last Updated: **Tuesday, 6 March 2007, 09:40 GMT**

E-mail this to a friend   Printable version

Dutch hooligans jailed for attack

Two Dutch football hooligans have been jailed for attacking Sheffield United fans during a pre-season game in Rotterdam last summer.

The supporters were attacked by a gang near the Sparta Rotterdam stadium on 5 August. One suffered a head injury and the other was stabbed in the hand.

Police filmed some of the Dutch troublemakers in Rotterdam

The two men responsible for causing the injuries have both been jailed for four months, Dutch police have confirmed.

Six other men received community work punishments of 200 hours each.

All eight men received the Dutch equivalent of football banning orders and cannot attend matches for three years.

South Yorkshire Police said last year's the incident was an unprovoked attack on fans drinking at a local bar after a confrontation between English and Dutch hooligans in the city centre earlier in the day.

> **The Dutch police have been superb throughout this matter**
>
> Supt Martin Hemingway, South Yorkshire Police

The two injured fans were entirely innocent and had been ambushed by hooligans from Dutch team Feyenoord, who were spoiling for trouble with Blades fans.

"They were having a quiet drink and offered no provocation, but they were set upon and given a beating," said Supt Martin Hemingway of South Yorkshire Police, who had been in the Netherlands working with Dutch officers during the tour.

"The Dutch police have been superb throughout this matter.

"Their reaction on the night was exceptional in ensuring that all of the English fans were protected after the game until they reached their destinations.

Dutch police on patrol during Sheffield United's tour last summer

"They have then followed up with an investigation that identified all of the culprits and managed a challenging court case involving evidence from foreign witnesses."

Sheffield, 2007. Een artikel uit een Engelse internetkrant (Bovenste foto: Yoeri Kievits links vooraan). (zie: Vuisten, messen en een watermeloen, pag. 129).

INTERNATIONALE SAMENWERKINGS-VERBANDEN

Verschillende (dwars)verbanden

In ons land hebben de meeste groepen van enige betekenis wel een bondgenoot in het buitenland. De ene keer zijn die contacten slechts oppervlakkig, de andere keer juist wat hechter. Vanuit de jaren tachtig ontstond er tussen Feyenoord en de groep van Royal Antwerp FC, in die tijd de ACC genoemd, een verbond. ACC stond voor Antwerp Casual Crew. Deze casual geklede groep reisde wekelijks af naar Rotterdam en de Rotterdammers reisden naar Antwerpen.

Het hooliganelement binnen die samenwerking is door de jaren heen gesleten. Wel komt nog steeds elke twee weken een groep van rond de vijftig Antwerp-fans naar De Kuip. Door dik en dun steunen zij onze club. Dat levert bij ons het nodige respect op.

Maar helaas ging het in 2006 mis. Wij bezochten met ongeveer 150 man de wedstrijd Antwerp – KV Mechelen. Naarmate de dag vorderde werd de sfeer meer beladen. Er ontstond een vechtpartij waarbij de Belgen het onderspit moesten delven (zie ook: Het einde van de broederschap). De laatste warme banden binnen de harde kernen van Feyenoord en Antwerp gingen hierbij teloor. Het interesseerde ons eigenlijk ook niet veel. Wij hebben niemand nodig en doppen onze eigen boontjes wel.

Er zijn wel veel oppervlakkige contacten met clubs uit het Verenigd Koninkrijk. Zo gaan er al jaren jongens naar West Ham United en er zijn onderlinge vriendschappen ontstaan. Die betreffen niet zozeer de rellen of ander supportersgeweld. Het gaat hier toch vooral om een gezellig voetbalweekend over de grens om samen een biertje te drinken. Deze kleinschalige contacten bestaan ook met Milwall, Birmingham en Blackpool.

In Engeland heeft Feyenoord een enorme reputatie. Bij het woord Feyenoord merk je het respect van de Engelsen direct. Dit is bijzonder aangezien de Engelsen zich oppermachtig voelen op het gebied van *hooliganism*. Volgens mij is dit niet helemaal terecht. Ik denk dat in Servië, Kroatië, Polen en andere voormalige Oostbloklanden veel heftiger groepen rondlopen.

De Hagenezen hebben ook samenwerkingsverbanden: Club Brugge, Legia Warschau, Juventus en Swansea City. In de contacten met Brugge en Warschau gaat het om hooliganverbonden. De Hagenezen hebben zolang in de eerste divisie gebungeld dat ze op zoek zijn gegaan naar alternatieven om hun hobby uit te oefenen.

De Haagse band met Legia Warschau is heel serieus. Deze is eind jaren tachtig ontstaan na de massale rellen in het Zuiderpark bij de wedstrijd Den Haag – 020. Een Poolse hooligan van Legia had er iets van meegekregen. Het maakte indruk op de Pool. Hij zette daarop een advertentie in *Voetbal International* of iemand spullen van Den Haag had en die op kon sturen. Zo is gaandeweg dat contact ontstaan. Over en weer bezoeken de groepen elkaar. Ik heb ook wel eens gehoord dat de Hagenezen in Polen worden opgewacht met transport. Vervolgens worden ze in de watten gelegd door mooie vrouwen en met drank en drugs. Toen Den Haag voor het eerst in decennia weer Europees speelde en naar Finland moest, maakten ook tientallen Poolse Hooligans een tripje naar Finland. Beide groepen dronken samen op elkaar en zochten problemen op.

Ik moet bekennen dat de Polen behoorlijk geducht zijn. Toen de Utrechtenaren een paar jaar geleden naar Warschau moesten, wer-

Internationale samenwerkingsverbanden 203

den ze daar opgewacht door mannen met bivakmutsen en hakbijlen. Die supportersgroepen in Polen hebben niks te verliezen. Bij gebrek aan geld, werk en een normaal bestaan is voetbal voor hen de perfecte uitlaatklep. In dat soort landen loop je gewoon meer kans om een mes tussen je ribben te krijgen of, zoals in het geval van de Utrechtenaren, aangevallen te worden met hakbijlen.

De Twentenaren hebben een warme samenwerking met het net over de grens gelegen Schalke 04. Heel Nederland heeft dit de Tukkers altijd kwalijk genomen en zo doet al jaren hun reputatie als NSB'ers de ronde. Tijdens de bekerfinale PSV – FC Twente in Rotterdam van enkele jaren terug kregen ze ook versterking van de Duitsers. Toen wij met zo'n zestig jongens de aanval inzetten op de Tukkers dook er dan ook een berucht groepje Duitsers op in de frontlinie. Deze met messen bewapende jongens zinden op wraak (zie: Bekerfinale Twente – PSV). In de jaren negentig werd bij de wedstrijd FC Twente – Feyenoord een Schalke-fan neergestoken door een Feyenoordjongen. Die Duitser was er toen slecht aan toe. Dit wakkerde de haat van de Duitsers richting ons flink aan.

Het is onbegrijpelijk dat een Hollandse club met die verschrikkelijke Duitsers samen kan werken. Landverraad! Zo werd Twente een zwart schaap binnen de Nederlandse scene. Zij waren bij Nederlandse wedstrijden vaak niet welkom bij de andere clubs. Het is dan ook geen toeval dat Twente de enige Nederlandse club is die een goede verstandhouding heeft met de Neuzen.

De Neuzen hadden hun vrienden in België en Engeland. In België zou je denken dat Antwerp een logische keuze zou zijn voor 020, met de grote Joodse achterban van de club en de stad Antwerpen. Dit was echter niet het geval. De Neuzen werkten samen met de groep van Anderlecht. Deze Belgische topgroep kan behoorlijk wat schade aanrichten. Bij de Europese duels van Anderlecht hebben zij het menige Europese topfirm moeilijk gemaakt. De Belgen hebben sowieso een steekje loszitten. Ze komen vaak wat dommig en onnozel op ons over. Toch hebben ze, als het erop aankomt, een passie voor geweld. Juli 2012 waren er de wedstrijden AZ – Anderlecht en 020 – Manchester United. Een avond voor de wedstrijd waren er in de hoofdstad Anderlecht-hooligans te vinden. Deze versterkten hun vrienden uit 020 in de strijd tegen de Engelsen. Ook in Alkmaar zelf, waar de Belgen zouden spelen, deden zich kleine relletjes voor.

Voor een goed begrip: het is niet zo dat er wekelijks groepen de grens over gaan om elkaar te steunen. Maar bij belangrijke wedstrijden worden de krachten gebundeld. Ook zijn er regelmatig feestjes, bruiloften of begrafenissen waar jongens elkaar treffen en de onderlinge banden versterken.

De Neuzen hebben ook in Engeland hun tegenhanger. Tottenham Hotspur was min of meer het Engelse 020. Ook deze club heeft een grote Joodse achterban en historie. Zoals hier de hoofdstedelingen met veel trots de geuzennaam Joden dragen, zo heet de groep van de Spurs de *Yids Army*, oftewel het Joodse leger. Ook zij worden verguisd en gehaat in de Engelse scene. Dat neemt niet weg dat de Yids een grote, sterke groep hebben waar iedereen voor moet uitkijken. In Engeland zijn dat zeker de nummers een, twee of drie in de ranglijst. Ook de gezamenlijke haat tegen Feyenoord smeedt de banden van deze twee groepen. De talloze, keiharde vechtpartijen met zwaargewonden, vanaf 1978 tot heden, zijn de redenen voor de haat tussen Noord-Londen en Rotterdam-Zuid.

Ook op kleinere schaal zijn er verbonden. Hieronder enkele voorbeelden:

Roda JC – Allemania Aachen (DUI)

FC Den Bosch – Standard Luik (BEL)

PSV – Charleroi (BEL)

FC Dordrecht – Racing Mechelen (BEL)

FC Groningen – Beerschot (BEL)

NAC – Lokeren (BEL)

Zoals ik hierboven schreef kennen wij de behoefte om samen te werken niet zo. Wij vinden het al best als we af en toe met een man of tien een wedstrijd van West Ham, Celtic, Blackpool of Birmingham kunnen bezoeken. We zien het als een Europees tripje. Helaas ontbreekt het onze eigen club de laatste jaren aan die Europese trips… Want voor onze groep betekent even lekker de grens over: alle remmen losgooien! Bij het EK in Polen en Oekraïne zullen de Nederlanders ook onderling samensmelten. Op de Tukkers en Neuzen na uiteraard die, zoals gezegd, door niemand gewaardeerd worden. Alleen bij zo'n landentreffen is er sprake van een samenwerking vanuit onze kant met andere clubs. Maar goed, je zult wel moeten wanneer je het tegen de 'legers' van Duitsland en Engeland moet opnemen. Deze kunnen vaak duizenden hooligans op de been brengen.

De *Dutch Army* noemen sommige buitenlanders ons wel eens. De samenwerkingen op dit gebied gaan ook al jaren terug. In de jaren tachtig en negentig bundelden Feyenoord en Den Haag de krachten tegen de Engelsen en Duitsers bij interlands in Rotterdam. De Duitsers, die met een goed georganiseerde groep van 2000 hooligans naar de havenstad kwamen. Met een groep van 150 Hagenezen en Rotterdammers vochten ze voor wat ze waard waren. Ook waren hier soms kleine aanvullingen vanuit Eindhoven en Utrecht. De zogenaamde Dutch Army is internationaal gezien echter niet van veel betekenis. Want zolang Feyenoord en Den Haag zich er niet mee bemoeien zal de Dutch Army altijd een middenmoter blijven, vaak vertegenwoordigd door zo'n honderd hooligans bij interlandwedstrijden. Deze groep bestaat tegenwoordig voor een groot deel uit groepjes van kleinere clubs. Ze wordt gevormd door vooral eerstedivisie-groepen van bijvoorbeeld Cambuur, Haarlem, Sparta, Go Ahead Eagles, Zwolle, Fortuna en eredivisie-groepen van onder andere de Graafschap en NAC. Kortom, het is een middelmatig gezelschap in de 'gekteschaal' en daarom internationaal gezien een middenmoter.

2006 – Het einde van de broederschap

Vandaag wordt er een trip georganiseerd naar het bevriende Antwerp FC. Men speelt tegen KV Mechelen. Weken van tevoren zijn er al flyers uitgedeeld. Hierop staat dat er op Airport Zestienhoven wordt verzameld. Rond de 150 man hebben hun paspoort uit de kast gehaald.

Rond 14.00 uur vertrekken we. Onderweg is het als vanouds. Medeweggebruikers worden getrakteerd op een middelvinger of een verwensing naar een ernstige ziekte. Als er een wagen met Ajax-vaantje wordt gespot kan deze steevast rekenen op een regen bierblikken, McDonald's-menu's en AA-flesjes. Als we de grens passeren voegen we ons bij de andere groepen hooligans. Vanaf daar worden wij verder door een gids naar het Antwerp-stadion geleid.

Bij het Antwerp-café treffen wij een gezellige boel. Er is een dj en het bier vloeit rijkelijk. Ook arriveren er steeds meer Antwerp-supporters. De sfeer is in de eerste instantie gemoedelijk. Dit slaat echter om op het moment dat een Antwerp-fan met zijn motor het caféterras oprijdt. Bij deze dwaze actie raakt deze Antwerpenaar het been van Yoran. Yoran is niet bepaald een jongen die dit ongestraft laat. Na veel duw- en trekwerk scheiden de twee groepen zich. Aan de overkant van de straat groepeert de Antwerp-groep zich. De Feyenoord-groep blijft, hoe pijnlijk voor de Vlamingen, in hun eigen Antwerp-café.

Wanneer ongeveer zeventig man van de Feyenoord-groep zijn vertrokken voelen de Antwerpenaren zich gesterkt en steken ze de straat over. De eerste klappen vallen. Beide groepen tellen ieder zo'n zestig man. De broekriemen worden getrokken. Er gaan mensen neer, zowel bij hen als bij ons. Toch vechten de Antwerpenaren achteruit en op een gegeven moment geven wij de genadeslag. Als een scène uit een middeleeuwse veldslag zetten we, brullend als krijgers, massaal de aanval in. De blikken in de ogen van de Antwerpenaren veranderen. Ze vluchten alle kanten op. Hierbij wordt onze groep gesplitst en ontstaan er man-tegen-man-gevechten in de straten rondom het Antwerp-café.

Wanneer de Belgische politie in vol ornaat arriveert zoekt iedereen een goed heenkomen. Voor ons is dat lastig in een vreemde wijk met onbekende straten. Er worden dan ook veel jongens opgepakt. We worden naar een groot bureau ergens in Antwerpen gebracht. Daar wordt de groep verdeeld over twee cellen: een kleine met ongeveer twintig man en een grote met veertig man. Ik zit in de grote cel samen met mijn FIIIR-vrienden en een groepje SCF'ers. De Belgische politie heeft hun fouilleringen niet helemaal naar behoren uitgevoerd. Er wordt volop geblowd en gesnoven. Tot mijn verbazing ondernemen de bewaarders geen actie. Slimme mensen, die bewaarders daar in Antwerpen.

Op een gegeven moment wordt een onbekende, beetje sullige, rooie gozer de cel binnengebracht. Deze wordt onder handen genomen door mensen die het begrip 'gallen' tot een kunst hebben verheven. Het zal mij niks verbazen wanneer die jongen daarna een jaar in therapie moet lopen. Hij is niet mishandeld, maar als ik hem zo zie is hij wel mentaal gebroken. Zo gaat dat in een kudde roofdieren. Bij ons is het *eat, or be eaten*, of iets in die richting.

Wanneer van iedereen een foto is genomen en het ID is gecheckt, mogen we vertrekken. Dit wordt gecoördineerd door de inmiddels gearriveerde Feyenoord-eenheid van de Rotterdamse politie. Deze reisde ons overal achterna. Onze trip naar Antwerp had hen echter verrast.

Het is inmiddels rond acht uur in de avond en we gaan op weg naar huis. Als we onze telefoon weer aanzetten worden we keer op keer gebeld. Werkelijk alle tv-zenders en radiostations maakten melding van de afgelopen dag. 'Rotterdamse hooligans de grens over' klonk het. Het mocht dan een oude vriendschap zijn met de Antwerpenaren, deze dag was gewoon kicken.

Tijden veranderen en mensen ook. Na die dag is er dan ook weinig overgebleven van de vriendschap. Ons bevielen de Joodse vlaggen in combinatie met het 'Hand in hand'-lied niet. Iedereen ontving Belgische stadionverboden van drie jaar en boetes variërend van 500 tot 1500 euro. Dit alles is *part of the game* en op te lossen. Voor degenen bij wie dat niet geldt, zit een vakantie in België of een vlucht via Brussel er niet meer in.

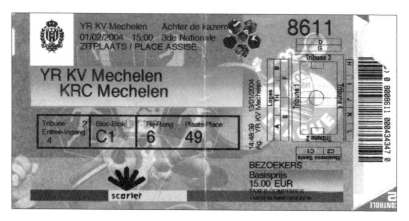

Kaartje van de beladen derby, 2004 (zie: The Dordrecht Connection, p. 106).

Nog door een hek gescheiden van The Turtles (zie: Leverkusen burning, pag. 215).

Verzamelen Antwerp (zie: 2006 – Het einde van de broederschap, pag. 206).

Het tarten van de Duitse ME (zie: Leverkusen burning, pag. 215).

Oldskool SCF, jaren negentig.

NEDERLAND – DUITSLAND, OP CLUBNIVEAU EN NATIONAAL

Kort vooraf

Duitse hooligans zijn berucht. Niet bij elke Duitse club kom je een harde kern tegen, maar wel bij het gros. Hamburg, Frankfurt, Hertha en Bochum, het zijn allemaal keiharde groepen. In Duitsland zelf gaat het dan ook dikwijls mis.

Bij de Europacupwedstrijden waarbij de Duitse groepen door Europa reizen is het geweld beperkt. Groepen van Schalke en Hamburg hebben in Nederland zeker hun acties gehad. Ook bij de laatste wedstrijd Feyenoord – Schalke 04 waren de moffengroepen alom aanwezig. De echte kracht van de Duitsers ligt echter in de verbroedering die rond wedstrijden van het nationale team plaatsvindt. Er komen vaak vele honderden hoolies opdraven. Soms kan dat oplopen tot wel tweeduizend man en dat zijn allemaal harde jongens!

Ook tijdens interlands met Nederland hebben de Duitsers regelmatig hun kracht getoond. Zo ook bij de interlands eind jaren tachtig en negentig in Rotterdam.

Ik kan me een verhaal van mijn broer herinneren uit begin jaren negentig. Feyenoord had die dag de krachten gebundeld met de jongens van Den Haag. We brachten samen een groep van honderdvijftig man op de been. Dat was echt een flinke groep voor wedstrijden van het Nederlands elftal. De Duitsers kwamen in de middag aan op

Centraal Station Rotterdam. Trein na trein arriveerde op de perrons. Hun aantal groeide aan tot een legermacht van tussen de duizend en tweeduizend man. Dit waren de moffen op hun best. Ondanks die enorme overmacht besloot De Feyenoord/Den Haaggroep om aan te vallen. Maar meer dan een razendsnelle *hit and run* zat er die dag niet in.

Ook in 2005 was er na jaren eindelijk weer eens een Nederland – Duitsland in Rotterdam. Het was een mooie zonnige zaterdag en dit is hoe het ging:

Jetzt geht's los!

Vandaag verzamelen we in de Breakaway in Rotterdam Centrum. Op nog geen 250 meter van het CS kunnen we de boel zo goed in de gaten houden. We hebben wat signalen ontvangen over hoe laat de Duitse treinen zullen arriveren.

Wanneer ik aankom is er al een flinke groep Feyenoorders: tegen de tachtig man is paraat. Pure verwennerij is dit: een interland in onze eigen stad, tegen de moffen nog wel. We weten dat de Duitsers trek zullen hebben. Wat deze wedstrijd voor ons is, is die ook voor hen. Een beladen sfeer, veel oud zeer, altijd incidenten, buurlandrivaliteit. Alles speelt mee.

Er komen steeds meer andere groepen aan in het centrum. Een goed uitziende groep van Groningen komt aanlopen: veel Molukkers en potige jongens. De Groningers beleven voor het eerst in lange tijd weer mooie jaren met de harde kern. Altijd zijn de noorderlingen een geduchte tegenstander geweest. In Groningen dan tenminste. Daarbuiten komen ze op enkele uitzonderingen vaak niet verder dan Cambuur, Heerenveen of Twente als het gaat om het tonen van hun kwaliteiten. De derde generatie Groningers steekt wel zijn nek uit. Zelfs in Rotterdam zijn zij in die jaren enkele keren komen opdagen. Er is geen rivaliteit tussen ons en de Groningers dus smelten we al snel samen. Ook de Hagenezen voegen zich bij de groep, die nu zo'n 150 man telt. Overal zie ik groepjes lopen van andere clubs. Tien tot vijftien man van Cambuur, AZ, Sparta, PSV en nog vele anderen. Een zeer behoorlijke groep als je het mij vraagt. We zijn klaar voor wat er komen gaat.

Sommige groepjes irriteren mij en mijn vrienden wel. Maar de ME, stillen en politie omsingelen ons en lopen door ons heen, dus doen we niets met die irritaties. We willen ons kruit bovendien voor de moffen bewaren en niet verschieten aan nietszeggende groepjes.

We trekken naar Zuid. Daar wordt bij hoge uitzondering getolereerd dat de Groningers en Hagenezen bij onze stamkroeg Klein Odeon staan. Ik besluit een rondje te gaan lopen met mijn maat Gino, doorgaans een doodvriendelijke Molukker, maar strijder pur sang als het moet. Ook Rodrico en Orlando voegen zich bij ons. Ze staan een stuk lager in de pikorde, maar met Gino aan mijn zijde is mijn zelfvertrouwen groot.

We lopen op de Beijerlandselaan als we een groep van een man of vijftien zien zitten in een kroeg. Dit zijn duidelijk hoolies, herkenbaar aan hun kleding en houding. Gino en ik lopen de kroeg in om te vragen waar ze vandaan komen. Met een duidelijke zachte G geven de jongens aan PSV'ers te zijn. Deze kunnen wij al een stuk minder goed luchten dan de Groningers of Hagenezen. Maar we laten niks merken en lopen weer naar buiten. De PSV'ers kijken niet op of om en nemen nog een slok van hun biertje. Buiten overleggen Gino, Orlando, Rodrico en ik over wat we gaan doen. Een paar minuten lopen en we zijn bij de rest van de groep. Dit zijn echter maar vijftien PSV'ers en om die nou aan te vallen met de circa honderd man die wij hebben is simpelweg laf. Dus ik bedenk een plan. Ik zal paniekerig naar binnen stormen en de PSV'ers duidelijk maken dat de Duitsers zijn gearriveerd en dat zij naar buiten moeten komen. We besluiten het plan meteen ten uitvoer te brengen, hopend dat de PSV'ers geen nattigheid zullen voelen.

Gino, Rodrico en Orlando maken zich klaar. We zijn ver buiten het zicht van onze eigen groep, dus als de boeren hun best doen kunnen wij het nog wel eens zwaar krijgen. Ik gooi de deur van het café open en schreeuw: 'Duitsers! Duitsers! Nu naar buiten!' De boeren vliegen van hun krukken, richting de uitgang, waar ik dan al sta te wachten. Als eerste komt er een grote jongen met een rood-wit geruit overhemd naar buiten. Wanneer hij een stap buiten de kroeg zet haal ik uit. Ik raak hem vol, waarna hij wankelt. Ook Gino springt meteen op de rest van de inhoud van het café dat naar buiten komt. Met schoppen en slaan krijgen Gino en ik de PSV'ers op de vlucht, terug het café in. Ze barricaderen de deur, waarna Gino de ruit kapot schopt. Wanneer we omkijken zien we Orlando en Rodrico nog slechts als kleine stipjes. Het is ze dus allemaal een beetje te veel, zo'n overmacht. Vandaar ook het verschil in de pikorde tussen Gino en mij en Orlando en Rodrico. Waarom vluchten?

De eerste indruk is belangrijk en bij het tekeer zien gaan van Gino en mij hadden de PSV'ers gelijk geen trek meer. Wat ongetwijfeld ook heeft meegespeeld is dat ze in het hol van de leeuw waren en waarschijnlijk wisten dat de Feyenoord-groep vlakbij was. Maar desalniettemin was dit een heerlijk incidentje voor mijn goede vriend Gino alias Oet van Oeteldonk en mij. De vlucht van de twee anderen was eigenlijk niet echt een verassing. Deze jongens tellen vandaag de dag dan ook niet meer mee binnen onze groep. Meer dan een biertje en een gezellig gesprek is er niet. Als het erop aankomt gaat het erom dat je mensen blindelings kunt vertrouwen. Van Oet wist ik dat. Van de anderen niet.

De rest van de dag blijft het rustig. Een groots vertoon van politiemacht draagt daar zeker aan bij. Het *hooliganisme* druipt weer van de interland Nederland – Duitsland af. Echter zonder daadwerkelijke confrontaties met de moffen. Er komt er heus nog wel een kans en dan is het hopelijk wel: *jetzt geht's los*!

Leverkusen burning

Een paar jaar eerder gingen we op bezoek bij de Duitsers. Dat ging als volgt:

Het is vroeg. Rond 06.00 uur 's morgens staat zo'n honderd man te wachten op Rotterdam CS om te vertrekken richting Duitsland. De nieuwe aanwas FIIR-jongeren is met ongeveer zestig man aanwezig. De rest bestaat uit SCF en gelegenheidshooligans. Een oefenpot tegen de Duitsers is pure verwennerij voor hoolies. Leverkusen zelf staat niet echt bekend om zijn harde kern. Er is echter bij elke club wel een groepje te vinden met dezelfde intenties dus hopen we hen te treffen.

We moeten in Nederland een keer overstappen om, uren later, op het station van Leverkusen aan te komen. Onderweg is het een dolle boel en het constante gezuip van de jongens zorgt voor een staat van bedwelming bij aankomst. De groep wordt opgevangen door de Duitse ME. Deze harde jongens in het groen hebben door de jaren heen de bijnaam *The Turtles* gekregen.

We worden naar het stadion geëscorteerd. Vele andere groepen en groepjes vinden hun eigen weg naar Leverkusen. Het Feyenoord-legioen is met duizenden aanwezig – en dat voor een oefenpotje. Ook de harde kern is met zo'n vierhonderd man zwaar vertegenwoordigd.

De wedstrijd zelf is niet erg interessant. Na de wedstrijd verbiedt de Duitse kit de Feyenoorders het stadion te verlaten. Dat wordt niet gepikt door de fans, die na een lange dag gewoon naar huis willen. De Duitsers zijn bang dat er rellen uit zullen breken. Niet voor niets. Er lopen namelijk ook Duitse hooligangroepen in Leverkusen. Die hebben gehoord van het machtsvertoon van de Rotterdamse hoolies en willen hun grondgebied verdedigen. Daar komt bij dat Feyenoord een 'hoofdprijs' is voor welke club dan ook.

De Feyenoord-groep wordt onrustig en er breken slooppartijen uit in het stadion. Ook wordt er brand gesticht en op een gegeven moment slaat het vuur om zich heen. Uit noodzaak worden de hekken opengegooid en de losgeslagen Feyenoord-bende stormt naar buiten. Daar breken zware rellen uit. Het beeld van de metershoge vlammen met rellende Feyenoord-fans op de voorgrond gaat de wereld over. De Turtles slaan op de vlucht, politieauto's worden gesloopt. En Balenhaak Ben uit Hoogvliet loopt zelfs rond met een Duitse officierspet. Ben heeft zijn bijnaam te danken aan zijn beroep. Elke ochtend pakt hij zijn haak om containers vol met balen te lossen in de Rotterdamse haven. Op CNN is te zien hoe hij de pet uit de politiewagen pakt en op zijn hoofd zet.

Overal zijn confrontaties met de Duitse kit. De hulp van Duitse legereenheden wordt ingezet om de nu zeker duizend man tellende Feyenoord-groep in toom te houden. Zeker een uur lang houden de rellen aan voordat enige rust terugkeert. Dan worden de Feyenoorders door de kit een voor een naar buiten gelaten, ze worden op de foto gezet en hun gegevens worden genoteerd. Dit duurt uren. Wanneer onze manschappen eenmaal in klaarstaande bussen zijn gepropt worden ze richting Nederland vervoerd.

In de weken en maanden erna volgde een groot onderzoek. Onze jongens kregen bezoek van Nederlandse politie in gezelschap van een Duitse agent. Het moest niet gekker worden. Verboden voor Duitse wedstrijden voor jaren en duizenden guldens, toen nog, boete. De meesten hebben nooit betaald en hebben dus nog het een en ander openstaan in ons buurland.

Het is gewoon leuk om te knokken met de moffen, omdat zij er ook vol voor gaan. De haat die stamt uit WO II is veel minder aan het worden, met elke generatie. Ik denk dat-ie uiteindelijk helemaal zal verdwijnen. Wat weten die jongens van tegenwoordig van wat hier is gebeurd, zo lang geleden. Niet dat ik nou in de vuurlinie heb gestaan in '40-'45, maar mijn vader is van '43 en bij ons thuis waren het vroeger nog wel 'die rotmoffen'. Maar ik maak vaak Duitsers mee op de bouw en moet zeggen dat ze altijd vriendelijk zijn en heel hard werken. Wel blaffen ze als ze praten en ze eten niks anders dan worst. Maar ja, als dat het ergste is. Toch houden we de rivaliteit levend. Gewoon omdat het zo verdomde leuk is. Lekker jennen, knokken, haten, schelden en drinken. Zoals een Nederland – Duitsland hoort te zijn. In Rotterdam dan.

Romeinse 'defense tactics' bij Duitse ME (zie: Leverkusen burning, pag. 215).

Kom maar op! (zie: Leverkusen burning, pag. 215)

De confrontatie begint (zie Leverkusen burning, pag. 215).

Kamikaze-actie, uitstapje naar 020.

OVERGANGSPERIODE

Tijden veranderen

De jaren 2004 en 2005 zijn magere jaren. Het is even niet wat het geweest is. Veel jongens van de FIIIR hebben lopende zaken of worden dagelijks in de gaten gehouden. Elk jaar wordt de politie intelligenter in hun opsporingsmethodes. Ook het huis-aan-huisbeleid en de bezoekjes op het werk van de jongens beginnen hun tol te eisen. Het is te gek voor woorden. De landelijke politiek en media kunnen altijd scoren op voetbalgeweld. Terwijl ze nalaten om op te treden tegen overlast gevende Marokkanen, pedofielen en hun stichtingen of de massale instroom van Poolse en Bulgaarse arbeiders, is het scoren op voetbalgeweld meer dan welkom voor de heren. Zo kunnen ze de zaken waar het echt om draait verbloemen en toch publiekelijke genoegdoening ontvangen.

Het zijn twee zwakke jaren en we noemen het maar de overgangsjaren. Mijn broer, die al 24 jaar lang meedraait, beschreef hetzelfde in het seizoen '89/'90, met ook een verzwakte groep. Toch is de spirit is er altijd geweest. En je bent pas een vent als je altijd je mannetje staat. Je kunt stoer op zaterdagavond met je vrienden de kroegen leeg slaan, maar sta je er ook op maandagmorgen, als je in je eentje bij de bushalte staat en ruzie krijgt met twee kleerkasten? Dat maakt het verschil. En ook deze zwakke jaren zijn wij gelukkig zo goed als ongeschonden doorgekomen.

Een pittige pitstop

Het is vandaag de dag van Twente-Feyenoord. Na de heftige confrontaties in de jaren negentig is het in Enschede al een tijd rustig geweest rondom deze pot. Er wordt dan ook besloten deze woensdag af te reizen naar het oosten om te kijken wat mogelijk is. Omdat het een doordeweekse dag is en veel jongens moeten werken reizen we af met een bescheiden delegatie, zo'n zestig jongens. Ik rij vandaag met mijn maat Landmijn mee. Een goede keuze, want Landmijn is een uitstekend chauffeur en weet altijd de dans te ontspringen in zijn kleine Ford Fiësta. Dit geldt alleen zolang hij helder van geest blijft en niet zijn tweede persoonlijkheid 'knipperlicht' opduikt.

Na een lange rit komen we aan in Enschede. Vrijwel iedereen is voorzien van een paraplu. Tot mijn aangename verrassing hebben ook Brouwertje en Jim de lange reis gemaakt. Jim staat bekend om zijn dubbelzinnige humor, maar ook om zijn vechtlust en zijn moed. Hij heeft de lachers altijd op zijn hand. Als hij je op de korrel heeft, berg je dan maar.

Het is rond vijf uur en nog rustig rond de cafés. Er zijn nauwelijks Tukkers te zien. Het kleine groepje dat wordt gespot bij een café laten we met rust. De ME is inmiddels wel gearriveerd en geeft ons het bevel de stad te verlaten. Wij zijn met onze kleine groep niet in staat dit uit te stellen. Op de weg terug komen we op het idee een pitstop te maken in Utrecht. Daar vindt die avond de wedstrijd FC Utrecht – Heracles plaats. De Utrechtenaren vormen, hoewel ze niet meer de groep van de jaren tachtig en negentig hadden, een leuke tegenstander. Rond zeven uur komen wij aan bij stadion Galgenwaard. We groeperen ons bij een benzinestation op zo'n 150 meter van het stadion. Rond de Galgenwaard is het logischerwijs vergeven van Utrecht-hooligans en normale supporters.

Op het moment dat wij koers zetten richting stadion en onder het viaduct lopen, scanderen we: 'Rotterdam hooligans'! De echo van ons geschreeuw onder het viaduct is indrukwekkend. De Utrechtenaren zullen wellicht denken dat de voltallige Rotterdamse troepen zijn gearriveerd. Maar we zijn slechts een knokploegje dat op alles is voorbereid.

Links en rechts worden Utrechtenaren mishandeld en opgejaagd.

Nadat we merken dat de tegenstand niet heftig is trekken we terug. De geringe tegenstand wijten we aan ons verrassingseffect en het ontbreken van de voltallige Utrechtgroep.

De bereden brigade en de ME jaagt ons flink op. Ik ren naar onze kleine Ford Fiësta. Als de wagen vol zit scheuren we weg. De gehele weg is vergeven van ME-bussen, paarden en agenten. Landmijn scheurt als een Jos Verstappen tussen de obstakels door en ontkomt aan de Sterke Arm der Wet.

We zien het hele gebeuren niet als een overwinning. Maar het is wel een heerlijke actie en een dikke middelvinger naar Utrecht. Bij elke trip die ik daarna maak is Landmijn de chauffeur. Liever vluchten in een kleine Fiësta dan voor gaas in een Mercedes.

Nieuwe gezichten

Het is vandaag vrijdag en Feyenoord zal op zondag in Arnhem tegen Vitesse spelen. Toch besluiten wij vandaag al om af te reizen naar de Gelderse stad. In eerste instantie om eens lekker te stappen, maar als je op de Korenmarkt zit kun je zeker ook andere dingen verwachten. De groep van Vitesse is de laatste jaren sterker geworden en kan zich tot de middenmoot van Nederland rekenen.

De planning is al weken van tevoren gemaakt. Ik rijd met mijn maat Randy mee. Verder zitten een jonkie en mijn neefje Ricardo in de wagen. Randy en ik kennen elkaar al jaren en hebben enorm veel meegemaakt. De heftige dingen hebben onze vriendschap ijzersterk gemaakt. Verder is Randy van het slag 'knettergek' en hij geniet dan ook een grote reputatie binnen de Feyenoord-groep.

De jonge jongen en Ricardo behoren tot de nieuwe generatie, die van na de FIIIR. Deze nieuwe RJK-leden kijken al jaren vanaf de zijlijn mee en hebben nu aansluiting gevonden bij de FIIIR. Zo gaat het binnen de harde kern. Jongens die jaren gediend hebben doen het rustiger aan en worden vervangen door nieuwe soldaten. Ook deze zullen een reputatie opbouwen en zo zie je een constante verandering van de groep en de mensen die daar een rol in spelen. Net als de SCF had de FIIIR tien tot vijftien jaar lang meegedraaid en de komende jaren was het aan deze RJK om de reputatie in stand te houden.

Na een rit van anderhalf uur komen we aan in Arnhem. Iedereen heeft de opdracht met niet meer dan twee wagens tegelijk te reizen. Dit om opvallende taferelen te voorkomen langs de snelwegen. Na de wagens geparkeerd te hebben lopen wij richting Korenmarkt.

Op een terras zien wij een groepje Stone Island-jongens zitten. Deze veren gelijk op en grijpen naar hun telefoons. We zijn dus gespot. We zoeken een kroeg op en na een half uur is de hele groep aanwezig. Ongeveer dertig jongens staan paraat, onder wie Randy en ik als enige FIIIR-leden. Ook Brouwertje is er met wat aanhang. Maar verder is er alleen maar nieuwe aanwas.

Na wat telefoontjes met het Vitesse-front komen we geen stap verder. Wel passeren we telkens op afstand Arnhemse spotters, maar de beloofde aanval blijft uit. We besluiten het heft in eigen hand te nemen en een bezoek aan hun café te brengen. Dat is twee straten verder.

Na een korte wandeling komen we de hoek om. Wanneer we de straat in kijken, zien we op zo'n vijftig meter afstand een groep van vijftien Vitessenaren staan. Met Randy en mijzelf aan kop stormen we op de ons inmiddels uitdagende groep af. De Vitesse-groep deinst licht achteruit en er staan nog zo'n acht jongens die de kroeg beschermen. De rest vlucht naar binnen. Randy en ik geven het voorbeeld en de jonkies volgden. Er vallen rake klappen en ik word met een fles op mijn hoofd geslagen. Ik sta enkele seconden te wankelen voor ik weer bij zinnen kom. Dan zie ik een piepjonge hooligan van ons die een complete scooter probeert op te tillen. Deze jongen denkt blijkbaar dat hij oerkrachten bezit, maar hij valt met scooter en al op de grond. Het Vitesse-café hebben wij inmiddels een nieuwe airconditioning gegeven. Geen ruit zit er meer in de kroeg en de bange Arnhemmers blokkeren de ingang. Overal klinken plots sirenes. Kortom, tijd om afscheid te nemen.

Ik duik met mijn neefje een groot café in. Bezweet nemen we plaats aan een tafeltje en proberen ons zo onopvallend mogelijk te gedragen. Na telefonisch contact krijgen we te horen dat er twee man zijn opgepakt, onder wie de jonge hoolie die bij ons in de auto zat. Na circa een half uur verlaten mijn neefje en ik de kroeg. Wanneer we bij het oversteken van een weg gepasseerd worden door een druk zoekende politiewagen slaat ons hart twee keer over. Ik pak mijn telefoon en houd die aan mijn oor. Ik lach erbij alsof er een steengoede mop wordt verteld aan de andere kant van de lijn. Het werkt. De politiewagen rijdt langzaam verder en wij gaan snel op zoek naar onze eigen wagen.

Het was leuk, maar meer ook niet. Zoals verwacht hadden de Arnhemmers nauwelijks tegenstand geboden. Ook was het leuk om te zien dat er altijd weer een nieuwe groep klaar zal staan aan onze kant. Van generatie op generatie. Natuurlijk hadden deze jongens nog veel training nodig om het niveau te halen van de voorgaande drie generaties. Maar ik was trots en had daar alle vertrouwen in. Op naar de komende tien jaar!

De Rotterdamse Leeuw

Het is een gure dag in 2007. Het zal de zwaarste dag uit mijn hooligancarrière worden. Feyenoord speelt thuis. Tegen wie kan ik me niet meer herinneren. We zitten met een groepje jongens die allemaal een stadionverbod hebben tv te kijken in de kroeg. Bij ons zit fotograaf Kees. Hij volgt ons voor het maken van een fotoboek. Het is de bedoeling dat in dit boek de subcultuur van de harde kern wordt getoond. Dus niet zozeer de rellen, maar ook de randzaken. Kees volgt ons in onze dagelijkse routine. Vandaag zit hij dus bij ons in de kroeg naar de wedstrijd te kijken.

Halverwege de eerste helft belt H. Hij is in paniek en schreeuwt dat het goed los is op DRL. Op het terrein van deze oer-Rotterdamse volksclub – DRL staat voor De Rotterdamse Leeuw – is een korte vechtpartij met donkere jongens gaande. H. vertelt hij dat ze snel terugkomen met versterking. De jongens komen uit de wijk Zuidwijk en hebben een beruchte reputatie in het straatleven op Zuid.

We stappen bij fotograaf Kees in de wagen en scheuren keihard naar de plek des onheils. Uiteindelijk zijn we met tien à vijftien jongens. Vanuit de verte klinkt er gebrul. Dan komt er een even grote groep donkere jongens aangerend. Ze zijn zwaar bewapend met knuppels en kettingen. We aarzelen geen moment en rennen ze tegemoet. Binnen enkele seconden komen we hard in botsing.

Ik vlieg op een grote neger af. Hij heeft een aluminium knuppel in zijn handen. Terwijl ik zijn wild zwaaiende knuppel ontwijk, raak ik hem vol in het gezicht. Ik sta nu plots achter de groep tegenstanders en zie mijn vrienden fel strijd leveren. Van achteren nader ik een van de tegenstanders. Van de zijkant raak ik hem vol op zijn kaak. Hij valt op de straat. De jongen met de knuppel focust zich nu op mij. Met zijn rondzwaaiende knuppel kan niemand echt bij hem in de buurt komen. Ik voel het gevaar en ren de aangrenzende bosjes in. Ik grijp een dikke onhandige tak. Dan ren ik weer op de neger af. Met alle kracht die ik heb haal ik uit… en mis. Dan voel ik zijn slagen. Ik krijg de volle lading.

Mijn omgeving wordt een waas. Ver weg hoor ik wild gebrul van verschillende mannen. Er klinken sirenes. Ik voel dat ik in paniek raak. Ik begin zwaar te ademen en heb mijn lichaam niet meer onder controle. Ik word vastgepakt door Jeroen en nog een jongen. Jeroen is een van de meest recente FIIIR-leden. Dit is ook voor hem erg heftig. Ze helpen me overeind. Ik probeer te staan. Er trekt een pijnscheut door heel mijn lichaam. Het lijkt een zware elektrische schok. Ik zak door mijn benen en val terug op de grond. Ik schreeuw en huil en grijp mijn enkel vast.

Ik word opnieuw opgetild. Men brengt me naar een van de kleedkamers van DRL. Terwijl ik op de bank lig ontfermen mensen zich over mij. Alles is nog steeds een waas. Ik herinner me dat Jeroen niet van mijn zijde wijkt. Hij probeert me te troosten en te kalmeren. Een dikke zwelling aan de linkerzijde van mijn schedel bezorgt mij stekende koppijn. Ik zie de mensen zorgelijk naar mijn hoofd kijken. Ook de pijn in mijn enkel is nauwelijks te dragen. Mijn schoen wordt onder veel gescheld en geschreeuw uitgetrokken. Als mijn sok wordt opengeknipt gaat er een golf van oooh's en aah's door de kleedkamer. Het bot aan de rechterkant van mijn enkel is gebroken en steekt door mijn vlees heen. Dit shockeert mij zo dat ik opnieuw een paniekaanval krijg. Samen met de verwonding aan mijn hoofd wordt het me te veel. Ik begin te hyperventileren en val zo nu en dan helemaal weg. Als ik mijn ogen weer opendoe zie ik het ongeruste gezicht van Jeroen boven mij. Hierna ben ik een stuk kwijtgeraakt.

Mijn eerste herinnering na DRL is dat ik, gelegen op een brancard, het Clara-ziekenhuis word binnengereden. Hier ben ik geboren! Misschien dat ik er nu ook doodga. Het Clara ligt nog geen vijfhonderd meter van De Kuip! Mijn vrienden staan al in de hal en terwijl ik voorbij word gereden kijk ik ze in de ogen. Hun gezichten staan zorgelijk. Sommigen hebben het zwaar. Ik val opnieuw weg.

In de operatiekamer word ik weer wakker. De pijn in mijn enkel is ondragelijk. Godzijdank staat mijn lieve vriendin opeens naast me. Ze probeert me te kalmeren, terwijl ze mijn hand stevig vasthoudt. Aan het einde van de operatietafel verschijnt een dokter. Hij vertelt dat mijn enkel, voordat hij in het gips gaat, gezet moet worden. De reden dat de doktoren mij niet onder narcose brengen is een bloeding in mijn hoofd. De scan die men maakt ziet er erg zorgelijk uit. Ik zet me schrap. De pijn die ik toen heb gevoeld hoop ik nooit meer mee te maken. Ik schreeuw het uit. Ook mijn vriendin wordt het te veel. Als mijn pijngrens is bereikt val ik opnieuw weg. De nacht wordt kritiek.

De volgende dag word ik wakker. Ik lig in een kamer met vier anderen. Erg duidelijk is het allemaal niet aangezien ik nu morfine krijg om de pijn te verzachten. Morfine is grappig spul. Ondanks het feit dat ik zwaar in de kreukels lig lach ik de wereld tegemoet. Maar als het spul begint uit te werken verandert dit. Naast de pijn aan mijn enkel heb ik enorme hoofdpijn. Mijn schedel is nog steeds opgezet.

Er komen veel vrienden langs. De bezoektijden gelden niet voor hen, vinden ze. De broeders en zusters worden er niet goed van. Maar ze staan machteloos. Oogluikend staan ze het vele bezoek toe. Als de jongens in de gang een joint roken of als de halveliters bier vrolijk rondgaan, wordt er door het ziekenhuispersoneel een oogje dichtgeknepen.

De vierde dag is er ook een om te herinneren. Niet zozeer positief, jammer genoeg. Mijn gips wordt weer verwijderd en dan wordt mijn enkel geopereerd. Door de bloeding in mijn hoofd mag ik nog steeds niet onder narcose. Ik krijg daarom een ruggenprik. Akelig, die naalden. Maar na alle pijn is dit een *walk in the park*. Van de hele operatie voel ik niks.

Ik lig na de operatie op de brancard. Mijn gehele onderkant is nog verlamd door de ruggenprik. Dus ook het gevoel in mijn zaakie.

Spontaan krijg ik pijn in mijn buik. Het blijkt dus dat mijn lichaam een plens urine wil lozen maar dat mijn hersens dat niet doorgeven naar beneden. Dit is gevaarlijk, aangezien je blaas dan kan scheuren en dan kun je het wel schudden. De zusters pakken snel een slang met een dikte van een McDonald's-rietje. Ik krijg een katheter. Oh nee he, denk ik. Dit is iets waar je altijd over hoort vertellen en wat je nooit zelf wilt meemaken. Alles behalve in die regionen, is de gedachte van de meeste mannen. Een zuster pakt mijn getraumatiseerde knakworstje beet en schuift het slangetje naar binnen. Ik voel niks, maar kijk vol verbijstering naar het schouwspel. De rillingen lopen over mijn rug. Wat een hel!

Mijn enkel is finaal verbrijzeld. Met platen en schroeven wordt alles bij elkaar gehouden. Hierna krijg ik opnieuw gips. Die nacht slaap ik slecht vanwege de pijn. Naast mijn familie en lieve vriendin komen er nog steeds veel vrienden langs. Soms wel twintig tot veertig man per dag. Ik vind het geweldig en heb er veel steun aan.

Ik weet nog dat ik in een rolstoel word gewassen door mijn vriendin. Ik ben kwaad en zie het niet meer zitten. Naakt, in de kreukels, in een rolstoel, geen inkomsten, geen Feyenoord voorlopig. Ik heb mijn trots en ben nu hulpeloos en kwetsbaar. Ondanks mijn boosheid houd ik zo enorm veel van deze vrouw. Maar zij is voor mij de ware. Dat is al zo vaak gebleken en ook op dat moment in het ziekenhuis besef ik dat maar al te goed.

Ondanks alle ellende genees ik redelijk snel. Ik mag na een week het ziekenhuis verlaten. Wel moet ik op controle. Ik moet daarna nog een tweede keer worden geopereerd aan mijn enkel. Thuis begint het echte herstel. Mijn vriendin is lief voor me. Ze staat erop dat ik rustig aan doe. Dat heeft ook de dokter met klem geadviseerd. Het zal nog maanden duren voordat ik weer de oude ben. Maar ik heb in die tijd een stressvol leven met allerlei zaakjes die niet stil kunnen blijven staan. Echt rustig aan gaat het dan ook niet en er wordt al snel weer geleefd. Ik merk nu nog steeds dat mijn kortetermijngeheugen erg slecht is. Daar heeft de dokter ook voor gewaarschuwd. Hoofdpijn, geheugenverlies, dat soort dingen. We zijn nu jaren verder en uiterlijk heb ik er niet meer dan een flinke deuk in mijn hoofd aan overgehouden.

Het virus dat Feyenoord heet is met geen verwonding, operatie of medicijn uit iemands lichaam te bannen, dus al snel duikt ook Feyenoord weer op. Feitelijk heb ik het in het ziekenhuis met mijn vrienden alweer over de Feyenoord-perikelen. Sterker nog, nog geen vier maanden later ben ik betrokken bij een massale voetbalrel. In Arnhem worden wij met vijftien jongens belaagd door een overmacht aan Vitesse-fans. Op de beelden die in de rechtszaak worden getoond zie je mij strompelend en mank de strijd aangaan. Onverbeterlijk, echt waar.

Ook mijn FIIIR-maat Eckie was zwaargewond geraakt bij de vechtpartij bij DRL. Een traumahelikopter bracht hem naar een ander ziekenhuis. Hij was door een jongen met een ketting op zijn hoofd geslagen. Hij lag in het ziekenhuis met een schedelbasisfractuur: zijn schedel was in het midden gescheurd en over elkaar heen geschoven. Ondanks het feit dat het er ook voor hem somber uitzag is hij er, net als ik, helemaal bovenop gekomen. Hij staat weer als vanouds zijn mannetje.

De gebeurtenissen die ik hierboven beschreef hebben die eerste tijd zeker grote invloed op me gehad. Ik weet nog dat ik op de eerste housefeesten die ik bezocht een beetje paranoide was. Ik was schichtig en bang dat iemand mij van achteren of vanaf de zijkant een klap op mijn hoofd zou geven. Het zou helemaal verkeerd aflopen als de bloeding in mijn hoofd weer zou gaan lopen. Inmiddels ben ik dat angstige gevoel kwijt.

Wel kijk ik nu gelaten op het voorval terug. Je oogst wat je zaait of boontje komt om zijn loontje. Het is in ieder geval zo dat iedereen wel eens de verkeerde tegenstander tegenkomt. De donkere jongen met knuppel werd veroordeeld tot drie jaar cel voor poging tot doodslag. Hij had al een ellenlang strafblad. Ook had hij tbs gehad. Natuurlijk hebben wij een reputatie in Rotterdam en we staan zeker aan de top. Maar zoals mij toen weer bleek is het ook een jungle.

Een maffe kok

Onze groep verzamelt vandaag in café De Dijk in Kralingen. Ons kleine broertje Excelsior speelt tegen FC Twente. De Tukkers hebben een vrij-vervoer-regeling. Ik vertelde al dat de groep van Twente op nummer twee qua minst geliefde clubs in ons boekje staat. Hoewel er niet zo'n intense haat heerst als tegen de 'Joden' hebben wij toch een broertje dood aan de Tukkers. Sinds de jaren negentig komen ze bij thuiswedstrijden altijd goed voor de dag. Zodra de stadgrenzen van Enschede bereikt worden verdampt deze moed helaas. Toch houden wij rekening met een kleine delegatie harde kern van hun kant. En wat blijkt? Hoewel ze ongetwijfeld een aanval van onze kant verwachten hebben ze het toch aangedurfd de tocht naar Rotterdam te maken.

In café De Dijk wordt door zo'n vijftig man gedronken en gelachen. Telefonisch komen we niet veel verder in onze pogingen de Twentenaren te bereiken. Een half uur voor de wedstrijd beginnen we aan de korte wandeling van tien minuten. Het is donker. Veertig man lopen beneden de dijk die naar Woudestein leidt. De overige man of tien lopen op de dijk langs de trambaan in de felle straatlichten. De rest van de groep loopt onopvallend langs donkere en schemerige straten. Als we zo'n vijfhonderd meter van het stadion verwijderd zijn en nog steeds de beschutting van de woningen en straten kunnen gebruiken zien we in de verte een groep. Zo'n twintig man staan onder een afdak van een gebouw. Bij het zien van de groep wordt direct de aanval ingezet. Een gedeelte van de Tukkers vecht terug, maar veel moeite kosten ze ons niet. Sommige Tukkers raken lelijk gewond.

We rennen de rest van de vluchtende Tukkers achterna. We komen inmiddels dicht bij het stadion en besluiten op te splitsen en in kleinere groepen verder te gaan. Ik loop samen met Cheese een bar/restaurant binnen. Daar treffen we een groep Twentse fanatiekelingen aan. Verbaal kleineren en bedreigen wij de *fanatics*, maar ze hebben er weinig trek in, dus is er niks aan. Na het verlaten van de zaak verlaten gooien een paar jongens wat stenen richting de ruit van het restaurant. Erg goede worpen zijn het niet, aangezien de ruit intact blijft. In zijn witte schort komt de woedende chef van het restaurant naar buiten. Deze forse kerel met een groot slagersmes beschermt zijn boterham en zijn klanten. Niemand van ons heeft er trek in de confrontatie met deze schuimbekkende, bewapende kok aan te gaan. Ook de massaal aanstormende ME maakt het er niet gemakkelijker op. Iedereen spurt alle kanten op. Ik spring in een voorbijrijdende wagen met wat bekenden en kan zo ontkomen.

Het was een gezellige avond met wat kleine hoogtepunten. De paar loslopende Tukkers van de harde kern was duidelijk gemaakt dat ze niet zomaar wegkwamen uit Rotterdam. En respect voor de maffe kok die schijt had aan een groep hooligans.

Verzetje Valkenburg

In 2005 zijn zaterdagavondwedstrijden al een tijd een zeldzaamheid. De reden: dankzij onze slechte reputatie gebruikt de kit liever het daglicht om het Rotterdamse tuig in de gaten te houden. Maar tot onze verbazing wordt vandaag weer eens op een zaterdagavond aangetreden. Feyenoord speelt uit tegen Roda, in het verre Kerkrade.

Overgangsperiode

We spreken af elkaar te ontmoeten in Valkenburg. Het plan is van daaruit op te trekken naar Kerkrade waar we Roda-aanhang hopen te treffen. Na een autorit van drie uur blijkt Valkenburg een waanzinnig stadje. Er is veel te beleven. We groeperen bij het afgesproken café. De stemming is uitgelaten en baldadig. De opgetrommelde kit passeert zo nu en dan de kroeg en kijkt vol afschuw naar de bende dronkenlappen. Ik heb 'm inmiddels ook aardig zitten en besluit met mijn maat Dave een rondje te gaan lopen. Ook Brian voegt zich bij ons. Finaal van de kaart weten we menige toerist en inwoner van Valkenburg te beledigen en belachelijk te maken.

Op een plein komt een forse blonde kerel ons af stappen. Aan zijn houding zien we al dat hij niet voor een gezellig praatje komt. Na wat onduidelijke Limburgse keelklanken te hebben aangehoord besluiten we de man een lesje te leren. Ik spring op hem af en beuk er flink op los. Hoewel ik de overhand heb, vecht de Limburger fel terug. Opeens vliegt ook Dave hem aan. Met een *flying kick* schopt hij de man finaal de lucht in. Dit is niet zo gek, aangezien Dave een grote Antilliaan is van rond de 100 kilo. En als die aan komt vliegen, berg je dan maar! Het is helemaal over voor de Limburger als Brian hem met een terrasstoel een vakkundige genadeklap geeft.

Respect voor deze man. Overal lopen gekken. Zelfs in het verre Valkenburg.

We rennen terug naar ons café. We kunnen de veiligheid van onze groep gebruiken om eventuele herkenning door de politie te voorkomen. Inmiddels is iedereen zodanig aangeschoten dat we een veelkoppig ongeleid projectiel zijn. Een uur voor de aanvang van de wedstrijd arriveert onze groep, zo'n 120 man en verdeeld over verschillende wagens, in Kerkrade. In de wagen bij Landmijn horen we dat het groepje uit Zuid, bestaande uit onder anderen Dave, Yoran en Hoopie, al een groepje Roda-spotters heeft afgetrapt. Een andere groep van ongeveer zestig man heeft getracht de Roda-kroeg aan te vallen. Deze aanval wordt, dankzij de massaal aanwezige ME, afgeslagen. Ondanks het vele telefonische contact met de Roda-groep komen de mannen niet verder dan een eigen kroeg.

Op een enkeling na die naar de wedstrijd gaat, vertrekken we uiteindelijk weer richting Rotterdam. Bij aankomst gaan de meesten huiswaarts. Een klein deel zoekt de kroeg op. Alles bij elkaar was het, ondanks de ontbrekende confrontatie, een mooie dag. Wanneer Roda meer initiatief had getoond had er zeker meer in gezeten. Maar ja, zo loopt het soms. Van de tien pogingen zijn er misschien een, hooguit twee succesvol. In ieder geval hadden Dave, Brian en ikzelf een leuk verzetje in Valkenburg.

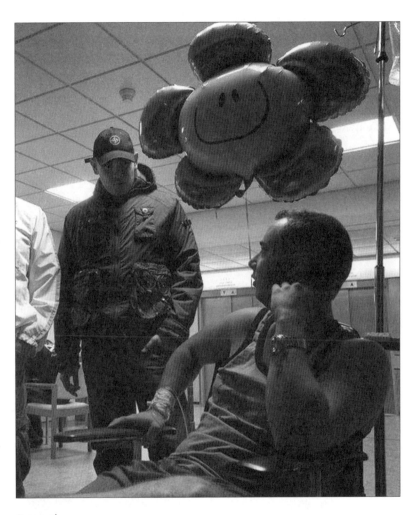

Support!

Feyenoord ter ziele door wanbeleid. Dit wordt uitgebeeld door de symbolische doodskist.

Verzamelen!

HET HOOGVLIETSE POOLCAFÉ

Kort vooraf

Bar dancing THE Pool in Hoogvliet was van 1999 tot 2002 onze thuisbasis in de weekenden en vaak ook doordeweeks. Heel Hoogvliet was hier aanwezig. Voldoende ruimte, ideale ligging, leuke muziek, mooie vrouwen en genoeg opgeschoten jeugd.

Alleen over THE Pool kan ik al een jongensboek schrijven. Doordat we meeliepen met de harde kern kregen we als RJK Hoogvliet ook in onze eigen woonplaats steeds meer respect. Mensen wilden graag met ons omgaan en met ons gezien worden. Dat zorgde voor een heerlijke voorrangspositie in Hoogvliet. Bij de eigenaren, de uitsmijters en zelfs de politie.

Pernis

In 2000 is er al een tijdlang een koude oorlog met de aangrenzende plaats aan Hoogvliet, het dorp Pernis. Het dorp is niet groot, maar wel berucht. Bovendien heb je in Pernis maar één ingang en één uitgang. Met een beetje pech kom je na een knokpartij het dorp niet meer uit omdat je simpelweg wordt ingesloten.

De raffinaderijen van Shell staan in Pernis. Veel boten liggen aan de kade om geladen en gelost te worden. De matrozen die tijdens het laden en lossen lang moeten wachten gaan dan graag een biertje drinken in de plaatselijke cafés. Ook zij onderschatten vaak het kleine dorp en zijn inwoners. Na een paar biertjes komt vaak het baldadige gedrag van de zeelieden naar boven. Er zijn dan heftige confrontaties met de dorpelingen. Met grote regelmaat gaan de zeelieden dan gestrekt het café uit en rijden ambulances af en aan.

Binnen de harde kern van Feyenoord heeft Pernis een goede afdeling vaste krachten. Vooral Robert en S. van de SCF waren berucht. In hun jonge jaren waren het goede vrienden, die voor niemand bang waren. Robert was een beer van een vent en een van de beste vechters van de harde kern. Hij was een straatvechter zonder enige vorm van angst. Ik zie hem als een wereldgozer. Aardig, grappig, maar ook gek. Hij heeft die blik. Als hij omsloeg was hij een ware vechtmachine. Zijn handen waren zo vaak gebroken dat zijn vingers schots en scheef stonden. En dan S.: hij was klein van stuk, maar een tornado als het losgaat. Samen waren Robert en S. berucht in Pernis en omstreken.

Het is een zaterdagavond in 2000. We lopen met een man of acht naar huis als er naast ons een wagen met vijf Pernissers stopt. We staan op een afgelegen stuk, ver uit het zicht van politie en andere mensen. De Pernissers stappen uit. Kleine Kim, Rikkie Kauwgomballenkop, Cas en nog twee anderen. Met uitzondering van Cas zijn we niet onder de indruk. Cas is, zo denk ik, van Indonesische afkomst. Hij heeft een flinke dosis schijt aan onze reputatie. In zijn opgefokte en gehaaste manier van doen laat hij een pistool op de weg vallen. We schrikken. We staan tegenover elkaar.

In ons midden hadden wij Eric. Eric is een vriendelijke, supersociale jongen. Maar hij is wel een top-thaibokser, een A-klasser met een mooie toekomst voor de boeg. Hij vliegt Cas direct aan. We kijken toe hoe Cas en Eric vechten om de eer van Hoogvliet en Pernis. Eric heeft het zwaar. Maar uiteindelijk is hij Cas toch de baas. De Pernissers proberen weer in hun wagen te komen. Nu komen wij ook in actie. De ruiten van de wagen van Rikkie Kauwgomballenkop worden ingeslagen. Met het portier nog half open scheurt de auto weg. Het zou makkelijk zijn geweest om de jongens echt aan te pakken. Maar dit was beter: Cas en Eric hadden een eerlijk robbertje gevochten en godzijdank was het pistool niet gebruikt.

Enkele uren later rijden we door de wijk Boomgaardshoek in Hoogvliet. Ik zit in de wagen met Landmijn en Randy. Plots wordt onze auto afgesneden door twee wagens. Er springen enkele Pernissers uit. De jonge garde Pernis heeft de hulp ingeschakeld van de oudere. Onder hen is ook Ponypack, oude garde SCF... en Pernisser. Hij is woest over de kleine afstraffing van eerder op de avond en wil wraak. Ik ben een jaar of zestien en Ponypack is naar schatting twee keer zo oud. Deze beer van een kerel sleurt mij de wagen uit. Hij zet me tegen een lantarenpaal en knijpt mijn keel dicht. Schreeuwend vraagt hij of ik weet wie hij is. Wie hij is interesseert me op dat moment totaal niet, want ik snak naar adem.

Randy moet ondertussen ook de nodige trappen en klappen incasseren. Even plotseling als ze zijn gekomen vertrekken de Pernissers. Randy en ik blijven met dikke ogen en een bloedneus achter. Landmijn is zijn achterruit kwijt. De schade valt gelukkig mee. Het is meer een waarschuwing dan een afstraffing.

We kijken elkaar aan en schieten keihard in de lach. Ach ja, het hoort erbij en als dat je van je stuk brengt dan moet je maar bij de padvinders gaan.

Deze avond vormt wel de inleiding voor een lange vete met veel gevechten tussen Hoogvliet en Pernis. Mijn broer hoort mijn verhaal en is kwaad over het feit dat de veel oudere Ponypack zich met de jongerenstrijd bemoeide. Remon komt die week erop met een zware delegatie van jongens met invloed naar THE Pool om in ieder geval te laten zien dat, als het moest, hij er staat voor mij. Robert en S. bemoeien zich niet met dit conflict omdat ze goede vrienden zijn van Remon en zijn delegatie.

Op een avond ben ik weer in THE Pool. Op weg naar buiten loop ik in het halletje Cas, Kim en nog wat andere Pernissers tegen het lijf. Of ik het ben of Cas weet ik niet meer, maar een van ons geeft de ander een eerste klap. We pakken elkaar bij de kraag en geven elkaar om de beurt een enorme dreun. Wie zal het eerst neergaan? Zover komt het echter niet. De toegesnelde beveiliging trekt ons uit elkaar.

Dit alles is opnieuw een incident. De incidenten stapelden zich op en er moet een uitbarsting komen. Die komt er dus ook...

Op een zaterdagavond drinken Randy, Roland, Baksteen, Boom, Gilou, ik en nog paar anderen een biertje in THE Pool. Onverwachts komt een flinke delegatie Pernis binnen. Er volgt een directe *kick off* waar ook oudere Pernissers bij betrokken zijn. Daarom bemoeit ook de oudere Hoogvlietse garde zich ermee. Mitch en Erik laten hun jarenlange ervaring als SCF-ers flink gelden. Mitch heeft een halve biljartkeu in zijn handen en Erik laat zijn ijzeren vuisten neerkomen op de Pernissers. Het gevecht slaat over op de circa 250 aanwezige bezoekers. Ook een Turkse groep met een reputatie raakt betrokken bij het massageweld. Het is complete anarchie. Zelfs de vrouwelijke eigenaresse en haar man lopen rond met een biljartkeu in de hand. Aangezien het politiebureau tegenover THE Pool gesloten is moet de kit helemaal van Zuid komen. Dat duurt zeker een kwartier. Dat geeft ons ruim de tijd om heel wat schade aan te richten.

Ik spot een vluchtende Pernisser die de trap van THE Pool probeert op te komen. Zijn shirt is hij al kwijtgeraakt. Hij wordt door een bekende Hoogvlieter bij zijn broekriem gegrepen. Met een stanleymes haalt de Hoogvlieter twee keer uit op de rug van de Pernisser. Ik zie vol verbazing hoe de rug van de Pernisser openspringt als een net gefileerde haring. Van schouder tot onderrug. Bloedend en kermend van de pijn gaat de Pernisser door zijn hoeven.

Buiten zijn zo'n vijftig man van verschillende partijen met elkaar in gevecht. Ik pak samen met een maat een Pernisser aan. Deze groep heeft het nu erg zwaar. Ze delven zwaar het onderspit en druipen langzaam maar zeker af. Gilou uit Hoogvliet is ondertussen geïsoleerd geraakt tegenover de Turken. Hij is levensgevaarlijk gewond door meerdere steekwonden in zijn buik en moet per ambulance worden afgevoerd voor een spoedoperatie. Ook andere ambulances rijden af en aan om gewonden af te voeren.

Het is een ware veldslag geworden en het was ver gegaan, heel ver. Het is een wonder dat er die dag geen doden waren gevallen. Hierna moest er gepraat worden tussen de afdelingen Hoogvliet en Pernis. Dit treffen was volledig uit de hand gelopen. En dat terwijl we uiteindelijk allebei bij Feyenoord kwamen. Er volgde een bestand. Dat geldt tot op de dag van vandaag. Sterker nog; tegenwoordig zijn er oppervlakkige vriendschappen. Wel houden we in ons achterhoofd dat wij de strijd uiteindelijk gewonnen hadden. De toen jonge garde van Pernis moet met iets meer pijn in hun hart terugdenken aan de jarenlange vete en aan alle gewonden die deze had voortgebracht. Na deze incidenten werd op last van de toenmalige burgemeester van Rotterdam, Ivo Opstelten, THE Pool gesloten.

Spijkenisse

Spijkenisse wordt door rivier de Maas gescheiden van Hoogvliet. De twee plaatsen liggen elkaar niet echt. Op de jaarlijkse kermis van Spijkenisse wordt dan ook fel gevochten tussen de voornamelijk autochtone bevolking en ons. Maar ook rivaliserende Antilliaanse bendes staan elkaar naar het leven.

In onze begintijd, nog net voor de tijd van het Poolcafé, zochten wij ons heil in café Double Diamond in de Kerkstraat in het uitgaansgebied van 'Spijk'. Harde knokpartijen met uitsmijters, plaatselijke bevolking en politie waren orde van de dag. Landmijn is daar zijn tanden kwijtgeraakt door een paar beuken van de uitsmijters van het café.

Toen rond 2000 de Pooltijd begon trokken steeds meer Spijkenissers richting Hoogvliet. Een buitenstaander werd snel door ons opgemerkt en zo jong en baldadig als we toen waren, voelden wij die standaard aan de tand. De waarheid is eigenlijk dat wij hen net zo lang uitdaagden tot wij een reactie kregen die bijdehand genoeg was om op te treden. Oh, oh, oh, wat waren wij, als ik eraan terugdenk, klieren op onze jonge leeftijd.

Op een avond wordt THE Pool bezocht door jongens van het Kamp Groenoord in Spijkenisse. Kampers zijn over het algemeen niet bang uitgevallen en ze zijn zeker niet op hun mondje gevallen. Buiten THE Pool staan we met een man of vijf tegenover eenzelfde aantal kampers. Een flinke vechtpartij volgt. Paultje uit Zuid, die Hoogvliet bezoekt die avond, probeert zijn beste vechtkunsten te laten zien. Maar Paul is geen vechtmachine. Hij doet zijn uiterste best. Ondanks het feit dat hij hem goed raakt blijft zijn tegenstander overeind staan. Ik schiet Paultje te hulp en maai de kleine kamper tegen de grond. Over en weer volgen klappen, waarbij er uiteindelijk een *stand off* is.

Een week later loop ik, ik geloof met Roland of Randy, langs een café in Hoogvliet. We zien enkelen van de kampers zitten op het terras. We stoppen en er heerst een lichte spanning. Dan staat een van de kampers op en steekt zijn hand uit. Hij vertelt dat hij had genoten van ons robbertje vechten. Verder *no hard feelings*. Wij zijn mans genoeg om elkaar ook de hand te schudden en de strijdbijl te begraven. Volgens mij moet het ook kunnen: elkaar de hersens inslaan en vervolgens de hand schudden. Van een paar klappen ga je niet dood en je wordt er hard van. De kampers en wij: mannelijke eer, trots en vergeving. Precies zoals het hoort, vind ik zelf.

Antillianen door de jaren heen

De vete met de Antillianen is misschien wel net zo hard of harder geweest als die met Pernis. Iedereen op Curaçao kent Hoogvliet. In de jaren tachtig en negentig namen de Antillianen bezit van complete wijken in Hoogvliet. De Oudeland, Oude Wal, Westpunt, Meeuwenplaat en Nieuw Engeland waren getto's geworden. Kortom, *the place to be* voor emigrerende en vaak criminele Antillianen. In de jaren negentig werden er complete docu's, artikelen en rapsongs aan gewijd met namen als 'Getto van Hoogvliet' en 'In Hoogvliet'. In die beruchte wijken kwam de politie dan ook niet. Deden zij dat wel, dan werd er soms willekeurig geschoten vanuit de vele flats of werden ze belaagd door een hysterische meute. Het waren gekke jongens en die heftige tijd heeft geduurd tot circa 2002. Hierna was er veel nieuwbouw, waarbij velen van de Hoogvlietse Antillianen naar de Rotterdamse wijken Pendrecht en Katendrecht trokken en naar het Dordtse Krispijn. Maar nog steeds zit er een harde kern Antillianen in Hoogvliet die niet met zich laat sollen.

De meeste groepen en bevolkingen kijken uit voor onze hardekerngroep. Ze weten waar wij toe in staat zijn. De Anti's hadden hier schijt aan en als het moest pakten ze een pistool en vuurden gewoon op een groep of persoon. Het gevangenisleven hier in Nederland is een lachertje voor deze jongens en fluitend zitten zij hun tijd uit als het moet. Velen hebben door hun maatschappelijk lage posities niets te verliezen en dalen af naar het criminele bestaan als overvaller of als drugsdealer. Ook met onze groep harde kern was het regelmatig raak, meestal in Hoogvliet, na avondjes Pool. Dit wachtte op een hoogtepunt...

Na wat flinke knokpartijen liep ik met Balenhaak Ben het jeugdhonk in Hoogvliet binnen. Het was rustig en we bestelden een biertje. Balenhaak Ben kwam uit een ontspoord gezin met allerlei geadopteerde gezinsleden. Ben kreeg veel slaag thuis en beantwoordde dat dagelijks door terug te slaan. Een totaal onstabiele situatie die Ben had gemaakt tot een kansloze figuur We hadden met hem te doen. Ik en ook mijn ouders hielpen hem met kleding, eten en vaak onderdak. Ik dacht hier goed aan te doen. Later heeft mijn vader een huis voor Ben geregeld en dat in zijn vrije tijd helemaal opgeknapt. Op wat voor manier is niet van belang in dit boek, maar uiteindelijk belazerde Ben mijn vader. Hij was ooit mijn beste maat, maar nadat hij mijn vader in het ootje had genomen werd hij mijn gezworen vijand.

Ben kwam op een gegeven moment een Rotterdams café binnenlopen waar ik ook aanwezig was. Ik brak een vaasje bier op de hoek van de bar en toen kreeg ik een rood waas voor mijn ogen. We begonnen te vechten en Ben raakte zwaar gewond en honderd meter verder zakte hij al in elkaar op zijn vluchtroute. In een plas bloed werd hij gevonden door ambulancepersoneel. Godzijdank is hij in het ziekenhuis gered. Hij had mijn bloed verraden en ik wilde hem straffen. Maar natuurlijk was ik blij dat hij het overleefde.

Ik ben hem al een paar keer tegengekomen na dit incident en het lijkt of hij enkel meer respect voor mij heeft gekregen. Of het angst is, dat weet ik niet. Toch fietst deze gek soepel door het leven. Of hij slaat weer een rijke vrouw aan de haak die hem maanden onderhoudt of hij regelt een andere bron van inkomsten. Verslaafd, gestoord en geen toekomstperspectief jammer genoeg.

Maar toen het nog goed tussen ons was stonden Ben en ik dus eens met een pilsje aan de bar in Hoogliet. Ineens kwam er een grote groep van rond de 25 Antillianen binnen, zeer beruchte jongens in Hoogvliet die een mes of pistool niet schuwen. Ik weet tot op de dag van vandaag nog steeds niet of het toeval was of dat de Anti's waren getipt. Ik werd tegen de muur geduwd en kreeg een mes tegen mijn keel. Op zijn Antilliaans-Nederlands vroeg de jongen met het mes: 'Was jij die boy van vorige week?' Ik weet nog dat ik niet bang was. Ik zei niks en voelde mij alsof ik ergens anders was. Ik kon geen woord uitbrengen en denk dat ik me klaarmaakte voor een ernstig lot dat mij was toebedeeld. Ik zag hem schreeuwen maar hoorde hem eigenlijk niet. Een soort reactie van mijn geest en lichaam. Ik had geen kans en Ben was in geen velden of wegen te bekennen. Hij was direct gevlucht. Ik was lijkbleek en had het gevoel alsof mijn laatste minuten waren aangebroken.

Maar ik kreeg een helder moment en sloeg het mes weg. Ik baande me een weg door het honk, waarbij ik klappen en schoppen kreeg. De jongen met het mes kwam achter mij aan en haalde uit. Hij raakte mij achter op mijn hoofd, waar ik vandaag de dag nog een aandenken aan heb. Toen ik mij omdraaide stak hij nogmaals, deze keer in mijn hand. Ik vluchtte naar buiten en rende voor mijn leven. De Antillianen bleven binnen en vonden deze afstraffing genoeg. Ik besefte dat ik veel geluk had gehad.

Het nieuws ging snel naar mijn achterban en even later stonden er verschillende groepjes gewapend met van alles klaar om oorlog te voeren. Ik remde de boel af. De Antillianen en wij kenden elkaar. We hadden bij elkaar op voetbal en op school gezeten en zij wisten waar ik woonde. Als het zo doorging zou ik mijn vader en moeder dus ook in gevaar brengen. Ik besloot af te wachten en de tijd te nemen de dader zelf aan te pakken.

Een week later, op dinsdagmiddag, liep ik door Hoogvliet. Op een rustig stukje ter hoogte van het Einstein Lyceum zag ik twee Antillianen mij tegemoet lopen. De reden dat ze mij misschien haatten, maar ook respecteerden was dat ik nooit bang was. Ik zocht het niet direct op maar ging het ook niet uit de weg. Een van hen kwam tegenover mij staan en het was voorhoofd tegen voorhoofd. De jongen haalde uit, waarna ik terug sloeg. De haat en frustratie kwamen nu van mijn kant en ik bleef slaan op de kleinere jongen. Ik sloeg hem zo vaak dat hij uiteindelijk bloedend op de grond lag. Ik was zo wild dat de twee mij niet de baas waren. Terwijl ik boven op de jongen zat en bleef slaan hing de andere jongen om mijn nek. Ik stopte met slaan. De murw geslagen Anti stond op en rende met zijn maat weg. Ik rende de twee nog zo'n twintig meter achterna, waarna ik een steek voelde in mijn zij. Ik trok mijn shirt omhoog en zag dat ik hevig bloedde. Ik was neergestoken. Vijf gaatjes zaten er in mijn buik, waarvan er drie oppervlakkig waren. Uit twee van de steekwonden stroomde bloed.

Ik strompelde naar huis en liep de keuken binnen. Mijn moeder stond eten te maken en schrok. Ze huilde en riep mijn vader. Die gooide mij in de wagen en snel gingen we naar het ziekenhuis. Met een wattenstaafje werd gekeken hoe diep de wonden waren. Twee van de steekwonden waren enkele centimeters diep en hadden net wel of net niet mijn darmen geraakt. Ik moest ter observatie in het ziekenhuis blijven. Mijn ouders hadden veel verdriet om hun zoon. Maar uiteindelijk viel het mee en de volgende dag mocht ik weg.

Nog steeds zat ik in mijn maag met het feit dat de Anti's mijn adres wisten of gemakkelijk konden achterhalen. De harde kern was woest en wilde wraak, en die zou ook komen...

Een week later volgde er weer een heftig incident. Ik was in THE Pool, die afgeladen was met Antillianen. De hoogtijdagen van de Feyenoord-Pooltijd waren toen al voorbij. Ik was met Ben, Jack en nog enkele andere vrienden aanwezig. Toen wij naar buiten liepen en de hoek om waren hoorde ik mijn naam. 'We moeten Yoeri hebben. Waar is Yoeri?' Ik liep terug en zag om de hoek een grote groep Anti's staan. Ze liepen op mij af en een van hun frontmannen zei: 'Nu ben je niet zo stoer meer, hè?'

Ik had inmiddels alles meegemaakt met deze mannen en het boeide mij gewoon niet meer. Ik haalde uit naar de kin van de jongen en hij ging zitten. Hierna was het alsof ik belaagd werd door een bende hyena's. Ik kreeg klappen en schoppen van alle kanten. Op een gegeven moment lag ik op de grond en zag ik enkel nog flitsen van de trappen die ik kreeg. Je zit in een soort schemerfase, tussen bij kennis en bewusteloosheid in. Je beschermt jezelf zo veel mogelijk. Bij elke schop of klap tegen het hoofd neem je een flits waar. Je registreert het, maar pijn voel je niet, de pijn komt later als je adrenaline is verdwenen en je volledig bij kennis bent.

Ben en nog enkele anderen lieten mij aan mijn lot over. Degene die mij heeft gered was Jack, een flinke jongen van Zuid, maar niet direct de beste vechter. Hij had een kale kop. Hij schreeuwde: 'Genoeg! Genoeg! Laat hem met rust!' Op de een of andere manier realiseerden de Antillianen zich dat het inderdaad genoeg was, want ze lieten me verder met rust. Nogmaals bedankt, Jack! Zonder jou had ik het misschien niet kunnen navertellen.

Maar Jack was niet de enige, ook onze geliefde uitsmijter Dave redde mij. De grote bekende Antilliaanse uitsmijter uit Rotterdam. Hij waarschuwde de Antilliaan die naar de wagen rende en een pistool pakte om mij misschien wel voorgoed een lesje te leren. Die Antilliaan had blijkbaar zo veel respect voor Dave dat hij het pistool liet liggen. Dit heb ik later uit de mond van Dave gehoord.

Enkele weken later zat ik bij Roland thuis. Het was zaterdagavond. Ik was enorm gefrustreerd en wist dat THE Pool die avond weer vol Antillianen zat. Ik vertelde Roland dat ik naar THE Pool ging, maar hij smeekte mij dat niet te doen. Ik wilde ze laten zien dat ze mij niet klein kregen. Mijn eer was aangetast en ik was tot alles in staat.

Mensen moeten weten dat ze niet met je kunnen sollen. Ze weten dat je terugkomt en daardoor zullen ze een confrontatie uit de weg gaan. Dat ik alleen ging en waarschijnlijk weer klappen zou krijgen maakte niet uit. Het gaat erom dat ze je niet klein kunnen krijgen; je trots, mannelijkheid. Dat is ook het gevoel wat heerst binnen de groep. Je kunt Feyenoord niet zomaar aanpakken, ze komen terug... x 100.

Dus ik ging erheen. Toen ik aankwam bij THE Pool stond de alom bekende Leen Maas aan de deur. Dit oermens, een zeer bekende uitsmijter, vroeg of ik gek was en liet mij niet naar binnen. Voor mijn eigen veiligheid, zei hij. Hij had gelijk. Ik was jong en wild. Tegenwoordig ben ik nog wel in staat tot bepaalde dingen, maar overweeg ik die beter dan vroeger. Jong en te onbevreesd was ik, roekeloos. Inmiddels ben ik wat ouder en doordachter, gelukkig maar. En daarom ben ik er nog steeds en ik wil er nog een hele tijd blijven. Met Feyenoord. Want anders hoeft het van mij niet...

Tweede en derde generatie Feyenoord gaan gevecht aan met PSV.

SCF & FIIIR, Hollands Finest (voor beide foto's, zie: Best gek! pag. 161).

De Feyenoorders worden op gepaste wijze welkom geheten in Glasgow (zie: De mannen van het eiland, pag. 111).

TOT SLOT

In het najaar van 2012 leidde het incident rond het Project X-feest in Haren tot veel landelijke commotie en veel geschokte reacties. Uiteraard werd er weer melding gemaakt van de aanwezigheid van hooligans: jongens met stadionverboden van FC Groningen. Hun aanwezigheid werd weer eens gebruikt om de landelijke debatten stevig op te voeren. Maar er kwamen duizenden jongeren op Haren af. Dat waren jongeren uit alle lagen van de bevolking: van rechtenstudenten en scholieren tot keetjongeren uit de naburige dorpen. Kortom, het was een greep uit de maatschappij. Tussen die duizenden jongeren bevonden zich dus ook voetbalfans, want ook zij behoren tot die greep uit de maatschappij.

Tijdens een discussieprogramma op de dag na de rellen veerden de aanwezigen op toen het woord 'voetbalhooligans' voorbij kwam. De dagen na de rellen had iedereen een mening: 'Zoiets gebeurde vroeger niet en de jeugd is aan het verharden'.

Feit is dat na de Tweede Wereldoorlog elk decennium zijn 'hooligans' had. Van de nozems in de jaren vijftig en zestig en de punkers in de jaren zeventig. En vergeet niet de massale krakersrellen in de jaren tachtig en negentig. Zouden dit allemaal mensen zijn die handelden vanuit geloofsovertuiging en idealen?

Bij rellen is er altijd een harde kern. De rest van de aanwezigen zijn meelopers, mensen die het heerlijk vinden zich te verzetten tegen de macht. 'Zij' die ons onderdrukken, 'zij' die ons kaalplukken. Daarbij komt dat bekende gen weer los waar ik het al eerder over had. Dat gen dat alle mannen in meer of mindere mate bezitten, denk ik. Vanuit de oorsprong. Mannen strijden en vechten. Zonder geweld, moord, bombardementen en verovering is de wereld 'saai'. Dat blijkt wel uit het feit dat er nauwelijks jaar vrede op aarde is.

De mensen die in Haren zo vreselijk tekeer zijn gegaan zijn mensen die 24/7 binnen de lijntjes lopen, het gewenste maatschappelijke leven leiden. Zij worden binnen die lijntjes gehouden door ontelbare regeltjes, boetes en straffen die er anders dreigen. Maar in Haren zagen ze het gebrek aan gezag en roken ze hun kans. Een diep weggestopt gevoel kwam nu bovendrijven. De jongeren in Haren die zich schuldig maakten aan het plunderen, mishandelen en slopen gaan nu waarschijnlijk gewoon weer verder met hun leven. Ze gaan weer studeren of straatjes leggen voor een bouwbedrijf. Tot er weer een nieuw Project X komt. Het zal altijd blijven: het geweld, de uitbarstingen van een menigte. Vroeger, nu en in de verre toekomst.

Dankzij de pers is de publieke opinie richting ons beroerd. Veel vooroordelen, zoals holbewoners en hersenloze knokkers. Het bekende praatje 'ik durf niet meer met mijn kind naar het voetbal' wordt eindeloos herhaald en doorverteld. De cijfers van het onlangs gepubliceerde rapport van het Meldpunt Voetbalvandalisme waren weer schrikbarend. Er was zelfs een stijging aan incidenten in vergelijking met het voorgaande jaar. Maar er wordt niet verteld dat hier ook incidenten bij zitten zoals als wildplassen en alchoholovertredingen. En zo kom je inderdaad aan die hoge cijfers.

Volgens mij zijn de incidenten in de stadions te verwaarlozen. Tegenwoordig gebeurt er, op wat spreekkoren en vuurwerk na, nauwelijks nog iets. Vroeger, in de tijd dat de beveiliging nog slecht was, toen was er wel geweld binnen de stadions. Het was een eitje om het veld te betreden. In de jaren tachtig en negentig werden ook regelmatig vuurwerkbommen op het veld gegooid.

De laatste jaren heeft de politie heeft het allemaal steeds beter in de hand. Er worden nu auditteams ingezet en liplezers observeren

Tot slot

de toeschouwers op het scanderen van ontoelaatbare leuzen. De mensen die nu nog roepen dat het allemaal levensgevaarlijk is zijn meestal de napraters en meelullers. Kom zelf eens kijken, en geniet van een kolkende Kuip, zonder levensgevaarlijk geweld!

De afgelopen tijd heeft mijn leven op zijn kop gestaan. Het is alsof ik in een tijdmachine ben gestapt en door het schrijven van dit boek mijn gehele 'carrière' van vijftien jaar voetbalvandalisme opnieuw heb beleefd. Ik heb veel onthouden en opgeschreven. De vele gesprekken waarbij het verleden werd opgerakeld deden mijn hart opwarmen. Het moet voor veel mensen bizar zijn om te lezen dat mijn vrienden en ik die jaren als een mooie tijd hebben ervaren. Met al die verwondingen, arrestaties en risico's. Wij kijken er echter anders tegen aan. We hebben ons misdragen, de wet talloze malen overtreden. Maar voor ons is die tijd een echt jongensboek. Zoals ik al eerder heb uitgelegd hebben wij vriendschappen voor het leven opgebouwd. Je kent elkaar door en door op alle vlakken.

Onze hoogtijdagen zijn voorbij en voor de telkens weer opkomende nieuwe generaties zijn het moeilijke tijden. Toch zal er altijd een groep hooligans blijven bestaan. Ook dit is een groep die maling heeft aan alles, tegen alle wettelijke instanties aan schopt en die zich beslist niet laat onderdrukken. Ook zij zullen de grenzen van het extreme opzoeken.

De afgelopen jaren hebben mij tot een completer en wijzer mens gemaakt. Op mijn nog vrij jonge leeftijd heb ik de ups en downs van het leven gezien. Mensen leren kennen. Goede en de slechte. Mijn zoon hoeft mij echt niet in de maling te nemen als hij over een aantal jaren te laat of onder invloed thuiskomt. Of als hij probeert iets voor mij te verbergen. Ik heb het namelijk allemaal zelf meegemaakt. Ik kan hem daardoor de juiste adviezen geven.

Zoals ik al zei: het waren prachtige jaren en ik had ze voor geen goud willen missen. Ze hebben echter wel vele gevaren met zich meegebracht. Dingen die een jonge jongen doorgaans niet ziet of meemaakt. Situaties waar je je eigen kroost het liefst tegen beschermt. Toch, als mijn zoon een jaar of veertien, vijftien is zal hij zijn eigen keuzes maken. Ook mijn ouders hebben altijd geprobeerd mij weg te houden van de hooliganscene. Tevergeefs.

De belangrijkste reden waarom ik dit boek heb geschreven is omdat ik alle vooroordelen zat was: het inktzwart afschilderen van de hoolies in de media. Talloze documentaires, artikelen en onderzoeken zijn er geweest. Er is altijd over ons geschreven en nooit vanuit ons. Dit leidt tot een eenzijdige kijk op de dingen. Maar wij zijn van het slag met passie. Passie voor een zaak, in dit geval Feyenoord. Ik heb geleerd dat dit slag mensen meer eer, eerlijkheid en oprechtheid brengt. De hoolies zijn mensen die staan voor hun idealen. Niet de wijzers en wegkijkers. Ik heb ook niet de drang om mensen te overtuigen dat wij helemaal niet zo slecht zijn of om te bagatelliseren wat wij doen. Wel zijn wij echt. Wij doen alles met veel emotie. Dit is wat wij zijn.

Ik ben trots en zal Feyenoord en onze groep in mijn hart dragen, zal ze meenemen in het graf.

Tot slot

Het leven van een hooligan

Vechten, slopen, een leven vol geweld.
Een lijst vol arrestaties, die tot aan de hemel telt.
Een toch bewuste keuze, van een slimme jonge vent
Die nog lang de klappen van de zweep niet kent.
Het zware leven dat de groep zal brengen.
Je echte vrienden leren kennen.
Het is als een virus zonder medicijn.
Dit is wat ik ben, dit is wat we zijn.
Toch doet al deze ellende niet al te zeer.
Want een Rotterdamse hoolie leeft wel 100 keer.

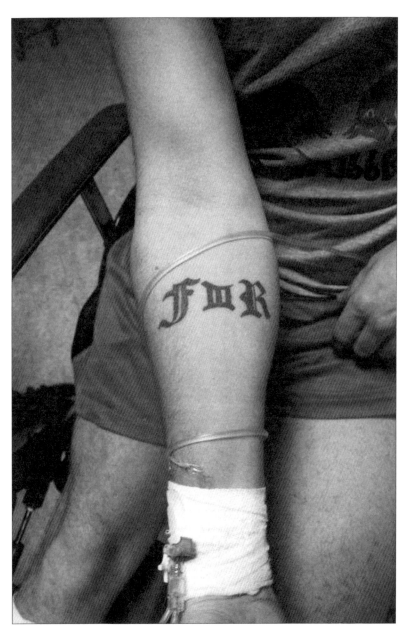

In good and in bad times...

WOORD VAN DANK

Veel dank aan mijn vriendin die mij in alle slechte en goede tijden heeft bijgestaan. Zij is mijn lotgenoot en ook bij het schrijven van dit boek was ze een enorme steun. Zonder haar had ik het niet gekund. Schatje, ik hou van je, mijn leven lang.

Ik wil ook journalist Koen Scharrenberg bedanken. Ik heb altijd de schurft aan praatjesmakende journalisten gehad, maar Koen bleek een eerlijke en integere man. Hij heeft altijd het beste met mij en met ons hoolies voorgehad. Koen heeft mij bij het schrijven van dit boek geadviseerd en bijgestaan. In de korte tijd dat we elkaar kennen is een hechte band ontstaan. Koentje, bedankt!

En last but not least wil ik hier al mijn vrienden bedanken. Bedankt jongens, voor jullie enorme steun en vertrouwen. We hebben verschrikkelijke mooie tijden meegemaakt en we gaan vast nog vele mooie momenten beleven. Jullie zijn een deel van mijn hart en ik zal jullie altijd blijven koesteren. *Rotterdam hooligans, fuckin' love you!*

Lees nu ook:

Down for the count

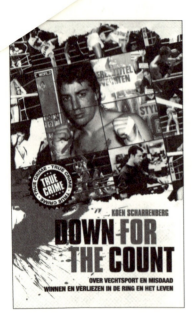

Vechtsport is onlosmakelijk verbonden met kameraadschap, respect en incasseringsvermogen. En soms met keiharde criminaliteit.

Down for the count is een bekende term in de vechtsport. Het boek *Down for the count* is geschreven door een rasverteller en geïllustreerd met unieke foto's. Een kroniek over vechtsport en misdaad, winnen en verliezen in de ring en in het leven. Over doorzettingsvermogen en incasseren, neergaan en weer op staan. Maar ook over de raakvlakken van vechtsport met gewelddadige criminaliteit en de ingrijpende consequenties daarvan.

De verhalen in dit boek beschrijven de vechtsport en zijn beoefenaren van binnenuit. Op fascinerende, maar ook ontroerende wijze. Ze geven een uniek inzicht in de wereld van de mensen die altijd het risico lopen *Down for the count* te gaan.

Auteur Koen Scharrenberg (1956) weet waarover hij schrijft. Hij draaide jarenlang mee aan de karate-wereldtop en won vele internationale titels. Scharrenberg is nu een bekende misdaadjournalist. Hij schrijft voor Panorama en maakte spraakmakende (televisie) reportages.

ISBN: 97890 8975 1324